Theisen
Wissenschaftliches Arbeiten

Wissenschaftliches Arbeiten

Erfolgreich bei
Bachelor- und Masterarbeit

von

Univ.-Prof. Dr. Dr. Manuel René Theisen

unter Mitarbeit von

Martin Theisen

16., vollständig überarbeitete Auflage

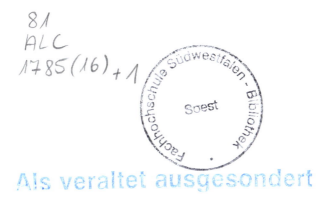

Verlag Franz Vahlen München

Anschrift des Verfassers:

Univ.-Prof. Dr. iur. Dr. rer. pol. *Manuel René Theisen*
Ludwig-Maximilians-Universität München
Elektrastr. 15/113
81925 München
Fax: 089/9107 27 44
E-Mail: theisen@bwl.lmu.de
Website und E-Mail-Hotline:
http://www.bwl.uni-muenchen.de/personen/
beurlprof/theisen/publikationen/wissarbeit.html

2014/5009

ISBN 978 3 8006 4636 4

© 2013 Verlag Franz Vahlen GmbH, Wilhelmstr. 9,
80801 München
Satz: Fotosatz Buck
Zweikirchener Str. 7, 84036 Kumhausen
Druck und Bindung: Druckerei C.H. Beck
(Adresse wie Verlag)
Umschlaggestaltung: fernlicht Kommunikationsdesign
Gregor Schmidpeter
Das Umschlagbild zeigt die erste Absolventenklasse (2006)
des Touro College Berlin (Quelle: picture-alliance/dpa)
Gedruckt auf säurefreiem, alterungsbeständigem Papier
(hergestellt aus chlorfrei gebleichtem Zellstoff)

Inhaltsübersicht

1	Gebrauchsanweisung	23
2	Planung	25
3	Vorarbeiten	45
4	Themenabgrenzung und Materialrecherche	59
5	Materialauswahl	89
6	Materialauswertung	117
7	Manuskript	147
8	Ergebnisgestaltung	199
9	Druck und Veröffentlichung	245
10	Präsentation und Beurteilung	255
11	Fälschung, Verfälschung, Plagiat und Betrug	271
12	Ratschläge für einen schlechten wissenschaftlichen Arbeiter	281

Inhaltsverzeichnis

Inhaltsübersicht 5
Inhaltsverzeichnis 7
Darstellungsverzeichnis 13
Abkürzungsverzeichnis 15
Vorwort zur 16. Auflage 19
Aus dem Vorwort zur 1. Auflage 21

1   Gebrauchsanweisung 23

2   Planung................................... 25
  2.1 Projektplanung 27
    2.1.1 Protokoll 27
    2.1.2 Thesenpapier 28
    2.1.3 Übungsarbeit 28
    2.1.4 Seminararbeit............................ 28
    2.1.5 Klausur 29
    2.1.6 Bachelorarbeit.......................... 30
    2.1.7 Masterarbeit 31
    2.1.8 Dissertation 32
  2.2 Kostenplanung............................ 33
  2.3 Steuerplanung 34
  2.4 Zeit- und Terminplanung................... 36
  2.5 Beispiel:
       Arbeitsplanung für eine Bachelorarbeit........ 40

3   Vorarbeiten................................. 45
  3.1 Arbeitsplatz 45
    3.1.1 Bibliothek 46
    3.1.2 Seminarraum/PC-Labor................... 47
    3.1.3 Wohnung 47
  3.2 Arbeitsmittel 49
  3.3 Arbeitstechnik 51
  3.4 Arbeitsorganisation....................... 55

4   Themenabgrenzung und Materialrecherche 59
  4.1 Nachschlagewerke 60
  4.2 Bibliothekskataloge 62
    4.2.1 Formalkatalog 63
    4.2.2 Schlagwort-/Stichwortkatalog.............. 64

Inhaltsverzeichnis

4.2.3 Systematischer Katalog 65
4.2.4 Standortkatalog 65
4.2.5 Kreuzkatalog 66
4.2.6 Gespaltene Kataloge 66
4.3 Bibliografien 66
4.3.1 Bibliografien der Bibliografien 68
4.3.2 Allgemeinbibliografien 68
4.3.3 Spezialbibliografien 69
4.3.4 Buchhandelsbibliografien 69
4.3.5 Fachbibliografien 70
4.4 Amtliche Veröffentlichungen 70
4.4.1 Gesetzgebung 70
4.4.2 Rechtsprechung 71
4.4.3 Verwaltung 71
4.5 Periodika 72
4.5.1 Jahrbücher und Festschriften 72
4.5.2 Fachzeitschriften 73
4.5.3 Zeitungen und Magazine 74
4.7 Dokumentationsdienste und Datenbanken 76
4.8 Elektronische Informationsformen 79
4.8.1 Informationsrecherche 80
4.8.2 Informationsgewinnung 80
4.8.3 Informationsstrategien 81

5   **Materialauswahl** 89
5.1 Materialbewertung 89
5.1.1 Anlesen 90
5.1.2 Buchbesprechungen 98
5.1.3 Closed-circle-system 101
5.2 Materialbeschaffung 103
5.2.1 Quellen 104
5.2.1.1 Eigene Erhebungen 104
5.2.1.2 Fremde Erhebungen 105
5.2.1.3 Amtliche Veröffentlichungen 106
5.2.1.4 Halbamtliche Veröffentlichungen 107
5.2.1.5 Kommerzielle Unterlagen 108
5.2.2 Sekundärmaterial 109
5.2.2.1 Ausleihe 109
5.2.2.2 Kopie 110
5.2.2.3 Download 112
5.2.2.4 Erwerb 114

Inhaltsverzeichnis

6 Materialauswertung............................ 117
6.1 Gliederung 117
   6.1.1 Nummerische Ordnung.................... 118
   6.1.2 Alpha-nummerische Ordnung 119
6.2 Dateien 121
   6.2.1 Verfasserdatei........................... 122
   6.2.2 Schlagwortdatei......................... 132
   6.2.3 Sachdatei............................... 135
6.3 Materialablage 136
   6.3.1 Fremdes Material........................ 136
      6.3.1.1 Exzerpte 137
      6.3.1.2 Buchzeichen und Haftnotizen........... 138
      6.3.1.3 Elektronische Erfassung................ 139
   6.3.2 Eigenes Material 139
6.4 Exkurs: Besprechungen mit dem Betreuer 142

7 Manuskript 147
7.1 Schriftform................................. 148
7.2 Text 149
   7.2.1 Aufbau 150
      7.2.1.1 Einleitung 151
      7.2.1.2 Hauptteil 152
      7.2.1.3 Schluss............................. 153
   7.2.2 Stil 154
   7.2.3 Perspektive und geschlechtergerechte
       Sprache 157
7.3 Zitate 159
   7.3.1 Technik 161
      7.3.1.1 Vollbeleg 161
      7.3.1.2 Kurzbeleg 163
   7.3.2 Position des Zitatnachweises 166
   7.3.3 Formen 168
      7.3.3.1 Direktes Zitat 169
      7.3.3.2 Indirektes Zitat...................... 174
      7.3.3.3 Sekundärzitat 177
      7.3.3.4 Zitat im Zitat....................... 179
      7.3.3.5 Spezialliteratur...................... 181
7.4 Anmerkungen 185
7.5 Darstellungen.............................. 187
   7.5.1 Bedeutung 187
   7.5.2 Gestaltung 190

Inhaltsverzeichnis

7.6   Text-Ergänzungen 193
   7.6.1 Exkurs 193
   7.6.2 Anhang 194
   7.6.3 Glossar 195
   7.6.4 Anlage 196

8   Ergebnisgestaltung 199
8.1   Schreibtechnik 200
   8.1.1 Schriftbild 200
   8.1.2 Überschriften und Einzüge 205
   8.1.3 Seitenzählung 207
8.2   Titelblätter 208
8.3   Verzeichnisse vor dem Text 209
   8.3.1 Inhalt 210
   8.3.2 Darstellungen 211
   8.3.3 Abkürzungen 212
   8.3.4 Symbole 214
8.4   Vortexte 215
   8.4.1 Motto, Sprichwort 215
   8.4.2 Widmung 216
   8.4.3 Geleitwort 216
   8.4.4 Vorwort 217
8.5   Verzeichnisse nach dem Text 218
   8.5.1 Gedruckte Literatur 218
      8.5.1.1 Bücher 220
      8.5.1.2 Sammelwerke und Festschriften 224
      8.5.1.3 Loseblatt-Sammlungen 225
      8.5.1.4 Zeitschriftenaufsätze 226
   8.5.2 Elektronische Informationen 228
   8.5.3 Rechtsprechung 234
   8.5.4 Quellen 235
   8.5.5 Werke 237
   8.5.6 Schlagworte, Namen und Orte 237
8.6   Nachtexte 238
   8.6.1 Nachwort 238
   8.6.2 Eidesstattliche Erklärung 239
   8.6.3 Lebenslauf 242

Inhaltsverzeichnis

9 Druck und Veröffentlichung 245
9.1 Vervielfältigung 245
9.2 Druck 246
9.2.1 Dissertationsdruck 247
9.2.2 Computerdruck 248
9.2.3 Buchdruck 250
9.3 Korrektur 251

10 Präsentation und Beurteilung 255
10.1 Schriftliche Prüfungsarbeiten 255
10.2 Mündliche Prüfungen 259
10.3 Referate und Vorträge 261
10.4 Bewertung und Benotung 266

11 Fälschung, Verfälschung, Plagiat und Betrug ... 271
11.1 Grenzen zulässiger Unterstützung 272
11.2 Unzulässige Übernahme fremder Texte 274
11.3 Unzulässiger Erwerb von Prüfungsleistungen . 276
11.4 Konsequenzen 277

**12 Ratschläge für einen schlechten
wissenschaftlichen Arbeiter** 281

Literaturverzeichnis 285
Rechtsprechungsverzeichnis 297
Quellenverzeichnis 299
Schlagwortverzeichnis 301

Darstellungsverzeichnis

Darstellung 01: Phasen des wissenschaftlichen
Arbeitsprozesses 39
Darstellung 02: Zeit-Terminplan für die Anfertigung
einer Bachelorarbeit
(Bearbeitungszeit: 8 Wochen) 41
Darstellung 03: Katalogsysteme 63
Darstellung 04: Bibliografiekategorien nach Inhalt
und Zweck 67
Darstellung 05: Teilaufgaben der Materialauswahl . . . 89
Darstellung 06: Methoden der Materialbewertung . . . 90
Darstellung 07: Quellenmaterial 104
Darstellung 08: Dateisysteme 122
Darstellung 09: Beispiele für Verfasserdateien 130
Darstellung 10: Schlagwortdatei, Schlagwort:
Datei, -anlage 133
Darstellung 11: Manuskriptbestandteile 149
Darstellung 12: Zitatformen 169
Darstellung 13: Anmerkungsarten 186
Darstellung 14: Diagramm-Formen 191
Darstellung 15: Tabelle mit Beschriftung 192
Darstellung 16: Verzeichnisse 210
Darstellung 17: Vortexte 215

Abkürzungsverzeichnis

AG	Die Aktiengesellschaft (Zeitschrift)
akt.	aktualisierten
a. M.	anderer Meinung
Ausg.	Ausgabe bzw. ausgegeben
Bbl	Beiblatt
Bearb.	Bearbeiter bzw. bearbeitet
begr.	begründet
ber.	berichtigt
Beschl.	Beschluss
BFH	Bundesfinanzhof
BFH/NV	Sammlung amtlich nicht veröffentlichter Entscheidungen des Bundesfinanzhofes (Zeitschrift)
BGBl	Bundesgesetzblatt
BGH	Bundesgerichtshof
BR-Drs.	Bundesrats-Drucksache
BStBl	Bundessteuerblatt
BT-Drs.	Bundestags-Drucksache
DB	Der Betrieb (Zeitschrift)
DBW	Die Betriebswirtschaft (Zeitschrift)
DFG	Deutsche Forschungsgemeinschaft
DGB	Deutscher Gewerkschaftsbund
DOI	Digital Objekt Identifier
DRS	Deutscher Rechnungslegungs Standard
DStZ	Deutsche Steuer-Zeitung
durchges.	durchgesehen(e)
DV	Datenverarbeitung
ed.	edition bzw. edited
EFG	Entscheidungen der Finanzgerichte (Zeitschrift)
erarb.	erarbeitete
erg.	ergänzte
ern.	erneuert(e)
erw.	erweitert(e)
EStG	Einkommensteuergesetz
FG	Finanzgericht
FN	Fußnote
FR	Finanz-Rundschau (Zeitschrift)

Abkürzungsverzeichnis

FTD	Financial Times Deutschland (Zeitung)
GmbH-Rdsch.	GmbH-Rundschau (Zeitschrift)
GWB	Gesetz gegen Wettbewerbsbeschränkungen
HB	Handelsblatt (Zeitung)
idF	in der Fassung
IdW	Institut der Wirtschaftsprüfer
IFRS	International Financial Reporting Standard
insbes.	insbesondere
J	Jahr
JuS	Juristische Schulung (Zeitschrift)
JZ	Juristenzeitung
KFR	Kommentierte Finanzrechtsprechung
lat.	lateinisch
Lfg.	Lieferung
lit.	litera (Buchstabe, lat.)
M	Monat
masch.	maschinenschriftlich
m. w. N.	mit weiteren Nachweisen
NJW	Neue Juristische Wochenschrift
n. rkr.	nicht rechtskräftig
NZZ	Neue Zürcher Zeitung
p.	page(s)
RegE	Regierungsentwurf
Rev.	Revision
Rez.	Rezensent bzw. rezensiert
RGBl	Reichsgesetzblatt
rkr.	rechtskräftig
sic	so, auf diese Weise (lat.)
s. a.	siehe auch
SS	Sommer-Semester
StBW	SteuerberaterWoche (Zeitschrift)
SteuerStud	Steuer und Studium (Zeitschrift)
Stpfl.	Steuerpflichtiger
SZ	Süddeutsche Zeitung
T	Tag
UB	Universitäts-Bibliothek
Überarb.	Überarbeiter bzw. überarbeitet
Übers.	Übersetzer bzw. übersetzt
Univ.	Universität bzw. university
unveränd.	unverändert(e)
UrhG	Urheberrechtsgesetz
Urt.	Urteil

Abkürzungsverzeichnis

verb.	verbessert(e)
vervielf.	vervielfältigt
VG	Verwaltungsgericht
VGH	Verwaltungsgerichtshof
vollst.	vollständig
vs.	versus (lat.)
VZ	Veranlagungszeitraum
WiSo	Wirtschafts- und Sozialwissenschaften
WiSt	Wirtschaftswissenschaftliches Studium (Zeitschrift)
WLAN	Wireless Local Area Network
WP	Wirtschaftsprüfer
WS	Winter-Semester
ZfB	Zeitschrift für Betriebswirtschaft
ZfbF	Schmalenbachs Zeitschrift für betriebswirtschaftliche Forschung
zit.	zitiert
zugl.	zugleich

„Setz' Dich an des Tisches Mitte,
nimm' zwei Bücher, schreib' das dritte!"
Frei nach W. Busch

Vorwort zur 16. Auflage

Erfolg ist Erfahrung und ein bisschen Glück: Glück hat, wer diese Einführung zur Vorbereitung auf seine Abschlussarbeit gefunden hat. Denn mehr Erfahrung zum wissenschaftlichen Arbeiten findet sich schwer: Als Muster und Vorlage für studentische Arbeiten entwickelt, hat diese Anleitung in den letzten 30 Jahren weit mehr als 150 000 Käufer gefunden und (einschließlich aller Kopien und Bibliotheksnutzer) sicher mehr als 500 000 Studierenden zum Erfolg geholfen. Seit Jahrzehnten wird dieses Buch von mir alle 18 bis 24 Monate umfassend inhaltlich und technisch überarbeitet und aktualisiert. „The … highly successful book, Academic Work … has become the bible" schrieb die britische Tageszeitung *The Independent* in den 90er Jahren.

Aber im Gegensatz zur Bibel muss jeder andere Text auch einmal grundsätzlich konzeptionell überdacht, die Präsentation modernisiert und die Schwerpunkte neu gewichtet werden: Diese Herausforderung habe ich aufgegriffen, mit der 16. Auflage liegt der „neue Theisen" vor, oder: Theisen reloaded.

Der Internationalisierung in den Wissenschaften wird mit der Berücksichtigung der beiden verbreitesten Zitiermethoden (Zitatnachweis im Text oder in Fußnoten) sowie einer nummerischen Gliederung Rechnung getragen; zahlreiche Empfehlungen wurden vereinfacht und auf Grundregeln zurückgeführt. Der Text wurde um rund ein Drittel gekürzt, um nach dessen Lektüre – gut präpariert – noch schneller an die eigene Arbeit gehen zu können.

Das Konzept einer „musterhaften" Anleitung zum wissenschaftlichen Arbeiten aber wurde ebenso beibehalten wie das Bemühen, durchgängig alle Vorschläge sowie mögliche Varianten zu begründen. Gegen alle Änderungs- und Modernisierungsangriffe gewehrt hat sich nur Kapitel 12, es schließt mit „Ratschlägen für einen schlechten wissen-

Vorwort zur 16. Auflage

schaftlichen Arbeiter" in der Orginalversion von 1984 mein Buch ab – unverändert zu Recht, wie ich meine.

Zahlreiche Anregungen und Vorschläge haben mich wiederum in den letzten 18 Monaten, seitdem die Vorauflage erscheinen ist, per E-Mail erreicht; viele Fragen konnte ich spontan beantworten, einige Ideen habe ich dankbar aufgegriffen und berücksichtigt. Für aktuelle Anfragen und Hinweise steht Ihnen meine Website und **E-Mail-Hotline** zur Verfügung:

http://www.bwl.uni-muenchen.de/personen/beurlprof/
theisen/publikationen/wissarbeit.html

Den Anstoß zur vollständigen Neukonzeption gab *Dr. Jonathan Beck*, der 2012 das Lektorat des Verlags Vahlen übernommen hat. Ihm für seine Anregungen, seine Ideen, insbesondere aber seine umfassende Unterstützung zu danken, ist mir keine Verpflichtung, sondern ein persönliches Anliegen.

Die Hoffnung, dass meine Ausführungen mit dem neuen Konzept, modernen Layout und entrümpeltem Text besser geworden sind, bedeutet noch nicht, dass sie gut sind: Hierzu bin ich in besonderem Maße auf Kritik und Vorschläge angewiesen, die mir gerne per E-Mail zugesendet werden können und für die ich mich im Voraus herzlich bedanken möchte.

München, im Frühjahr 2013   Manuel René Theisen

Aus dem Vorwort zur 1. Auflage

„Manche Beobachtungen und Erfahrungen, teils eigene, teils solche von geschätzten Sachkennern, scheinen zu beweisen, dass die jungen ... [Studenten] nicht immer den rechten Weg einschlagen, um durch das Studium ... eine gründliche Vorbildung für ihren Beruf sich anzueignen. Gewiß fehlt es nicht an Winken und Weisungen, die von ... berufenen Lehrern ... ihnen erteilt werden; aber das gesprochene Wort verklingt zu rasch, und das unbekümmerte Gemüt der sorglosen Jugend glaubt der Lehren zu viele zu hören, als daß sie der einen oder anderen großes Gewicht beilegte."

Diese Feststellung, vor genau achtzig Jahren 1904 von *Paul Posener* in dem Vorwort seines Pionierwerkes „Anleitung zu wissenschaftlichem Arbeiten" niedergelegt, hat über die Zeit nichts an ihrer Aktualität verloren. ... Ungeachtet der anhaltenden Bemühungen im Rahmen von entsprechenden Lehrveranstaltungen und Kolloquien zur Technik und Methodik der wissenschaftlichen Arbeit, bleiben die Ergebnisse schriftlicher Prüfungsarbeiten weit häufiger als erforderlich hinter den Erwartungen aller Beteiligten zurück. Die vorliegende Schrift soll deshalb eine Hilfe für alle diejenigen sein, die bisher keine Möglichkeit hatten, sich entsprechende Techniken und Methodenkenntnisse anzueignen.

Regensburg/München, im März 1984   *Manuel R. Theisen*

1 Gebrauchsanweisung

Ein erfolgreiches Studium ist ohne Kenntnis der **Methoden** und Techniken des **wissenschaftlichen Arbeitens** sowie der erforderlichen **Formvorschriften** nicht möglich. Wer eine wissenschaftliche Arbeit schreiben will oder als Prüfungsleistung verfassen muss, ist gut beraten, wenn er eine entsprechende Einführung studiert – die Praxis fehlt ihm zunächst trotzdem.

Dieses Buch ist eine **Anleitung zum Erfolg**.

Wer es gekauft hat, bevor er seine Arbeit schreibt, sollte es **in Ruhe lesen**. Er wird mit dem Text einen persönlichen **Ratgeber** gewinnen.

Studentinnen und Studenten, die unmittelbar vor einer schriftlichen **Prüfungsarbeit** stehen, sollten noch **vor Beginn** ihrer Arbeit einen möglichst großen Teil der Ausführungen **durchlesen**.

Drängen Termine, ist nach der Lektüre der Kapitel 2 bis 4 mit dem eigenen Projekt zu beginnen. Um Zeit und Nerven zu sparen, sollten die **weiteren Kapitel dann nach Arbeitsfortschritt** studiert werden.

Für diejenigen, die – vielleicht sogar in einer Phase gewisser Hilflosigkeit – erst während einer wissenschaftlichen Arbeit auf dieses Buch aufmerksam werden sowie für **Fortgeschrittene** und Routiniers auf diesem Gebiet enthält jedes Kapitel (und damit jeder Arbeitsschritt) eine Reihe **praxisbezogener Tipps** und **Anregungen**. Darüber hinaus ermöglichen umfassende **Beispiele, Symbole** und **Stichworte am Rand des Textes** sowie ein ausführliches Schlagwortverzeichnis einen problembezogenen, gezielten Einstieg in alle technischen, methodischen und formalen **Detailfragen**.

Durch die Lektüre sollen aber nicht nur praktische Kenntnisse zum wissenschaftlichen Arbeiten vermittelt werden: Der Band kann vielmehr selber als **konkretes Arbeitsmittel** am Schreibtisch genutzt werden. Nur wem nicht bereits anhand eines praktischen Beispiels aus *diesem* Buch die Antwort auf seine Frage gegeben wird, der sollte die Erklärungen und Erläuterungen eingehender studieren.

Die vorgestellten **Formvorschriften** werden hier – ungeachtet der zahlreichen (zulässigen) Alternativen – meist als **zwin-**

1 Gebrauchsanweisung

gende Regelungen formuliert, da so ein formal durchgängig korrektes Arbeiten garantiert werden kann; Abweichungen sind in Einzelfällen oder auch generell zulässig. Insofern beschränke ich mich auf die **Darstellung einer korrekten Form** wissenschaftlichen Arbeitens.

Die **zentrale Idee** aber ist, dass jede Zeile des Buches, jede Abbildung, jede Fußnote und alle Verzeichnisse selbst **beispielhaft** sind. So geben die Texte in den Fußnoten Anregungen, wie diese formal und inhaltlich aussehen können. Die Formulierungen in den Fußnoten sind so gewählt, dass Sie Ideen für Ihren eigenen Text bekommen. Die Verzeichnisse sollen möglichst alle wichtigen Auflistungen Ihrer Arbeit widerspiegeln. Das umfangreiche und aktuelle Literaturverzeichnis ist ein **Muster** und Beispiel für das Literaturverzeichnis Ihrer eigenen Arbeit!

Für meine Ausführungen wünsche ich mir Leser, insbesondere aber Anwender und Benutzer. Dieses **Buch** und meine **Empfehlungen** kann nur der wirklich **brauchen**, der sie für seine eigene wissenschaftliche Arbeit nachhaltig **gebraucht**. Das Buch sollte als **Arbeitsmittel** an Ihrem Arbeitsplatz bzw. neben dem PC stehen, wichtige bzw. überzeugende Angaben und Hinweise markieren Sie bitte.

Autorentipp

Das ganze **Buch** ist von der ersten bis zur letzten Seite ein **praktisches Beispiel** wissenschaftlicher Arbeit. Es enthält wörtliche und sinngemäße Zitate, Graphiken und Tabellen im Text, Literaturangaben, Anmerkungen und Querverweise in den Fußnoten, einen Anhang und Verzeichnisse zum Schluss der Arbeit. Alles in diesem Buch und an diesem Text ist **mustergültig**:

Merke: Wer hier „abschreibt", dem ist der Erfolg sicher!

2 Planung

Zeit ist knapp – auch an den Hochschulen. Spätestens seit der Einführung von Studiendauerbegrenzungen ist ein ökonomisches, **planmäßiges Vorgehen** erforderlich. Die Prüfungsordnung, der Studienführer und Informationsblätter des Studienortes geben – online – erste wichtige **Hinweise**.

Zahlreiche **studientechnische Gründe** zwingen zu einer Planung:

- **Zulassungsbeschränkungen** zu Klausurenkursen und Übungen zum Credit- bzw. Leistungspunkteerwerb   **Termine**
- **Vorlesungszyklen** der Dozenten ohne Möglichkeit des zwischenzeitlichen Quereinstiegs (z. B. Übungen nur in jedem Wintersemester)
- **Mindeststudiennachweise** und **-belege** (Pflicht- und Wahlpunkte, Prüfungen) als Zulassungsvoraussetzung für weitere Studienabschnitte (Mindestleistungserfordernisse, Seminarzulassung, Übergangsvorgaben von Bachelor- zum Masterstudium u. a.)
- **Vergabetermine** für Prüfungsleistungen (Bachelor-, Masterarbeiten-Vergabe, Zulassungszeiträume für Kurse und Seminare)
- **Vorschriften** bezüglich der Möglichkeit bzw. Notwendigkeit zur **Wiederholung** einzelner Studienabschnitte oder Prüfungsleistungen (Klausurenwiederholung innerhalb eines Semesters, Ferienklausuren)
- **Befristung** einzelner **Prüfungsfächer** bzw. Lehrgebiete und -inhalte aus hochschulorganisatorischen Gründen (Abschaffung oder Änderungen eines Prüfungsgebietes, Ausscheiden eines Dozenten, Vakanz eines Lehrstuhls)
- **Fristen** einzelner **Prüfungsvorschriften** und **Prüfungsordnungen** (Änderung der Höchststudiendauer oder der Fächerkombinationen)

Als **persönliche Gründe** können genannt werden:

- **Tätigkeiten** und **Jobs** zur Finanzierung des Studiums während oder außerhalb der Vorlesungszeiten   **Beschränkungen**
- **Abwesenheit** aus familiären Gründen während der Studienzeit (Mithilfe zu Hause oder im Betrieb der Eltern, Ernte)

2 Planung

- Gewünschte (oder studiennotwendige) **Praktika** und **Lehrzeiten**
- Studienbegleitende oder -ergänzende **Ortswechsel** oder **Auslandsaufenthalte** („travel and work")
- Persönliche **Urlaubs- und Reisepläne**, Freizeitgestaltung und (saisonabhängige) Hobbies mit bestimmten Zeiterfordernissen

Um sich die Freiheit des Studiums im Studium zu sichern, kann eine **Grobplanung** vorgenommen werden, ohne die Spontaneität damit vollkommen auszuschließen. In diesem Sinne vergrößert Planung die Freude am Studium und den Studienerfolg (vgl. *Koeder*, 2012, S. 77–98; *Berger*, 2010, S. 33–47).

Schwerpunkt jedes wissenschaftlichen Studiums ist die **Kopf-Arbeit**. Ebenso wie für jede manuelle Tätigkeit gibt es auch für sie **zwei Wege**, die Grundlagen zu erlernen:

Studiertechnik
- Ein Weg geht über das **systematische Studium** von Anleitungen zum wissenschaftlichen Arbeiten, den Besuch geeigneter Einführungsveranstaltungen und praktischer Übungen unter fachkundiger Leitung sowie der Expertenbefragung (konventionelle Methode).
- Die Alternative ist das „**learning by doing**": Ohne Vorkenntnisse werden die jeweils anstehenden Aufgaben des Studiums angegangen und in einem Versuchs- und Irrtums-Prozess („trial and error") gelöst. Häufige Konsequenz: „Studium im Walzer-Takt" (Zwei-vor-Eins-zurück; unkonventionelle Methode).

Das Verfahren des „**Sich-Durchwurstelns**" („muddling through") soll außer Betracht bleiben: über längere Zeit angewendet fördert es eher eine Karriere als **Studienabbrecher**.

Jede geistige Arbeit erfordert eine **Mindestplanung**. So zwingt der gewünschte Besuch einer Vorlesung dazu, sich Raum, Zeit und die zugelassenen Hilfsmittel zu merken. Umfassendere Aufgaben wie die Abfassung einer Übungs- bzw. Seminararbeit oder einer Bachelor- oder Masterarbeit verlangen eine inhaltlich wie zeitlich komplexere Planung (vgl. *Riedenauer/Tschirf*, 2012).

Die **Kenntnis** und Beachtung der **Methoden und Techniken** des wissenschaftlichen Arbeitens ist für alle Aufgaben an einer Hochschule eine **Grundvoraussetzung**; unterschiedlich ist der konkrete Umfang und die Art der Problemlösung in Abhängigkeit von der konkreten Herausforderung.

2.1 Projektplanung

Die zentrale Form aller Aufzeichnungen von geistigen Arbeitern ist das **Manuskript**, die schriftliche Niederlegung der gewonnenen Erkenntnisse. Der Nachweis der Fähigkeit zu wissenschaftlicher Arbeit wird in folgenden Varianten (**Manuskriptarten**) verlangt (vgl. *Sesink*, 2012, S. 281–321; *Rost*, 2008, S. 194–206, *Stickel-Wolf/Wolf*, 2011, S. 95–104).

2.1.1 Protokoll

Ein **Protokoll** (Mitschrift) informiert über

- Fragen der technischen Seminar- bzw. Veranstaltungsorganisation
- Veränderungen der Arbeitskonzeption und des Arbeitsplanes
- Inhalt und Stand der Sachdiskussion

In einem **Verlaufsprotokoll** werden Ablauf und Inhalt einer Übung, eines Seminars oder eines Kolloquiums (Gesprächs- bzw. Diskussionsrunde) durch den studentischen Protokollanten festgehalten. Wichtig ist, dass alle den **Ablauf der Sitzung** charakterisierenden Beiträge inhaltlich sinngemäß und mit dem Namen des sich äußernden Teilnehmers festgehalten werden. Literaturangaben oder weiterführende Hinweise einzelner Teilnehmer und des Sitzungsleiters hat der Protokollant zu überprüfen und – gegebenenfalls um technische Angaben ergänzt – in das Protokoll aufzunehmen. Wichtige **Formulierungen** (z. B. Definitionen und Begriffe) müssen wörtlich festgehalten werden.

Protokoll-formen

> **Hinweis für Protokollanten**
>
> **Kommentierungen** oder eigene Stellungnahmen sind **nicht zulässig**; wenn sie ausdrücklich verlangt werden, sind sie als solche zu kennzeichnen bzw. im Text hervorzuheben.

In einem – meist knapperen – **Ergebnis-** bzw. **Beschlussprotokoll** werden in verdichteter Form nur die wichtigsten Gedanken und **Diskussionsergebnisse** erfasst. Im Verlauf

2 Planung

der Sitzung diskutierte, später aber verworfene bzw. in einen Kompromiss oder ein sonstiges Ergebnis eingegangene Gedanken und Beiträge werden nicht einzeln festgehalten; auch in einem Ergebnisprotokoll dürfen nur **objektiv nachvollziehbare Tatbestände** und Sachverhalte wiedergegeben werden.

2.1.2 Thesenpapier

Als Thesenpapier wird die knappe **Zusammenfassung** der wichtigsten Ergebnisse einer wissenschaftlichen Arbeit oder Untersuchung bezeichnet. Im Gegensatz zu einem Protokoll geht hier die **Meinung des Verfassers** – gegebenenfalls sogar in starker Akzentuierung – in die Formulierung mit ein. Die einzelnen Thesen werden fortlaufend nummeriert und sollten jeweils nicht mehr als einige wenige Sätze umfassen, die **präzise Aussagen** enthalten. Thesenpapiere dienen häufig auch als Grundlage für die Diskussion der Arbeitsergebnisse eines Seminarreferenten.

2.1.3 Übungsarbeit

Als eigenständige Leistung, oder als Voraussetzung für die Zulassung zu einer Seminararbeit, werden Übungsarbeiten angefertigt. Zur **Vertiefung** des Übungsstoffes vorlesungsbegleitender **Veranstaltungen** können in dieser Form Nachweise für die aktive Mitarbeit der Studierenden erbracht werden. Im Rahmen einführender Veranstaltungen werden auch inhaltlich begrenzte empirische Untersuchungen oder Befragungen sowie Literaturrecherchen oder Materialsammlungen gefordert. Derartige – vom Dozenten korrigierte, nicht immer auch bewertete – Arbeiten sollten als Chance gesehen werden, wissenschaftliches Arbeiten üben zu können.

2.1.4 Seminararbeit

Seminararbeiten zählen, neben der Bachelor- oder Masterarbeit, zu den wichtigen schriftlichen Prüfungsarbeiten außerhalb der Abschlussprüfung. Diese Ausarbeitungen umfassen meist eine **Spezialuntersuchung** aus einem von dem Seminarleiter vorgegebenen Themenkreis; nach Form und Aufbau müssen diese Arbeiten uneingeschränkt den

2.1 Projektplanung

Regeln eines formal korrekten, also ordnungsmäßigem wissenschaftlichen Arbeiten entsprechen. Der Bearbeiter hat regelmäßig **selbstständig** die erforderliche Literatur zu ermitteln und zu beschaffen; vorgegebene „Einstiegsliteratur" ist systematisch um themenspezifische Titel (erheblich) zu erweitern. Alle Texte sind kritisch auszuwerten und – soweit sie sich Teile oder Passagen als geeignet erweisen – mit einer eigenen **Stellungnahme** versehen problembezogen in die Arbeit einzubringen.

Die Begriffe Seminararbeit und Referat werden häufig synonym verwendet, wenngleich nur das Referat den mündlichen **Vortrag** durch den Verfasser einschließt; damit ist eine **gesonderte Vorbereitung** der (in beiden Fällen erforderlichen) schriftlichen Ausarbeitung für den mündlichen Vortrag verbunden (vgl. *Corsten/Deppe*, 2010, S. 115–125).

Schriftlicher Text

Eine (schriftliche) Umformulierung des Textes für den Vortrag ist nicht nötig, da in der Seminarveranstaltung eine **freie Rede** erwartet oder als **Prüfungsbestandteil** vorausgesetzt wird. Die Entscheidung darüber, welche Seminararbeit in der Veranstaltung referiert wird, trifft der Seminarleiter auf der Grundlage didaktischer und prüfungstechnischer Überlegungen. Eine hohe Zahl an Seminaristen führt häufig dazu, dass die Ausarbeitungen letztlich schriftlich vorgelegte Seminararbeiten bleiben; die „Referenten" kommen in diesen Fällen nur mit einem Thesenpapier, einem kurzen Überblick oder im Rahmen der Diskussion zu Wort.

Mündlicher Vortrag

Eine Alternative bieten Seminararbeiten, die als **Team-Arbeit** von zwei (oder mehreren) Bearbeitern eingereicht werden können. Bei solchen Ausarbeitungen muss darauf geachtet werden, dass die von jedem Teammitglied **in eigener Verantwortung** verfassten Referatteile bzw. -abschnitte, ebenso wie gemeinsam erarbeitete **Kapitel**, durch exakte Angaben für den Seminarleiter den Bearbeitern zuordenbar – und damit bewertbar – sind.

2.1.5 Klausur

Die Klausur ist eine **unter Aufsicht** mit Zeitvorgabe zu erbringende schriftliche **Prüfungsarbeit**. Der Umfang und Inhalt sowie das Maß eigenständiger wissenschaftlicher Leistung werden wesentlich durch die jeweils erreichte Studiumsphase bestimmt.

2 Planung

In den Klausuren (Grundlagenwissen) in den ersten Semestern der Bachelorstudiengänge wird überwiegend die **Reproduktion** (Wiedergabe) der erworbenen Fakten- und Methodenkenntnisse verlangt. Bei Seminar- und Abschlussklausuren tritt dann der Nachweis der Fähigkeit zu eigenständigem **wissenschaftlichen Denken** sowie zu **problembezogener kritischer Diskussion** immer mehr in den Vordergrund.

Texte gliedern Bei Klausuren empfiehlt es sich, den Ausführungen eine knappe **Gliederung** voranzustellen: Die hierzu erforderliche Stoffsammlung und Systematisierung **erleichtert** eine geordnete und konsequente **Bearbeitung** der gestellten Fragen; zudem können so Wiederholungen sowie nicht abgefragte Schwerpunkte vermieden werden. Darüber hinaus kann eine Gliederung dem Korrektor einen ersten **Überblick** und gleichzeitig einen leichteren **Einstieg** in den Argumentationsaufbau des Verfassers geben.[1]

2.1.6 Bachelorarbeit

Seit 2010 sind fast alle Studiengänge europaweit vergleichbar. Zentraler Ansatzpunkt dazu war die Umstellung auf das **„Bachelor/Master-System"**, sowie die Einführung eines einheitlichen Leistungspunkte-Systems ECTS (European Credit Transfer System).

Alle Bachelor-Studenten müssen – in der Regel zum Abschluss ihres Studiums – eine schriftliche Bachelorarbeit erstellen; international wird sie „Bachelor Thesis" genannt. Mit der Abfassung dieser Abschlussarbeit soll der Studierende belegen, dass er in der Lage ist, ein begrenztes Thema **selbstständig zu bearbeiten**. Der jeweilige Umfang (meist zwischen 20 und 60 Seiten) und die Bearbeitungsdauer (meist zwischen sechs und zwölf Wochen) sind fächerspezifisch unterschiedlich. Besonderer Wert wird in einigen Fächern auf die **Praxisorientierung** oder internationale Ausrichtung gelegt. Die Bachelor-Studiengänge sind als berufsqualifizierendes Studium mit einer Regelstudienzeit von sechs bis acht Semestern ausgestaltet.

Sowohl die Vorgabe einer **Bearbeitungszeit** als auch der in der Regel vorgeschriebene höchstzulässige **Gesamtumfang**

---

[1] Zur Klausurtechnik s. unten Kap. 10, S. 255–259.

2.1 Projektplanung

der Arbeit zwingen einerseits zu einem disziplinierten Vorgehen; andererseits sichern diese einheitlichen Rahmenbedingungen die **Vergleichbarkeit** der Prüfungsleistungen.

Bachelorarbeiten sind nicht zur Veröffentlichung bestimmt; dennoch muss bei der Abfassung ohne Einschränkung auf die **Formvorschriften** geachtet sowie die Technik und Methodik des wissenschaftlichen Arbeitens berücksichtigt werden: Ein (nicht unwesentlicher) **Verstoß** gegen die Vorschriften über die Zitierung und Kennzeichnung fremder Gedanken[1] führt zu einem **Bewertungsabschlag**, in schwerwiegenden Fällen zur Ablehnung der Prüfungsleistung.[2]

Sanktionen

Ungeachtet spezifischer rechtlicher Regelungen des Prüfungsortes aber gilt, dass der Anfertigung der Bachelorarbeit nicht nur aus prüfungs- und notentechnischen Gründen höchste Aufmerksamkeit geschenkt werden sollte: Wegen der schwierigen Vergleichbarkeit der Noten einzelner Hochschulen verlangen potenzielle Arbeitgeber von Bewerbern häufig die Vorlage der Bachelorarbeit. Damit wird diese Leistung nach **Inhalt** und **Form** gleichzeitig zur **Visitenkarte** eines Bewerbers.

2.1.7 Masterarbeit

Ein Bachelor-Abschluss ist in der Regel die Voraussetzung für die **Bewerbung** und **Zulassung** zu einem Master-Studiengang in dem bisher studiertem oder einem anderen wissenschaftlichen Fachgebiet. Er kann unmittelbar anschließend (konsekutiv) oder erst nach einigen Jahren Berufserfahrung belegt werden. Ein besonders qualifizierter Master-Abschluss berechtigt seinerseits zur **Promotion** im In- und Ausland. Zwingender Bestandteil ist die Anfertigung einer Masterarbeit oder **Masterthese („Master Thesis")**.

Die Masterarbeit muss, wie die Bachelorarbeit, alle Voraussetzungen erfüllen, die von einer ordnungsgemäß erstellten wissenschaftlichen Arbeit gefordert werden. Da zu den Master-Studiengängen nur ein Teil aller (erfolgreichen) Absolventen von Bachelor-Studiengängen zugelassen werden, sind die Anforderungen an die wissenschaftliche **Eigenständigkeit** und **Originalität** der Masterarbeiten deutlich höher:

---

[1] Dazu unten Kapitel 7.3, S. 159–165.
[2] Zur eidesstattlichen Versicherung unten Kapitel 11.4, S. 277 f.

2 Planung

Die damit gewährleistete, europaweite Qualifizierung für ein wissenschaftliches Promotionsstudium rechtfertigt sowohl eine längere Bearbeitungszeit als auch einen generell höheren **Qualitätsanspruch**.

2.1.8 Dissertation

Promotions-anspruch

Als Dissertation (Doktorarbeit) wird eine Arbeit bezeichnet, die zur Erlangung eines **Doktorgrades** verfasst wird. Nach Abschluss eines Masterstudiengangs oder eines Staatsexamens sind nach den Bestimmungen der Promotionsordnungen Absolventen berechtigt, die ein „sehr gutes" bzw. „gutes" Examensergebnis erzielen konnten (Prädikatsexamen). In einigen Studiengängen besteht zudem die Möglichkeit, bereits mit einem ausgezeichneten Bachelorabschluss zur Promotion zugelassen zu werden.

Formen

Die Doktorarbeit soll eine thematisch geschlossene und **eigenständige Auseinandersetzung** mit einem vom betreuenden Fachvertreter (Doktorvater) in Abstimmung mit dem Kandidaten erstellten Thema bieten (*Haas/Gunzenhäuser*, 2006; *Münch*, 2006; *Stock et al.*, 2009). Als Alternative zu einer solchen geschlossenen Arbeit werden zunehmend auch mehrere wissenschaftliche Beiträge anerkannt; diese müssen nach Maßgabe der jeweiligen Promotionsordnung in national bzw. international renommierten Fachzeitschriften veröffentlicht oder zur Veröffentlichung akzeptiert worden sein (Kumulative Dissertation). Nach erfolgreichem Abschluss der Arbeit und einer mündlichen Prüfung (Rigorosum) und/oder der Verteidigung der wesentlichen Thesen der Arbeit (Disputation) muss eine Doktorarbeit meist in Papierform oder elektronisch veröffentlicht werden.

Expertentipp

Aktuelle **Doktorarbeiten** aus dem gleichen oder einem ähnlichen Themengebiet können sich als eine wahre **Fundgrube** für Material für die eigene Arbeit erweisen.

2.2 Kostenplanung

Die Anfertigung von Seminar-, Bachelor- bzw. Masterarbeiten und insbesondere einer Dissertation ist mit – zum Teil erheblichen – Kosten verbunden. Solche **Kosten** entstehen durch **Materialbeschaffung** (Bücher, Kopien, Büromaterial), **Kommunikation** (Porto, Handy, Internet), **Reisen** (Bibliotheks- und Archivbesuche, Expertenbefragung, Exkursionen), **Schreib-** und **Korrekturarbeiten** sowie Bindearbeiten bzw. Druck.

Sobald ein Projekt feststeht, sollte eine **Kostenplanung** für den Bearbeitungszeitraum erstellt werden. Die Kosten können nach eigenen sowie den Erfahrungen fortgeschrittener Studienkollegen bzw. Doktoranden abgeschätzt werden.

Überzeugende **Gründe** sprechen für eine Kostenplanung:

Plane in der Zeit

- Eine erste grobe Kostenplanung verhindert **Finanzierungsprobleme** gegen Ende der Arbeitsanfertigung; eine darauf aufbauende **Rücklagenbildung** schafft „Luft" in zeitkritischen Phasen.
- Eine Kostenplanung sollte eng mit der eigenen **Zeitplanung** verbunden werden: So verursacht z. B. die Nutzung externer Schreib-, Verarbeitungs- oder Druckkapazitäten zwar höhere Kosten, gewährt aber einen größeren zeitlichen Spielraum für die Anfertigung und Überarbeitung des Manuskripts.
- Eine Kostenübersicht erleichtert auch die Beantragung von **Sach- und Geldmitteln** bei Dritten.[1] Soweit Fördermittel und Stipendien beansprucht werden können, ist eine rechtzeitige Kostenplanung umso notwendiger, je kürzer die zur Verfügung stehende Bearbeitungszeit ist.

Grundsätzlich sollte der Einsatz der erforderlichen Hilfs- und Arbeitsmittel ökonomisch, aber auch nicht zu knapp kalkuliert werden: Schlechte bzw. mangelhafte **arbeitsorganisatorische Grundlagen** sowie eine nachlässige äußere Form der Prüfungsarbeit können nicht nur zu formalen

Geld ist knapp

---

[1] Zu Förderungsmöglichkeiten Nachweise unter: http://www.sbb-stipendien.de/weiterbildungsstipendium.html; http://www.e-fellows.net/show/detail.php/5789; http://www.stipendiumplus.de (Zugriff 2013-04-02).

34   2 Planung

Beanstandungen, sondern auch zu **materiellen, inhaltlichen Mängeln** führen.

2.3 Steuerplanung

Alle wissenschaftlichen Arbeiter sollten, neben einer Kostenplanung, auch eine einfache **Steuerplanung** durchführen:

- Studierende und Doktoranden, die bereits ein eigenes steuerpflichtiges Einkommen erzielen, können die Studiumskosten (zumindest teilweise) sofort als Ausgaben steuermindernd absetzen
- Studierende ohne eigenes Einkommen, können nach einem „Erststudium" zumindest Teile ihrer weiteren studiumsbedingten Ausgaben von ihrem – hoffentlich – später zu erzielendem Einkommen steuermindernd abziehen

Fiskus zahlt mit   Angefallene Kosten für Studien-, Kurs-, Tagungs- und sonstige Veranstaltungsgebühren, für Lernmaterial, Fachbücher, Druckkosten, Vorbereitungs-, Zulassungs- und Abschlussprüfungskosten – einschließlich gegebenenfalls erforderlicher Prozess- und Anwaltskosten – sowie die auswärtige Unterbringung sind aktuell gemäß § 10 Abs. 1 Nr. 7 Satz 1 und 2 EStG als **Ausbildungskosten** im Rahmen der **Sonderausgaben** bis zu einer Höhe von 6000 EUR jährlich vom Gesamtbetrag der (eigenen) Einkünfte abzugsfähig (vgl. *Müller-Franken*, 2007, S. 61 f.; *Heinicke* (Bearb.), 2012, § 10 Anm. 120 f.).

Steuertipps   Zwingende **Voraussetzung** für einen solchen Abzug aber ist, dass im Jahr, in dem die Aufwendungen entstehen, eigene (steuerpflichtige) Einnahmen erzielt werden. Studierende ohne eigenes Einkommen können daher diese Abzugsmöglichkeit nicht nutzen: die Aufwendungen für ihr Studium bleiben insoweit steuerlich unberücksichtigt.

Der Gesetzgeber hat zudem dafür gesorgt, dass Aufwendungen für die erstmalige Berufsausbildung oder ein „Erststudium", soweit diese nicht im Rahmen eines Dienstverhältnisses stattfinden, zu den steuerlich unerheblichen „Kosten der Lebensführung" zählen.

Das Einkommensteuergesetz sieht aber vor, dass berufsbegleitende Bildungsaufwendungen – im Anschluss an eine erstmalige Ausbildung – uneingeschränkt zum steuerlichen

2.3 Steuerplanung

Abzug zugelassen sind. Dementsprechend können alle Aufwendungen für Aufbau- und Graduierten- ebenso wie Masterstudiengänge und (nahezu) alle Promotionsstudiengänge als Fortbildungsaufwendungen geltend gemacht werden (vgl. *Steck*, 2010; *Paus*, 2011). Sie werden als Werbungskosten oder Betriebsausgaben vom zu versteuernden (eigenen) Einkommen abgezogen und sind als Verlust uneingeschränkt vor- und rücktragsfähig; sie können daher auch dann angesetzt werden, wenn sie zeitlich vor den, mit der so erreichten Fortbildung (später) erzielten Einnahmen anfallen.

Zu den steuerlich beachtlichen **Kostenarten** zählen (vgl. *Theisen/Zeller*, 2003; *Klinkhammer/Thönnes*, 2009):[1]

Alle Kosten prüfen

- Aufwendungen für Arbeitsmittel: Fachliteratur („Wissenschaftliches Arbeiten"), Büro- und Schreibmaterial, Fotokopien, Leihverkehrsgebühren und Handy-, Internet- und Postgebühren
- Kosten des häuslichen Arbeitszimmers bzw. -platzes
- Kosten für die PC-Anschaffung und Nutzung (Rechner, Bildschirm, Drucker, Programme, Toner, Papier, Wartung)[2]
- Aufwendungen für Fahrten zu und zwischen Forschungseinrichtungen
- Kosten für die Fahrten zum sowie die Unterbringung am (auswärtigen) Studienort[3]
- Notwendige Reisekosten (Archivbesuche, Tagungen, Besprechungen mit dem Betreuer), Bewirtungskosten Dritter sowie Mehrkosten für die eigene Unterkunft
- Übersetzungs-, Entwicklungs- und Programmierungskosten
- Studien- und Promotionsgebühren
- Schreib-, Druck- und Veröffentlichungskosten
- Versand- und Werbekosten für Freiexemplare an interessierte Wissenschaftler und Praktiker.

---

[1] Nicht abzugsfähig sind Aufwendungen für den Erwerb bzw. die Vermittlung durch einen Promotionsberater: BFH-Beschl. v. 08.06.2004, BFH/NV 20 (2004), S. 1406 f.

[2] Hinsichtlich der steuerlichen Kriterien für die Anerkennung derartiger Aufwendungen s. BFH, Urt. v. 19.02.2004, BFH/NV 20 (2004), S. 872.

[3] S. BFH, Urt. v. 29.04.2003, BStBl II 2003, S. 749 f.

2 Planung

Für alle Doktoranden, insbesondere aber für diejenigen, die nach erfolgreicher Promotion längere Zeit keine eigenen Einkünfte erzielen – oder deren Einkünfte für eine Verrechnung mit den aufgelaufenen Aufwendungen nicht ausreichen – besteht eine Alternative: Wird für die Veröffentlichung der Dissertationsschrift[1] ein Verlagsvertrag mit Gewinnbeteiligung abgeschlossen, können mit den (später möglichen) Einnahmen steuerlich „Einkünfte aus **selbstständiger Tätigkeit**" (§ 18 EStG) im Rahmen freiberuflicher Schriftstellerei erzielt werden; dann können die in Zusammenhang mit der Entstehung und Veröffentlichung stehenden Kosten uneingeschränkt als **Betriebsausgaben** (§ 4 Abs. 4 EStG) im Jahr der wirtschaftlichen Verursachung abgezogen werden (*Nagel*, 2004).

Belege sammeln
Voraussetzung für die steuerliche Anerkennung von Aufwendungen ist deren **Nachweis**.[2] Hierzu sollte eine Mappe angelegt werden, in der Belege und Fahrtkostenabrechnungen sowie sonstige Beweismittel (Besprechungsprotokolle, Tankrechnungen, Bewirtungsaufstellungen, Fahrscheine, Einzelnachweise für Handy- und Internetnutzung) chronologisch gesammelt und für die Einkommensteuererklärung bzw. den Lohnsteuer-Jahresausgleich bereitgehalten werden.

2.4 Zeit- und Terminplanung

Knappe Zeit
Steht das Projekt fest und sind die erforderlichen Finanzmittel geplant, so ist eine **Zeit-** und **Terminplanung** vorzunehmen. Bei zeitlich befristeten Arbeiten (Seminar-, Bachelor- und Masterarbeiten) stellt die Zeit erfahrungsgemäß den Minimumfaktor dar. Bei unbefristeten Arbeiten (z. B. freien wissenschaftlichen Arbeiten bzw. Dissertationen) erlaubt eine solche Zeitplanung die **Strukturierung** des Vorhabens.

Eine Struktur- und Zeitplanung kann mit Hilfe der **Netzplantechnik** („Gantt-Diagramm") vorgenommen werden. Die einzelnen **Arbeitsphasen** werden mit ihrer voraus-

---

[1] Ausführlich dazu unten Kapitel 9.2, S. 246–251.
[2] Ohne Einzelnachweis sind Ausbildungskosten als Sonderausgaben pauschal nur in Höhe von 36/72 EUR/Jahr (Ledige/Verheiratete) gemäß § 10 c Abs. 1 Satz 1 EStG, Werbungskosten pauschal in Höhe von 1000/ 2000 EUR/Jahr gemäß § 9 a Satz 1 Nr. 1a EStG ansatzfähig.

2.4 Zeit- und Terminplanung

sichtlichen Dauer (Beginn bis Ende) erfasst und in einem Zeitablaufplan abgebildet. So lässt sich ermitteln, welche Arbeitsschritte unbedingt wann begonnen bzw. abgeschlossen werden müssen, bevor ein weiterer angefangen werden kann. Ein solcher Plan erleichtert die Organisation. Zudem schaffen schriftlich fixierte Arbeitspläne Leistungsziele, deren Erreichen auch die Motivation zum (Weiter-)Arbeiten stärkt.

Aufgaben der Zeit- und Terminplanung:
- Abstimmung und Koordinierung der einzelnen, zum Teil parallel laufenden bzw. sich überschneidenden Arbeitsschritte
- Gewichtung der einzelnen Abschnitte und Berücksichtigung von Prioritäten und Schwerpunkten
- Berücksichtigung sonstiger Aktivitäten und Beschränkungen
- Kontrolle des eigenen Arbeitsfortschrittes

Wichtige Voraussetzungen für eine funktionierende Zeit- und Terminplanung sind:

- Kenntnis aller erforderlichen Arbeitsschritte/Phasen des wissenschaftlichen Arbeitsprozesses
- Kenntnis der sonstigen Arbeitsbelastung und Aktivitäten *Zeiträuber*
- Realistische Einschätzung der eigenen Arbeitsbereitschaft und -fähigkeit sowie der wichtigsten individuellen „Zeitfresser" wie Community-Kontakte (Facebook u. a.), Telefonieren, Messaging und Computerspiele (*Voss*, 2012, S. 49).

Die Voraussetzungen können nur individuell ermittelt und berücksichtigt werden. Fachleute schätzen, dass ein Student durch rationelle Arbeitsorganisation zwischen 30 % und 50 % der durchschnittlich benötigten Zeit einsparen kann (dazu *Burchardt*, 2006). Im Laufe des Studiums lernt jeder bei kritischer (Eigen-)Beobachtung seine diesbezüglichen Stärken und Schwächen kennen.

Allgemeine Regeln für effiziente Arbeitszeiten sowie die *Zeitkontrolle*
optimale Arbeitsdauer pro Tag, Woche oder Monat sind ebenso willkürlich wie generelle Verhaltensmaßregeln oder Durchhalteappelle. Jeder Arbeitstag sollte nach den produktivsten Phasen eingeteilt werden: Tätigkeiten, die ein hohes Maß an Konzentration erfordern, werden jeweils zu Beginn

2 Planung

einer neuen Arbeitsphase erledigt; andere, wie Internet-Recherchen, E-Mail-Kontrolle, Bibliografieren, Literaturbe-schaffung, in Zeiten mit geringerer Leistungsbereitschaft und Aufmerksamkeit.

Check: Meine Schwächen im Vergleich

Von allen Studierenden klagen

- 40 % über Konzentrationsschwäche
- 38 % über Nervosität
- 37 % über Rückenschmerzen und
- 44 % der männlichen und 19 % der weiblichen Studieren-den konsumieren regelmäßig Alkohol in schädlicher Höhe (*Vollmers*, 2008)

Bei den ersten Anzeichen von Ermüdung sind (Schlaf-)Pausen einzulegen, auf Psychopharmaka u. a. ist zugunsten einer ausgewogenen, nicht zu sehr belastenden Ernährung zu verzichten. Nach einer Studie aus dem Jahr 2012 nimmt jeder fünfte Student leistungssteigernde Mittel, von Koffeintabletten bis zu Ritalin und Amphetaminen: „Hirndoping an Hochschulen ist demnach viel verbreiteter als bislang vermutet" (*Trenkamp*, 2013).

Aktivitäten und Freizeit berücksichtigen

Die außerhalb des Projektes bereits absehbaren (oder wahrscheinlichen) zeitlichen **Beschränkungen** sind vorab zu **erfassen**:

- Sonn- und Feiertage, gegebenenfalls Samstage/Sonnabende, an denen eine Bibliotheksarbeit nicht möglich ist
- Vorlesungs-, Klausuren- bzw. Arbeitsgruppentermine sowie der hierzu erforderliche Zeitbedarf für die Vor- und Nachbereitung
- Außeruniversitäre (z. B. familiäre) Verpflichtungen
- Arbeitsfreie Tage (nicht zwingend die Sonntage), Urlaubstage

Jeder wissenschaftliche Arbeitsprozess lässt sich – unabhängig von Art und Umfang eines Projektes – in **Phasen** einteilen (s. *Darst. 01*).

2.4 Zeit- und Terminplanung

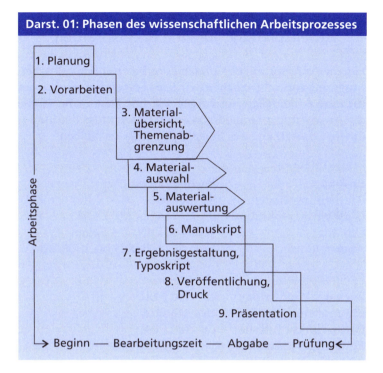

Darst. 01: Phasen des wissenschaftlichen Arbeitsprozesses

Je länger einzelne **Unterbrechungen** andauern, desto mehr Zeitverlust ist für die Abbruch- und Wiedereinarbeitungsphase zu berücksichtigen („Cooling-down"- bzw. „Warming-up"-Phasen). Die insgesamt verfügbare Zeit ist mit dem (geschätzten) Zeitbedarf der einzelnen Arbeitsschritte abzustimmen. Längere Arbeitsphasen sollten 'am Stück' geplant werden:

Expertentipps

„Bleiben Sie am Ball ... Wichtig ist allein, dass der geistige Motor nicht erkaltet" (*Krämer*, 2009, S. 29).

„Arbeitsplanung bedeutet zwar selbst Arbeit, führt aber ... zu einem effektiveren ... Arbeitsprozess und hilft, potenzielle Panik zu vermeiden" (*Burchardt*, 2006, S. 75).

„Es nützt nichts, wenn Sie rascher laufen, Sie müssen pünktlich starten (*Fragnière*, 2003, S. 42).

2.5 Beispiel: Arbeitsplanung für eine Bachelorarbeit

Für die Anfertigung einer Bachelorarbeit mit einer Bearbeitungszeit von **acht Wochen** wird im Folgenden ein Muster für eine Arbeitsplanung vorgestellt. Die Daten sind fiktiv; die Anpassung an die persönlichen Daten muss der **individuellen Umsetzung** des Beispiels überlassen bleiben.

Projekt   **Projektplanung:**

Projekt:	Bachelorarbeit
Bearbeitungsdauer:	8 Wochen
Bearbeitungszeitraum:	03.02.2014 bis 28.03.2014
Umfang:	40 bis 50 DIN-A-4-Seiten
Abgabetermin:	Freitag 28.03.2014 bis 16.00 Uhr

Kosten   **Kostenplanung:**

Bücher, Manuskripte:	ca.	60 EUR
Büromaterial, Kopien:	ca.	40 EUR
Porto, Handy, Internet:	ca.	120 EUR
Reisen, Exkursionen:		– EUR
3 Kopien, Buchbinder:	ca.	60 EUR
insgesamt	ca.	280 EUR

Damit ergibt sich für den Bearbeitungszeitraum, dass eine monatliche **Rücklage** von ca. 140 EUR nötig ist.

Zeit   **Zeitplanung:**

Bearbeitungszeitraum:	54	Tage
./. 7 Sonntage	7	Tage
./. Vorlesungs- und Veranstaltungstermine[1]		
03.02.–08.02. insgesamt	2	Tage
17.–28.02. Abschlussklausuren WS 2013/14	1	Tag
03.03. Rosenmontag/13.03. Geburtstag	2	Tage
Privater E-Mail-Check, Internet-Chat	3	Tage
volle Arbeitstage à 8 (produktive) Stunden	39	Tage
(das entspricht rund 72 % des Planungszeitraums)[2]		

---

[1] Das Beispiel ist auf folgende (bayerische) Vorlesungszeiten bezogen: Winter-Semester: 14.10.2013–08.02.2014; Sommer-Semester: 07.04.2014–12.07.2014.

[2] Digitale Unterstützung bei der individuellen Detailzeitplanung unter: http://www.lib.umn.edu/help/calculator/

2.5 Beispiel: Arbeitsplanung für eine Bachelorarbeit

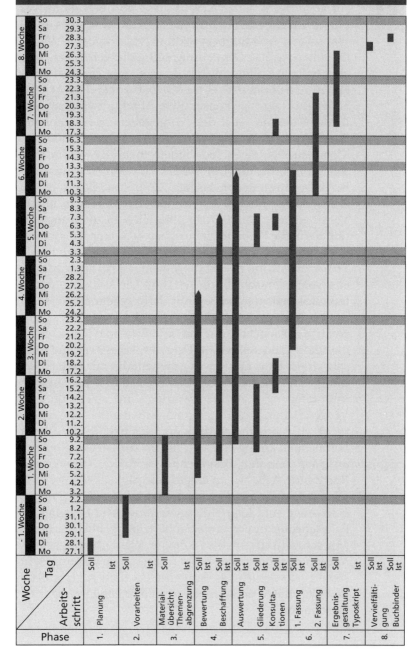

Darst. 02: Zeit-Terminplan für die Anfertigung einer Bachelorarbeit (Bearbeitungszeit: 8 Wochen)

2 Planung

Erklärungen zu Darstellung 02:

1. In der **Vorspalte** werden die Phasen des Arbeitsprozesses abgetragen. Jeder **Arbeitsphase** und den damit verbundenen Arbeiten und Problemen im Anschluss an die Planung ist ein Kapitel gewidmet (vgl. Kapitel 3 – 9). Die phasenweise Darstellung soll nicht verdecken, dass eine teilweise oder vollständige **zeitliche Parallelität** für einige Arbeitsschritte ebenso selbstverständlich wie für andere eine strenge konsekutive Abfolge zwingend ist.
2. In der **Vorzeile** wird der (vorgegebene oder geplante) **Bearbeitungszeitraum** in Wochen (bei Dissertationen in Monaten) abgetragen. Individuell eingesetzt werden müssen die Termine und Daten des konkreten Projektes unter Berücksichtigung der Wochen-, Sonn- und Feiertage. Die Zeitskala beginnt mit der „minus-ersten"-Woche, um die **Vorarbeiten** außerhalb des offiziellen Bearbeitungszeitraumes in die Planung einbeziehen zu können. Gesondert berücksichtigt werden können zudem auch Tage für die Themenauswahl, soweit die jeweilige Prüfungsordnung eine solche Entscheidung verlangt. Die konkrete (befristete) Bearbeitungszeit beginnt dann regelmäßig erst mit der Festlegung des gewählten Themas.
3. Nach **Berücksichtigung** der arbeitsbezogenen Zeiträume und Daten sollten die Tage der **Arbeitsverhinderung** schraffiert bzw. farbig – gegebenenfalls mit Unterscheidung z. B. zwischen Bibliothekssperre und persönlicher Verhinderung – markiert werden. Eine solche optische Verdeutlichung zeigt geplante **Arbeitsunterbrechungen** rechtzeitig an und verhindert gleichzeitig die (versehentliche) Planung von Aktivitäten zur Unzeit (Kopieren an einem Sonntag, Besprechung mit dem Betreuer oder Buchbinde-Arbeiten an einem Feiertag).
4. Die in dem Plan eingetragenen, dunkel unterlegten Arbeitszeiten sind **Empfehlungen**, Dauer und Lage der Arbeitsschritte können projektabhängig erheblich variieren. Mit schraffierten Balken können Wiederholungs- bzw. Vertiefungsphasen angezeigt werden; ihre Planung ist insoweit erforderlich, als damit die Parallelität verschiedener Aktivitäten und der potenzielle Zeitbedarf angezeigt werden soll.

2.5 Beispiel: Arbeitsplanung für eine Bachelorarbeit 43

5. Jeweils nach Abschluss eines Arbeitsschrittes sollte zeitnah die benötigte **Ist**-Zeit der geplanten **Soll**-(Vorgabe-) Zeit gegenübergestellt werden; in *Darst. 02* fehlen diese (individuellen) Einträge. Dieses Vorgehen ermöglicht eine unmittelbare **Erfolgskontrolle** und schafft Erfahrungswerte für eine **Planrevision** im Rahmen der rollenden Planung.

6. Die allgegenwärtige Zeitplaner- und Organisationssoftware kann zur Terminplanung und -einhaltung eingesetzt werden: Lassen Sie sich per E-Mail oder SMS gelegentlich an die eigene Planung erinnern (*Limburg/Otten*, 2011, S. 25).

Das Planungsmodell erscheint auf den ersten Blick perfektionistisch und zeitraubend. Berücksichtigt man aber diesen **Vorschlag**, wird man dessen großen **Nutzen** schnell kennen und schätzen lernen. Fast spielerisch werden so methodische Kenntnisse erworben und in die Praxis umgesetzt. Gleichzeitig stärkt jede Teilleistung, definiert als Planerfüllung, die Motivation und damit den **Studienerfolg**.

Checkliste: Planung einer wissenschaftlichen Arbeit	
Frage	**Hilfe**
Alle Termine notiert und geprüft?	S. 25 f.
Fristen und Beschränkungen beachtet?	S. 25
Alle persönlichen Planungen und Auszeiten berücksichtigt?	S. 25, 37
Welches Projekt steht an, erfülle ich die Voraussetzungen?	S. 27–32
Sind die unterschiedlichen Anforderungen bekannt?	S. 27–32
Mit welchen finanziellen Belastungen und Ausgaben ist zu rechnen?	S. 33 f.
Können meine Eltern oder ich Aufwendungen bei der Steuer geltend machen?	S. 34–36
Eigene Zeitbilanz erstellen: Kenne ich die wichtigsten Zeiträuber?	S. 37 f.
Habe ich einen Zeit- und Kostenplan?	S. 40 f.
Wie vermeide ich Ablenkung durch Messaging und E-Mails?	S. 37 f.

3 Vorarbeiten

Zu den Vorarbeiten gehören alle Maßnahmen, die einen technischen, aber noch **keinen inhaltlichen Bezug** zum geplanten Projekt haben. Im Zeit- und Terminplan wird ihnen deshalb auch die „minus-erste"-Woche zugeordnet, also der Zeitraum unmittelbar **vor** der **Themenvergabe** bzw. dem Termin, von dem ab die (befristete) Bearbeitungszeit für eine wissenschaftliche Arbeit läuft.

Zu den vorbereitenden Arbeiten zählen folgende Themen:
- Arbeitsplatz
- Arbeitsmittel
- Arbeitstechnik
- Arbeitsorganisation

Werden die damit verbundenen Fragen und Probleme vorab berücksichtigt und erledigt, kann am „Start" unmittelbar mit der eigentlichen Arbeit begonnen werden: die erste und meist stärkste **Motivation** (oder sogar Begeisterung) für ein Thema wird so nicht für die Erledigung dieser „Präliminarien" vergeudet. **Vor dem Start**

3.1 Arbeitsplatz

Alle potenziellen Arbeitsplätze aufzuzählen, ergäbe eine eigene Studie. Arbeitsmittel wie ein Handy/Smartphone, aber insbesondere der Computer einschließlich aller portablen Formen (Laptop, Notebook, Powerbook, Tablet-Computer einschließlich USB-Stick) zwingen schon lange nicht mehr an den klassischen Schreibtisch. Ungeachtet der vielfältigen Möglichkeiten wird der Studierende jedoch – zumindest teilweise – auch an traditionellen Arbeitsplätzen antreten.

Einige wichtige, zeitintensive **Vorbereitungen** können für jeden dieser Arbeitsplätze getroffen werden. Je begrenzter die Bearbeitungszeit ist (und diese Zeit ist regelmäßig knapp!), desto dringlicher ist eine solche Präparation.

3 Vorarbeiten

3.1.1 Bibliothek

Die meisten Studierenden kennen „ihre" Bibliothek seit den ersten Monaten des Studiums. Sowohl die Lektüre der einführenden Lehrbücher als auch die Vorbereitung auf die Klausuren zu den Grundlagenfächern machen sie vertraut mit der Atmosphäre und dem technischen Ablauf der Seminar-, Fachbereichs- bzw. Fakultätsbibliothek; virtuelle wie reale **Bibliotheksführungen** vermitteln wichtige Kenntnisse.

Bibliothekscheck Erfahrungsgemäß aber tauchen Fragen zur **Bibliotheksbenutzung** und **-ordnung** erst auf, wenn mit einer Seminar-, Bachelor- oder Masterarbeit bereits begonnen worden ist. Solche Informationen und Fragen, sollten **online** oder **vor Ort** daher schon in der Vorbereitungsphase **geklärt** werden:

- Bibliotheksbenutzungsordnung
- Öffnungszeiten und Bibliotheksferien bzw. -schließungen an oder zwischen Feiertagen
- Art, Ordnung und Benutzung der Bibliothekskataloge und -rechner vor Ort sowie der elektronischen Bibliotheksverbände und -netzwerke
- Möglichkeiten, technische Erfordernisse und zeitliche Begrenzung (Fristen) der (elektronischen) Sofort-, Tages- und Wochenendausleihe sowie der Fernleihe
- Name, Büro und Zuständigkeit des Bibliotheksbeauftragten, der als Ansprechpartner für Beschaffungsprobleme (Fundorte, Neuerwerbungen) in Frage kommt
- Fundstelle und Funktionsweise des elektronischen Desideratenbuches (Wunschbuches), mit den Neuerwerbungen angeregt werden können

Wo finde ich was? Diese Informationen sollten vorab für die studiumsspezifische Seminar-, Fachbereichs- bzw. Fakultätsbibliothek eingesehen bzw. online ermittelt werden. Darüber hinaus sollten diese Fragen aber auch für die Zentralbibliothek, das Magazin, die Lehrbuchsammlung sowie die Bibliotheken der Nachbardisziplinen geklärt werden, da vor der Themenvergabe noch keine genaue Kenntnis über die, für die Arbeit erforderlichen **Fachbibliotheken** vorhanden ist.

Der Zeitverlust, der während der Arbeit durch erst zu ermittelnde unterschiedliche Öffnungszeiten, verschiedene Ausleihbestimmungen bzw. Eingabemasken verursacht wird, kann so minimiert werden.

3.1 Arbeitsplatz

3.1.2 Seminarraum/PC-Labor

Soweit dem Bearbeiter eines Projektes in der Bibliothek, dem Seminar eines Institutes oder einem PC-Labor ein Arbeitsplatz zur Anfertigung seiner Arbeit zur Verfügung gestellt wird, sollten die damit verbundenen **technischen** und **organisatorischen Bedingungen** bekannt sein. Hierzu geben Studienkollegen sowie die zuständigen Dozenten bzw. Assistenten und das Personal Auskunft.

Technik und Hilfe

> **Expertentipp**
>
> Nehmen Sie vor dem Arbeitsstart **Kontakt** mit dem zuständigen **Assistenten** und dem **Bibliothekspersonal** auf. Dann können Sie später auch unter Zeitdruck mit einer Antwort auf eine E-Mail-Anfrage oder einen Anruf rechnen: eine unbürokratische **Hilfe** oder **Ausnahmeregelung** wird einem „Bekannten" sicherlich seltener verweigert als einem „namenlosen Studenten".

Eine **persönliche Vorbereitung** ist in besonderem Maße für den das Projekt betreuenden Professor und/oder dessen Assistenten zu empfehlen. Schon vor Beginn einer Arbeit sollten deshalb die **Sprechzeiten und -orte** dieser Personen während der **Bearbeitungszeit** sowie deren E-Mail-Adressen online ermittelt (und notiert) werden. Für vorlesungsfreie Zeiten – in denen wissenschaftliche Arbeiten häufig zu schreiben sind – sind auch **Urlaubs-** bzw. sonstige **Abwesenheitszeiten** der Betreuer zu erfragen; diese Daten müssen im eigenen Zeit- und Terminplan berücksichtigt werden.

Betreuerpräsenz

Bei erfahrenen Studienkollegen können (ggf. anonym in Chatforen) Informationen zum **Umgang** mit den Betreuern gesammelt werden. Einige fach- und/oder personenspezifische **Eigenarten** lassen sich so ermitteln und sparen die Zeit für eigene Erfahrungen.

3.1.3 Wohnung

Wer in seiner Studentenbude oder im Zimmer der Wohnung oder des Hauses der Eltern seinen (Haupt-)Arbeitsplatz bezieht, muss entscheiden, welche **Atmosphäre** für ihn individuell am **produktivsten** ist. Vor Arbeitsaufnahme sollten die Möglichkeiten zur **Ausleihe** von Büchern aus den

Bude oder Bibliothek

Fachbibliotheken geklärt werden. Darüber hinaus ist bei der Zeitplanung zu beachten, dass zu Hause z. B. ein kurzfristiges Überprüfen von Zitaten ausgeschlossen ist, soweit diese Texte nicht elektronisch zugänglich sind; der hierzu erforderliche, zum Teil erheblich höhere Zeitbedarf für eine Recherche vor Ort ist einzuplanen.

Am häuslichen Arbeitsplatz sollte die Möglichkeit gegeben sein, das benötigte Material ausbreiten und so auch längere Zeit liegen lassen zu können. Flipp-Charts und Pin-Boards können als wichtige Arbeitshilfe zur optischen Aufbereitung eines Themas benutzt werden: einzelne Gliederungspunkte lassen sich ebenso wie komplexe Zusammenhänge mit graphischen Mitteln verdeutlichen und können so auch mit den Augen und Fingern nachvollzogen werden. Darüber hinaus können Ideen, Vermerke und Zitate während der Bearbeitung zum entsprechenden Gliederungspunkt geheftet werden; die erforderliche Flexibilität im Aufbau einer Arbeit wird mit diesen Systemen erleichtert.

Kein blindes Kopieren

Gewarnt werden muss schon an dieser Stelle vor dem Versuch, alle benötigte Literatur zu kopieren bzw. elektronisch zu archivieren: eine nicht unerhebliche Zahl von Studenten hat damit allein den großen „Kopierschein" erhalten.

> **Hinweis: Kopieren heißt nicht kapieren!**
>
> „Oft werden Fotokopien als Alibi verwendet. Man trägt hunderte von Fotokopien nach Hause, man hat ein Buch zur Hand gehabt und mit ihm etwas unternommen und glaubt darum, es gelesen zu haben" (*Eco*, 2010, S. 162).

Einzelne Arbeitsschritte, wie die Materialübersicht und Materialauswahl, lassen sich nur bedingt bzw. teilweise über das Internet erledigen; viele der dazu erforderlichen Arbeiten können aber sinnvoll nur in den realen Bibliotheken und anderen Materialstandorten erledigt werden.

Wer gerne zu Hause arbeitet (oder als Fernstudent dort arbeiten muss), sollte eine disziplinierte Zeit- und Tagesplanung durchführen. Möglichst feste Zeiten sind für die Bibliotheksarbeit sowie alle weiteren Tätigkeiten außerhalb des heimischen Arbeitsplatzes einzuhalten. Wird diese Empfehlung nicht beachtet, steigen bei der Arbeit zu Hause die Rüstzeiten, insbesondere für die mehrfachen An- und

Abfahrten zur Bibliothek oder Ausleihe, die eigentliche Arbeit bleibt im wahrsten Sinne des Wortes „auf der Strecke".

Soweit zum Teil zu Hause, zum Teil an der Hochschule gearbeitet wird, ist zu empfehlen, einzelne **Arbeitsunterlagen** wie Dateien ständig zu sichern: Text-CD bzw. USB-Sticks mit entsprechend **aktuellem Back-up** müssen in diesem Fall immer doppelt vorrätig sein und permanent abgeglichen werden; dies ist auch dann zu beachten, wenn die **Arbeit online verfasst** und in einem zentralen Rechner gespeichert wird, da nur so den Folgen eines Verlustes bzw. einer **Beschädigung** der **Hardware** vorgebeugt werden kann. Ein zu großer organisatorischer Aufwand sollte allerdings vermieden, das Projekt zu keinem Zeitpunkt dabei aus den Augen verloren werden. Eine solche Geschäftigkeit kostet häufig gerade die Energie, die für die wissenschaftliche Arbeit benötigt wird.

3.2 Arbeitsmittel

Jeder Student weiß, mit welcher Art von Arbeitsmitteln er am besten zurechtkommt. Zu empfehlen ist, vor Anfertigung einer umfangreichen Arbeit die elektronischen Warenkataloge oder Webseiten von Büromittellieferanten zu studieren. Eine Reihe von **Informationen** über arbeitsorganisatorische Hilfen kann so gewonnen werden; wichtige Einzelheiten zu bewährten Arbeitsmitteln werden im Folgenden im Zusammenhang mit dem jeweiligen Arbeitsschritt erklärt. Einige grundsätzliche **Empfehlungen** zu wichtigen Arbeitsmitteln und -hilfen außerhalb der PC-Welt in Kürze:

Werkzeuge bekannt

- Nur **eine Papiergröße** (DIN-A-4) verwenden, das verhindert das „Abtauchen" bzw. Verschwinden wichtiger Informationen; soweit kleinere Originalformate vorliegen (z. B. bei Zeitungsausschnitten), sind die Informationen auf DIN-A-4-Papier **aufzukleben** oder -zuheften, größere Formate sollten – entsprechend gefaltet – eingeordnet und archiviert werden.
- Nur **gelochtes Papier** verwenden, besser als fliegende Blätter sind Schreibblöcke, die vor der ersten Benutzung bereits im Ganzen **gelocht** werden sollten, da ein Locher nicht immer zur Hand ist.
- Papier nur **einseitig beschreiben** bzw. **bedrucken**, laufend **nummerieren** und immer mit **Datum versehen**.

3 Vorarbeiten

- Die **Datumsangabe** ist normiert. Um Umstellungen und Missverständnisse zu vermeiden, sollte nur eine der zulässigen Varianten für alle elektronischen wie realen Dokumente verwendet werden: 22.03.2014 (TT.MM.JJJJ) oder 2014-03-22 (JJJJ-MM-TT).
- Grundsätzlich sollten **Aktenordner**, keine Ringbücher verwendet werden; die **Ablage** ist mit einem einfachen Locher zu erledigen, fremde Papiere und Unterlagen können ausgetauscht bzw. neue Papiere ohne Probleme eingeordnet werden (ebenso *Wolf-Stickel/Wolf*, 2011, S. 80 f.).

Für alle **technischen Arbeitsmittel** muss deren **Verfügbarkeit** und die **Kenntnis** ihrer Bedienung und **Beherrschung** sichergestellt sein:

- PC, Laptop, Notebook, Tablet-Computer, USB-Stick einschließlich kompatibler Hard- und Software
- Tintenstrahl- und Laserdrucker
- UMTS-Geräte, Mobiles, Smartphone
- Internet-Anschlüsse und -Zugänge, WLAN-Stationen
- Scanner, CD-Brenner
- Film-, Foto-, Video-, DVD- bzw. sonstige Reproduktionsgeräte

Notwendige Technik
Eine sorgfältige **Information** über die jeweils sinnvoll einsetzbare (Mindest-)Technik maximiert die **produktive Arbeitszeit**. Ein unvorhergesehener Wechsel der benutzten Geräte bzw. Programme während der Bearbeitung kostet nicht nur Nerven, sondern ist zudem meist zeitraubend. So kann die Verwendung veralteter, d. h. mit alternativer Hardware nicht kompatibler Software den **Zeitplan** in der Nähe des kritischen Zielzeitpunktes platzen lassen, nicht kopier- oder scannerfähige bzw. übertragbare Zeichnungen oder Tabellen können nicht geplante Überstunden bedingen.

Wichtige Hilfen
Ebenfalls in der Vorbereitungsphase sind Informationen über die Verfügbarkeit erforderlicher **Hilfskräfte** einzuholen und **Termine** zu vereinbaren:

- **Übersetzer**, falls fremdsprachliche Texte und andere **Spezialisten**, falls technisch anspruchsvolle Texte verarbeitet werden müssen und eigene Kenntnisse nicht – oder nicht ausreichend – vorhanden sind
- **Programmierer**, **Administratoren** und **Datenverarbeitungsexperten** einschließlich der voraussichtlich benötig-

3.3 Arbeitstechnik

ten Zugangszeiten, soweit Daten erfasst und verarbeitet (oder gerettet bzw. wiederhergestellt) werden müssen

- **Hotline- und E-Mail-Adressen** wichtiger Ansprechpartner und Hilfen, mit deren Unterstützung im Krisenfall sowie bei Programm- und Hardware-Problemen gerechnet werden kann
- **Buchbinder** bzw. **Copy-Shop**, soweit Prüfungsarbeiten, wie Bachelor- und Magisterarbeiten, in gehefteter bzw. gebundener Form abgegeben werden müssen
- **Bekannte** oder **Freunde**, die zur Diskussion ebenso wie für eine kritische Lektüre und die stilistische Debatte zur Verfügung stehen.

Erfahrungsbericht

„Sieben Tage bis zum Abgabetermin der Bachelorarbeit ... musste ich über mein Ladekabel stolpern und mein Notebook zu Boden reißen. ... Back-ups? Lassen wir das. Und natürlich hatte ich keine externe Festplatte griffbereit" (*Cwiertnia*, 2012).

3.3 Arbeitstechnik

In fast allen Fachbereichen wird erwartet, dass Seminar- und Abschlussarbeiten über einen Personalcomputer (PC) erstellt, verfasst und gedruckt werden. Der PC erlaubt die unmittelbare Erstellung wissenschaftlicher Arbeiten; ein **Manuskript** im klassischen Sinne („von Hand geschrieben, lat.) ist nicht mehr vorhanden, vielmehr „entsteht" der Text – einschließlich aller Anmerkungen, Darstellungen und Ergänzungen – Zeile für Zeile über die Eingabetastatur direkt auf dem Bildschirm.

Die gängige Standard-Software ermöglicht die Integration von Text, Fußnoten, Bildern und Graphiken im Rahmen von Layout-Programmen: Vom Schreibtisch aus wird von der Texterfassung und Grafik über die Layoutgestaltung bis zur Korrektur und dem Ausdruck die komplette Arbeit erstellt. Für den wissenschaftlichen Arbeiter bedeutet dies, dass er von der Materialübersicht und -auswertung über die Texterstellung bis zum Endausdruck alle Arbeiten **mit Unterstützung des PC** durchführt.

Hilfskraft PC

Der (effektive) Einsatz des PC für wissenschaftliche Qualifikationsarbeiten aber verlangt – neben einem während der Bearbeitungszeit uneingeschränkten Zugang – mehr als nur oberflächliche **PC-Kenntnisse**:

- Die erforderlichen eigenen Kenntnisse und Fähigkeiten für die Arbeit mit der notwendigen **Hard- und Software** müssen vor Anfertigung einer PC-gestützten Arbeit selbstkritisch beurteilt werden. Zur Überprüfung und Abschätzung sollte jemand aus dem Bekannten- oder Freundeskreis befragt werden, der mit der konkret ins Auge gefassten PC- und Programm-Konfiguration bereits selbst wissenschaftliche Texte erstellt hat. Er kennt nicht nur die Schwächen (und Kosten), sondern ist gleichzeitig eine unerlässliche **Hilfe für Nachfragen** („Private Hotline").

- Die technische Ausstattung, insbesondere aber die Kapazität des Arbeitsspeichers und der Festplatte des PC muss unter Berücksichtigung des Umfangs der eigenen Arbeit und der erforderlichen Programme und Rechnergeschwindigkeiten des Prozessors vorab geprüft werden: Entscheidend ist die **Gesamtkapazität** für die (sehr speicherintensiven) Textverarbeitungs- und Layout-Programme sowie die umfangreiche Datenerfassung im Rahmen der Materialsammlung. Neben der **Verfügbarkeit** des eigenen PC einschließlich mobiler Einheiten (Laptop, Tablet-Computer o. ä.) sollte vor Beginn der Arbeit eine **Ersatzkonfiguration** ermittelt werden, auf welche – im nicht zu seltenen Katastrophenfall – sofort und uneingeschränkt zurückgegriffen werden kann. Dabei ist nicht nur die Kompatibilität der Hardware, sondern insbesondere die Identität der verwendeten Programm-Versionen zu berücksichtigen.

- An alle **Textverarbeitungsprogramme** für wissenschaftliche/technische Texte einschließlich der Hilfsprogramme sollten hohe Anforderungen hinsichtlich ihrer formalen Qualität gestellt werden: Der „Computer" und sein „Eigenleben" sind keine Argumente für nachlässiges, nicht termingerechtes oder gar fehlerhaftes formales wissenschaftliches Arbeiten. Wichtige **Prüfsteine** für potenzielle **Textverarbeitungsprogramme** sind u. a., neben dem Layout und der gesamten grafischen Aufbereitung, die

3.3 Arbeitstechnik

Fußnotenverwaltung, die deutsche (bzw. arbeitssprachliche) Silbentrennung, Tastaturbelegung und aktuelle Rechtschreibungs-Korrektur, die Formelschreibung, die internationalen Zeichensätze, die Indexierungs- und Systematisierungsfunktionen sowie die Editier-, Formatier- und Kontrollmöglichkeiten.

Konkrete Empfehlungen für spezielle Software auszusprechen, erweist sich als schwierig, da diese in hohem Maße vom Einzelfall und den jeweils damit verbundenen Anforderungen abhängen können (vgl. *Weber*, 2010, S. 55–91). Im Internet kann die aktuelle Diskussion über Anwendungsbereiche sowie die Vor- und Nachteile von *Microsoft Office*™, *LaTex*, *BibTex* u. v. m. verfolgt werden:[1] Sieht man von schon fast religiösen Überzeugungstätern ab, kann man diese Stellungnahmen auch wie folgt zusammenfassen: Es kommt darauf an.

- Beim Kauf eigener Programme – also Kaufsoftware im Gegensatz zur Freeware – sollte darauf geachtet werden, dass neu entwickelte Software gelegentlich zunächst nur in einer Fremdspracheversion verfügbar sind: Die jeweilige Fachsprache unterscheidet sich aber oft erheblich von der Schulsprache und führt so häufig zu Problemen bei der Benutzung und dem Einsatz derartiger Programme.

> **Hinweis: Das Hauptrisiko jedes PC-Einsatzes**
>
> „Man bekommt, was man weiß. Und man erreicht, was man kann."

Gerade weil der PC-Einsatz für die Anfertigung von wissenschaftlichen Arbeiten selbstverständlich ist, können folgende **Hinweise** hilfreich sein (vgl. *Knorr/Jakobs*, 1997):

- Die Eigenschaft vieler Textverarbeitungs- und Layoutprogramme, jede Eingabe druckreif erscheinen zu lassen („what you see is what you get"), darf nicht dazu verleiten, die inhaltliche Arbeit und **kritische Auseinandersetzung** mit dem **eigenen Text** zu vernachlässigen: Deshalb sollte nach Abschluss wichtiger Abschnitte, spätestens

---

[1] Einstiegs-Links dazu unter: http://www.dominik-wassenhoven.de/; http://user.uni-frankfurt.de/~muehlich/tex/wordvslatex.html; speziell zu OpenSource-Programmen: http://www.hostingundservice.de/

aber am Ende jedes Arbeitstages, der verfasste Text ausgedruckt und – am nächsten Tag – die Papierversion aufmerksam durchgearbeitet und korrigiert werden: Der PC ist nur eine technische Hilfe bei der Erfassung von Texten. Er spart als elektronisches Werkzeug Zeit, um dem wissenschaftlichen Arbeiter mehr Freiraum zu geistigen Höchstleistungen zu geben: „Die Technik schreibt nichts von allein. Im Computer fließt Strom, kein Gedanke." (*Schnur*, 2005, S. 33)

- Wegen der zwingend erforderlichen, laufenden **Sicherung** der Texte liegt dem Bearbeiter immer die zuletzt erstellte, aktuelle Fassung vor; ein Rückgriff auf „alte Versionen" ist nur möglich, wenn **verschiedene Fassungen** und Entwicklungsstadien einer Arbeit, gesondert gekennzeichnet und datiert, **abgespeichert** werden. Nach jedem Bearbeitungstag sollte automatisch auch eine außerhalb der Festplatte auf CD oder USB-Stick gespeicherte **Sicherungskopie** („Backup") als Status-Quo-Fassung angelegt werden.[1] Eine Alternative zur mechanischen Sicherung kann auch in der täglichen Versendung der aktuellen „Produktion" an die E-Mail-Adresse eines Bekannten sein (vgl. *Heister/Weßler-Poßberg*, 2007, S. 8, 169). Dessen „Briefkasten" muss dafür jedoch hinreichend dimensioniert sein und täglich überwacht werden.
- Einzelne Kapitel oder größere Abschnitte sollten von Anfang an als **eigenständige Dokumente** bzw. **Dateien** gespeichert werden. Dieses Vorgehen erleichtert das Auffinden und minimiert den Schaden in den Fällen ungewollten Löschens; gleichzeitig garantiert es bei Korrektur- und Umbruch-Durchgängen eine schnellere Bearbeitung
- Textergänzungen und -einschübe sind in allen Textprogrammen technisch kein Problem. Gerade wegen dieser technischen Möglichkeit („copy und paste") sollten bei der Texterfassung **größte Sorgfalt** verwendet werden: Fehlende Unterlagen, Quellenangaben und Informationen, die nur im PC erfasst wurden, lassen sich nicht mehr durch einen Griff in den Bücherschrank oder die Materialablage ergänzen. Der „Computer" kennt und re-

---

[1] In MS WORD™ (automatisch) versteckt gespeicherte Sicherungskopien lassen sich unter den Dateinamen abgestürzter Texte mit der vorangestellten Bezeichnung „~$" aufspüren.

produziert nur das, was einmal – in Eile möglicherweise fehler- oder lückenhaft – eingegeben worden ist. Im doppelten Sinne gilt deshalb: What you know is what you get.

3.4 Arbeitsorganisation

Die Arbeitsorganisation wird zu einem guten Teil durch den gewählten **Arbeitsplatz**, die benutzten **Arbeitsmittel** und Art und Umfang der eingesetzten **Arbeitstechnik** beeinflusst; die vorgestellte Projekt-, Kosten-, Steuer- und Zeitplanung schafft dazu eine gute **Grundlage**.

Innerhalb dieser Rahmenbedingungen muss jeder seine Arbeit selber koordinieren und sein Vorgehen organisieren. Eine wichtige Voraussetzung für effizientes Arbeiten ist die Analyse des eigenen bisherigen Arbeitsstils im Rahmen einer **Zeitinventur**. Erst wenn man einmal schriftlich festgehalten hat, wieviel Zeit man wofür und mit wem ver(sch)wendet, kann man eine realistische Soll-Zeitplanung durchführen. Eine solche Planung verlangt aber auch die Fähigkeit 'Nein' zu sagen, wenn Störungen (oder Verlockungen) auftreten. In der Wohnung bestehen besondere Gefahren, sich ablenken zu lassen (elektronischer und realer Briefkasten) oder einer interessanteren Tätigkeit (Blumengießen) nachzugehen (*Rückert*, 2011; *Müller, H. C.*, 2011).[1]

Ehrliche Zeitplanung

In den folgenden Kapiteln werden für jede weitere Phase des wissenschaftlichen Arbeitsprozesses methodische und technische **Ratschläge** gegeben sowie die formalen Vorschriften erklärt. Die Lektüre jedes Kapitels sollte daher die erste organisatorische Handlung vor dem Beginn eines neuen Arbeitsschrittes sein.

Ratschläge prüfen

Zur Überwachung, Disziplinierung, aber auch Motivation ist der hoffentlich bereits angelegte **Zeit- und Terminplan** deutlich sichtbar im Arbeitszimmer bzw. über dem PC aufzuhängen. Der vorgeschlagene **Soll-Ist-Vergleich**,[2] mit farbiger Markierung am Ende eines Arbeitstages durchgeführt, sichert die so notwendigen kleinen Erfolgserlebnisse

Erfolge feiern

---

[1] Dieses Verhalten nennen Psychologen „Procrastination" (Aufschiebeverhalten) und bieten ein Abgewöhnungstraining an: http://www.studserv.de/studium/aufschieben.php.
[2] Dazu oben Kapitel 3.1.3, S. 47 f.

zwischendurch, er organisiert und **strukturiert** gleichzeitig den **nächsten Tag**. Der Abend und insbesondere die Einschlafphase werden so entlastet. Für Gedanken, die dennoch auftauchen, sollte ein **Schreibblock** und ein **Stift** (oder ein Handdiktiergerät bzw. eine elektronische Variante) **bereit** gelegt werden, um solche Ideen **notieren** bzw. erfassen zu können.

Expertentipp

„Zufällige Erfolge sind gut, aber selten. Geplante Erfolge sind besser, da häufiger und beeinflussbar" (*Seiwert*, 2006, S. 49).

3.4 Arbeitsorganisation

Checkliste: Vorarbeiten	
Frage	**Hilfe**
Wo will ich hauptsächlich arbeiten?	S. 45–49
Wo werde ich am wenigsten gestört?	S. 47–49
Kenne ich „meine" Uni-Bibliothek?	S. 46
Habe ich schon mal die Benutzerordnung wgesehen und mit dem Personal Kontakt aufgenommen?	S. 46
Ist meine Bude nur gemütlich oder auch geeignet für die Anfertigung meines Projekts?	S. 47 f.
Welche Arbeitsmittel habe ich, welche sollte ich mir noch besorgen?	S. 49–51
Sind meine PC-Ausstattung und meine Programme aktuell und für das Projekt geeignet?	S. 50 f.
Beherrsche ich die Technik und Software?	S. 51–55
Habe ich eine Anlaufstelle, wenn es Schwierigkeiten mit der Technik und Software gibt?	S. 52
Habe ich versucht, eine Organisation für mein Projekt zu schaffen?	S. 55 f.
Was motiviert mich für meine Arbeit?	S. 55 f.

4 Themenabgrenzung und Materialrecherche

Insbesondere für Seminar-, Bachelor- und Masterarbeiten stellen Betreuer meist zwei oder mehrere Themen zur Auswahl. In diesem Fall sind die in Kapitel 3 genannten Vorarbeiten für **jedes Thema gesondert**, aber mit gleicher Sorgfalt durchzuführen. Auch bei spontaner, Begeisterung für eines der vorgeschlagenen Themen, sollten alle gegebenen **Alternativen berücksichtigt** und in der zur Verfügung stehenden Zeit so gründlich wie möglich **recherchiert** werden.

Themen prüfen

Bei mehreren Themen können die im Folgenden dargestellten **Quellen** und **Materialien** allerdings jeweils parallel zur Klärung und Abgrenzung der alternativen Problembereiche genutzt werden. Sind für die Entscheidung über das eigene Thema mehrere Tage Bedenkzeit zugelassen, sollte **ein Thema nach dem anderen** abgehandelt und analysiert werden. Soweit Zugangsprobleme oder zeitliche Beschränkungen zu einer parallelen Recherche und Quellensuche zwingen, ist zumindest **blockweise** vorzugehen, da eine gleichzeitige Recherche nach mehr als einem Themenbereich erfahrungsgemäß wenig erfolgreich verläuft (dazu *Brendel u.a.*, 2010; *Niedermair*, 2010).

Können für Bachelor- bzw. Masterarbeiten **Themen vorgeschlagen** werden, ist den folgenden Arbeitsschritten große Aufmerksamkeit zu schenken: Erstens wird nur ein literarisch **ergiebiges Thema** bei dem Betreuer Zustimmung finden. Zweitens bildet das Ergebnis dieser Materialrecherche die Basis der eigenen Arbeit und schafft so schon einen zeitlichen Vorsprung.

Forschungsfrage suchen

Ausgangspunkt für eine erfolgreiche **Themenauswahl** muss die inhaltliche Analyse der möglichen Themen sein; sowohl die Aufgabenstellung als auch das geforderte Anspruchsniveau lassen sich so ermitteln. Besondere Beachtung gebührt der **Themenformulierung**: sie bestimmt häufig die Untersuchungsrichtung und gibt Hinweise auf erwartete **Schwerpunkte** (vgl. *Disterer*, 2009, S. 53–67). Das Thema einer Arbeit ist die gestellte **Forschungsfrage**. Das Ergebnis der Bearbeitung soll die oder zumindest eine Antwort auf diese Frage liefern (vgl. *Karmasin/Ribing*, 2010, S. 15).

4 Themenabgrenzung und Materialrecherche

Hinweise zur Forschungsfrage in der Themenformulierung	
Fragestellung	**Formulierung**
Beschreibung	Darstellung der …; Überblick zu …
Erklärung	Analyse von …; Untersuchung zu …
Prognose	Chancen und Risiken von …
	Entwicklung von …
Gestaltung	Vorschläge zu …
	Lösungsansätze für …
Kritik/Bewertung	Kritische Stellungnahme zu …
	Vor- und Nachteile des …

Systematik Bei den Wegen zu einer ersten Literaturrecherche kann zwischen einem systematischen und einem pragmatischen Vorgehen unterschieden werden. Dabei ist die Wahl des Verfahrens von der Themenstellung, den Vorkenntnissen des Bearbeiters und der verfügbaren Zeit abhängig; häufig empfiehlt sich auch eine „gemischte Strategie".

Gedruckte wie elektronische Fundstellen einer systematischen Vorgehensweise sind:

- Nachschlagewerke
- Bibliothekskataloge
- Bibliografien
- Amtliche Veröffentlichungen
- Periodika

Der pragmatische Weg führt über Literaturlisten, Handapparate, Lehrbücher, Kommentare und Literaturverzeichnisse in themenspezifischer Literatur sowie die Einschaltung von (kommerziellen) Informations-, Daten- und Dokumentationsdiensten zu der erforderlichen Literaturübersicht; ergänzt werden kann dieses Vorgehen durch die (intelligente) Nutzung von Suchmaschinen im Internet, die nach geeigneten Informationsnachweisen fahnden.

4.1 Nachschlagewerke

Erste Orientierung
- Konversationslexika, Sprachwörterbücher
  Zur ersten Orientierung über einzelne Begriffe und Themengebiete, insbesondere z. B. den historischen Hinter-

4.1 Nachschlagewerke

grund, können Enzyklopädien und Konversationslexika – offline auf DVD-ROM (Digitale Versatile Disk) bzw. online im Internet verfügbar – hilfreich sein.

- **Fremdwörter** bzw. fremdsprachige **Ausdrücke** in der Themenstellung lassen sich online bzw. anhand von Fremdwörter-Lexika und Fremdsprachwörterbüchern klären.

- **Fachlexika**
Einen ersten **themenbezogenen Überblick** geben digitale wie gedruckte Fachlexika sowie Fachkompendien; teilweise werden hier auch grundlegende und weiterführende **Literaturhinweise** gegeben.

- **Fachhandwörterbücher**
Stärker fachbezogen sind Fachhandwörterbücher für die verschiedenen Disziplinen. Renommierte Fachvertreter geben hier in **Überblicksaufsätzen** einen Abriss zum jeweiligen Stichwort unter Angabe der einführenden Literatur. Über diese Aufsätze kann regelmäßig ein fundierter **Einstieg** erfolgen. Darüber hinaus findet sich in den dazu jeweils angegebenen **Literaturhinweisen** auch meist themenspezifische Standardliteratur; aktuelle Literatur- bzw. Rechtsprechungsverweise sind wegen der Vorbereitungs- bzw. Produktionszeiten derartiger Handwörterbücher in der Printversion, aber auch in der häufig (nur) abgeleiteten elektronischen Version die Ausnahme.

- **Elektronische Enzyklopädie**
Als „freie" allgemeine Enzyklopädie in fast 260 Sprachen erfährt der ausschließlich **online verfügbare Thesaurus** *Wikipedia* seit 2001 Beachtung.[1] Zur Grundlagen-Recherche zu einzelnen Begriffen oder (fehlendem) Allgemeinwissen ist ein Blick auf diese Seiten heute so selbstverständlich wie der Griff zum *„Brockhaus"* in früheren Zeiten.

Weiterführende Links und Hinweise können hilfreich sein – sind es jedoch oft nicht. Für jede Art von wissenschaftlichen Arbeiten aber verbietet sich die Nutzung dieser Informationen in dem eigenen Text: Sie sind qualitativ, materiell wie zeitlich **weder geprüft noch verlässlich**, jeder kann die Texte

---

[1] Nach Aussagen des Betreibers *Wikimedia Foundation Inc.* ist *Wikipedia* das „meistbenutzte Online-Nachschlagewerk", http://www.wikipedia.org

umschreiben, ergänzen und neu gestalten: Die Texte sind also frei und meist individuell konzipiert und geschrieben und kollektiv korrigiert, erweitert und aktualisiert: Hände weg von dieser **trüben Quelle**!

> **Expertenurteile**
>
> - „*Wikipedia* liegt in der Zielgerade der *quick and dirty* Internet-Recherche. ... *Wikipedia*-Beiträge können selbst schon Plagiate sein" (*Niedermair*, 2010, S. 45).
> - „Da steht zwar zu den meisten Themen etwas drin, aber nicht immer das Richtige" (*Krämer*, 2009, S. 142).
> - „*Wikipedia* erfüllt einige der wesentlichsten Voraussetzungen ... für ‚vertrauenswürdige' Quellen [nicht]" (*Sesink*, 2012, S. 140).
> - „Wikipedia: Zitierwürdig ist es aber auf keinen Fall" (*Weber*, 2010, S. 102).

4.2 Bibliothekskataloge

Die Fundstellen bzw. Standorte der erreichbaren Titel sind mit Hilfe von elektronischen oder realen Bibliothekskatalogen zu ermitteln. Durch die fast unbegrenzten Möglichkeiten, im Internet auf die Kataloge aller wichtigen Bibliotheken und Bibliotheksverbände zugreifen zu können, lässt sich ein großer Teil dieser **Recherchen online** erledigen.[1]

Den Katalogen aller Bibliotheken vor Ort (Publikumsbibliotheken, Universitätsbibliotheken, amtliche und private Bibliotheken) bzw. Mediatheken kommt aber durchaus auch eine eigene Bedeutung für die **Literaturübersicht** zu. Kataloge gibt es außerhalb der digitalen Formen auch heute noch in Kartei(Zettel-)form, Bandform oder auf Mikrofiche (Verfilmung des Katalogs). Unabhängig von der Form der Speicherung und des unterschiedlichen Zugriffs unterscheidet man **inhaltlich** nach **Katalogsystemen** (s. *Darst. 03*).

---

[1] Informationen zur fachübergreifenden Internetrecherche, Literatursuche und -beschaffung sowie Evaluierung erteilt: LOTSE: Library Online Tour and Self Paced Education, unter http://lotse.uni-muenster.de; einen ersten digitalen Überblick gewährt auch die Internetbibliothek unter http://www.internetbibliothek.de

4.2 Bibliothekskataloge

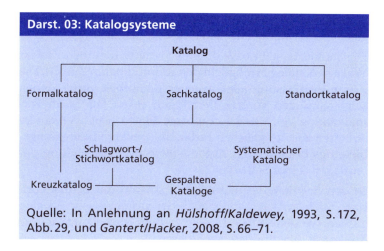

Quelle: In Anlehnung an *Hülshoff/Kaldewey*, 1993, S. 172, Abb. 29, und *Gantert/Hacker*, 2008, S. 66–71.

4.2.1 Formalkatalog

Im Formalkatalog (auch alphabetischer Verfasser- und Anonyma-Katalog oder Nominalkatalog genannt) werden alle Titel einer Bibliothek (oder eines Bibliotheksverbundes) nach den formalen Elementen **Verfassername** und **Sachtitel** in alphabetischer Reihenfolge erfasst. — Titel

Bücher und Schriften werden nach internationaler Norm bei **bis zu drei Verfassern** nach dem ersten Verfassernachnamen eingeordnet. Soweit mehr als drei Verfasser oder aber nur der oder die Herausgeber ausgewiesen werden, erfolgt die Zuordnung – wie bei anonymen Werken (Anonyma) ohne Verfasserangabe – unter dem Sachtitel bzw. dem Namen der herausgebenden Körperschaft; **Zeitschriften**, Zeitungen und Serien werden wie alle übrigen **Anonyma** nur unter dem **Sachtitel** aufgenommen. Die **Zuordnung** folgt – je nach Regelwerk – der grammatikalischen oder mechanischen (alphabetischen) Wortfolge; die jeweils verwendeten Kriterien müssen **erfragt** oder online ermittelt werden. — Verfasser

In Abhängigkeit des in einer Bibliothek eingesetzten Systems sind aber auch noch weitere **Nebeneinträge** (regelmäßig mit verkürzten bibliografischen Angaben) üblich; derartige zusätzliche Vermerke werden häufig unter dem Namen des oder der Herausgeber(s), des zweiten und dritten Verfassers oder – bei Festschriften – des Jubilars vorge- — Zusatzangaben nommen. Größere Bibliotheken verfügen zudem über einen gesonderten alphabetischen Zeitschriftenkatalog.

Standort Die **Standortangabe** bzw. **digitale Signatur** für einen Titel im Verfasserkatalog ermöglicht den unmittelbaren Zugriff. Die Zusammenfassung aller in einer Bibliothek vorhandenen selbstständigen Veröffentlichungen eines Autors im Formalkatalog vermittelt Kenntnisse über **themenverwandte Arbeiten** aus der gleichen Feder, die weiteren Interessengebiete des betreffenden Autors sowie die Entwicklung der Auflagen seiner Schriften.

Inhalt In den **Sachkatalogen**, zu denen sowohl der Schlagwort- bzw. Stichwortkatalog als auch der systematische Katalog zählen, werden – im Gegensatz zu dem Formalkatalog – die Titel nach ihrem **Inhalt** erschlossen.

4.2.2 Schlagwort-/Stichwortkatalog

Titelbegriff Im Schlagwort- bzw. Stichwortkatalog wird der Gesamtbestand nach (mehreren) **Sachbegriffen** – ebenfalls alphabetisch – geordnet. Ein **Schlagwort** ist ein kurzer, möglichst treffender Ausdruck für den **sachlichen Inhalt** einer Schrift. Einen oder mehrere Begriffe aus dem **Titel** bzw. **Untertitel** einer Schrift bezeichnet man zur bibliothekarischen Unterscheidung als **Stichwort** (vgl. *Heyde*, 1970, S. 58 f.).

Treffer Eine Literatursuche nach (ausgewählten) Begriffen aus oder zu der Themenstellung führt bei allgemein gehaltenen Schlag- bzw. Stichworten schnell zu Hunderten, wenn nicht Tausenden von Titelnachweisen („Treffern"). Darüber hinaus ist die mehr oder weniger zutreffende Zuordnung vor allem eine Frage des Differenzierungsgrades des Katalog-Ordnungssystems sowie der Katalogisierung durch das Bibliotheks- bzw. Datenbankpersonal.

Bei Stichwortkatalogen führen auch unzutreffende Titel zu **Fehlzuordnungen**. Geeignete **alternative Schlagworte** und Schlagwort-Verknüpfungen für erfolgreiche, zielgerichtete Recherchen können mit Hilfe von Fremdwörterlexika, Synonymlexika oder den Registern bereits ermittelter, themenspezifischer Literatur gefunden werden.

Über die **Standortangabe** bzw. **digitale Signatur** für einen Titel kann eine **eigenständige** und **weiterführende Literatursuche** im unmittelbaren Umfeld des Nachweises vorgenommen werden; bei dieser Rechercheform muss man einige wichtige Punkte beachten, die bei der Benutzung eines Standortkataloges angesprochen werden.

4.2.3 Systematischer Katalog

Im Unterschied zum Schlagwort- bzw. Stichwortkatalog ordnet ein systematischer Katalog den **Bestand** einer Bibliothek in **sachlich-logischer Abfolge**. Dabei wird inhaltlich vergleichbare Literatur zusammengefasst und deren Stellung innerhalb eines größeren Sachgebietes aufgezeigt. Für eine sachlich korrekte Zuordnung sind verschiedene Klassifikationssysteme entwickelt worden. Weitere Querverweise auf sachverwandte Gebiete bzw. Mehrfachzuweisungen sichern eine **qualifiziertere Literaturübersicht** als dies allein mit einem alphabetischen Schlagwort- bzw. Stichwortkatalog möglich ist; allerdings setzt eine erfolgreiche Recherche gewisse Kenntnisse der zugrundeliegenden Systematik voraus.

Inhalt

4.2.4 Standortkatalog

Soweit ein Standortkatalog für eine Präsenz- bzw. dem Benutzer direkt zugängliche sonstige Bibliothek existiert, kann dieser zur Ermittlung des **Bibliotheksstandortes** von Büchern zu einem speziellen Schlagwort- bzw. systematisch erfassten **Themenbereich** dienen. Ohne Angabe einzelner Titel ermöglicht die Standortbezeichnung eine Literaturrecherche vor Ort; unter der einem Schlagwort oder Ordnungsbegriff zugeordneten **Standortsignatur** können weitere einschlägige Titel dann vom Benützer eingesehen (und ggf. ausgeliehen) werden.

Fundort

Der Standortkatalog gibt die Ordnung des jeweiligen Buchbestandes wieder; seine Systematik hängt von der Art ab, wie die Bücher einer Bibliothek in den Regalen geordnet sind. Bei der Arbeit mit dem Standortkatalog muss aber **beachtet** werden, dass kurzfristig ausgeliehene Werke, für die kein Vermerk am Standort hinterlassen worden ist, sowie Titel im Geschäftsgang der Bibliothek (Neuerwerbungen, Buchbinderarbeiten, Katalogisierung, Umsignierung) bei dieser Suche nicht ermittelt werden können; auch ist jeweils zu kontrollieren, ob die **aktuelle Auflage** eines Werkes vor-

4 Themenabgrenzung und Materialrecherche

liegt. Grundsätzlich sollten am Standort direkt ermittelte – ebenso wie zufällig dort gefundene – Titel anhand des Formalkatalogs der Bibliothek nach diesen Kriterien überprüft werden.

4.2.5 Kreuzkatalog

Verknüpfte Nachweise

Die Kombination aus Schlag- bzw. Stichwortkatalog und Formalkatalog ergibt einen Kreuzkatalog (dictionary catalog). Die digitale Erfassung der **Bibliotheksbestände** erlaubt jede **Mischung** alphabetisch geordneter **Kataloge** in einem elektronischen Katalog. Eine derartige Zusammenstellung stellt z. B. der *Online Public Access Catalogue* (OPAC) auf weltweit vernetzter Basis dar.[1] Sämtliche Suchkriterien können dabei verknüpft werden, eine gesonderte Recherche z. B. nach der ISBN (International Standard Book Number) ist problemlos möglich.

4.2.6 Gespaltene Kataloge

Sowohl bei der Katalognutzung online als auch in den Bibliotheken vor Ort ist darauf zu achten, ob der gesamte Bibliotheksbestand elektronisch erfasst ist; gerade ältere Bestände werden nicht immer vollständig digital rekatalogisiert, so dass gegebenenfalls in zwei Katalogen recherchiert werden muss (*Niederhauser*, 2011, S. 28).

4.3 Bibliografien

Überblick

Bibliografien sind gedruckte oder digitale Verzeichnisse, die – nach den unterschiedlichsten Kriterien geordnet den **Bestand an Literatur** eines Landes oder Sprachraums, eines Zeitabschnittes oder eines Sachgebietes (bzw. einer Kombination davon) enthalten. Sie dienen dem **Nachweis** einzelner **Titel** unter einem gemeinsamen Ordnungskriterium.

---

[1] Zugang z. B. über den Bayerischen Katalog: http://www.gateway-bayern.de oder das Bibliotheksservice-Zentrum Baden Württemberg: http://www.bsz-bw.de/index.html sowie international: http://www.ohiolink.edu/cgi-bin/libweb-search.pl; http://books.google.de/; viele Bibliotheken verwenden das Internetportal DigiBib (Die Digitale Bibliothek) unter: http://www.hbz-nrw.de/recherche/digibib/. Ein weiteres Datenbanknetz bietet DBIS (Datenbank-Infosystem) unter: http://www.bibliothek.uni-regensburg.de/dbinfo

Jeder hiermit ermittelte Titel muss aber in den Bestandskatalogen der Arbeits- bzw. Leihbibliotheken gesucht werden. Bibliografien selber enthalten **keine Standortangaben**, da sie unabhängig von dem Bestand einzelner Bibliotheken oder Archive erstellt werden (s. *Darst. 04*).

Darst. 04: Bibliografiekategorien nach Inhalt und Zweck

Jede **Bibliografiekategorie** kann weiter differenziert werden nach (vgl. *Franck/Stary*, 2011, S. 109–118):

- **Erscheinungsform**
  Selbstständige Bibliografie (Heft- oder Karteiform, Mikrofiches bzw. online) oder unselbstständige, versteckte Bibliografie als Anhang oder Beigabe in Handbüchern, Lexika oder wissenschaftlichen Monografien
- **Erscheinungsweise**
  Zeitlich abgeschlossene (retrospektive) bzw. laufende (periodische) Bibliografie
- **Katalogsystem**
  Formal-, Schlag-/Stichwort, System-, Zeitfolge- bzw. Kreuzkatalog
- **Aussagegehalt**
  Bibliografische Angaben (Titelbibliografie) oder (neutrale bzw. wertende) Kurzerläuterungen (annotierte Bibliografie)

4.3.1 Bibliografien der Bibliografien

Die explosionsartig wachsende und auf elektronischem Wege leicht zugängliche Fachliteratur macht es erforderlich, dass eigene **Verzeichnisse der Bibliografien** zusammengestellt werden; sie ermöglichen einen systematischen Einstieg in das themenspezifische Bibliografieren. Für umfangreichere wissenschaftliche Arbeiten ist es unumgänglich, sich anhand derartiger „Bibliografien der Bibliografien" (Meta-Bibliografien) einen Überblick über einschlägige Allgemein- bzw. Fachbibliografien auf nationaler wie internationaler Ebene in gebundener Form – online oder im print – zu verschaffen.[1]

4.3.2 Allgemeinbibliografien

Ein systematischer Einstieg in ein Thema erfolgt über die Auswertung der **Nationalbibliografien**; als Allgemeinbibliografien berücksichtigen diese **alle Sachgebiete**. Die regelmäßige Erfassung vieler, auch außerhalb des Buchhandels erscheinenden, Titel, weiterer technischer Gattungen (Ton- und Bildträger, CD, DVD) sowie aller Hochschulschriften ermöglicht eine umfassende Auflistung der **nationalen Literatur**.[2]

Die Titelnachweise in den Nationalbibliografien stellen die **zuverlässigste Quelle** für Literaturrecherchen jeder Art dar, da vor dem Eintrag ein Pflichtexemplar jedes Titels an die zuständige Nationalbibliothek abgegeben werden muss: Jeder hier aufgenommene Titel beruht also auf einer „Autopsie" des eingereichten Buches: Diese garantiert nicht nur die Genauigkeit der Titelangabe, sondern stellt sicher, dass Titel, die zwar vom Verlag angekündigt, aber nie (bzw. bisher nicht) veröffentlicht worden sind, nicht ausgewiesen werden.

---

[1] Dazu Nachweise unter http://www.grass-gis.de/bibliotheken/
[2] Deutsche Nationalbibliografie, hrsg. von der *Deutschen Nationalbibliothek*, unter: http://www.dnb.de; Österreich: http://www.onb.ac.at; Schweiz: http://www.nb.admin.ch; unter: http://lists.webjunction.org/libweb und http://libdex.com sind die Nationalbibliotheken verschiedener Länder erreichbar.

4.3 Bibliografien

4.3.3 Spezialbibliografien

Eine besondere Form der Allgemeinbibliografien sind die **Hochschulschriftenbibliografien** und **Zeitschriften(Inhalts-)Bibliografien**. Ihnen kommt für jede umfangreichere wissenschaftliche Arbeit große Bedeutung zu. Aus dem Hochschulbereich stammt ein großer Teil der nicht über den Buchhandel erhältlichen Publikationen. Wissenschaftliche Zeitschriften ihrerseits werden nur mit dem Titel – nicht aber mit dem jeweiligen Inhalt – ausgewiesen. Aufsätze in wissenschaftlichen Zeitschriften und Sammelwerken finden als **unselbstständige Literatur** regelmäßig keinen Eingang in die Allgemein- bzw. Fachbibliografien.

Hochschule

Weitere Spezialbibliografien stellen die **Bibliografien des amtlichen Schrifttums** dar, die einen Überblick über die ebenfalls nur zu einem geringen Teil in Allgemeinbibliografien erfassten selbstständigen bzw. nichtselbstständigen Druckschriften der **Ämter** und **Behörden** geben.

Behörden

4.3.4 Buchhandelsbibliografien

Die gesamte, im Buchhandel angebotene Literatur kann den **Online-Buchhandelsbibliografien**, den Barsortimentskatalogen bzw. den Bibliografien lieferbarer Literatur entnommen werden; als Formal- und Schlagwort- bzw. Kreuzkatalog aufgelegt, werden hier allerdings meist nur **nicht vergriffene Buchtitel** bibliografiert. Zu beachten ist, dass in den Barsortimentskatalogen, die Lieferverzeichnisse für den Buchhandel sind, regelmäßig nicht alle Titel aller Verlage angegeben werden. Insbesondere kleinere Verlage sowie Einzelpublikationen sind in diesen (Lieferanten-)Bibliografien häufig nicht vertreten.

Verlage

Durch ein „matching", das elektronische Verknüpfen verschiedener Buchhandelsbibliografien, lassen sich die jeweiligen Lücken nur zum Teil schließen. Bei dieser Recherche kann (meist) anhand eines **Online-Blicks in das Buch**, des ausgewiesenen Preises, des Seitenumfanges und der Lieferzeit entschieden werden, ob sich der Kauf eines Titels für die eigene Bibliothek empfiehlt oder aber zumindest eine Anschaffung für die Arbeits- bzw. sonstige Universitätsbibliothek angeregt werden soll.

Buchhandel

Jeder Student sollte sich regelmäßig im Internet[1] oder in einer Fachbuchhandlung mit den neuesten **Gesamtverzeichnissen** der **Fachverlage** versorgen. Die Lektüre der einschlägigen Fachzeitschriften verschafft zusätzliche und aktuelle Kenntnisse über (geplante bzw. veröffentlichte) **Neuerscheinungen**.

4.3.5 Fachbibliografien

Spezialthemen Spezielle Fachbibliografien werden auch in den Meta-Bibliografien aufgelistet.[2] Nahezu für jedes Fachgebiet werden einschlägige Fachbibliografien für Teilbereiche, Zeitabschnitte oder bestimmte Themenbereiche erstellt und veröffentlicht. Eine erfolgreiche Online-Recherche lässt sich durch die **Verknüpfung** des gesuchten **Gebietes** oder **Themas** mit dem Ausdruck „**Bibliografie**" erreichen; in Einzelfällen erscheinen dann in den Nachweisen auch themenspezifische Literaturverzeichnisse und -listen, die zunächst nach Aktualität und Anlass ihrer Zusammenstellung sowie den jeweils verantwortlichen Autoren, soweit ausgewiesen, kritisch zu analysieren sind.

4.4 Amtliche Veröffentlichungen

Mit der **Gesetzgebung**, **Rechtsprechung** und **Verwaltung** auf nationaler wie internationaler Ebene bestehen weitere Quellen, die insbesondere bei wirtschafts-, rechts- und sozialwissenschaftlichen Arbeiten häufig zu berücksichtigen sind.

4.4.1 Gesetzgebung

Ministerien Das *Bundesministerium der Justiz* ist – wie alle deutschen Ministerien, Ämter und Behörden – über das Internet zu erreichen (http://www.bmj.bund.de). Inhalte und Umfang der auf diesem Wege abrufbaren Informationen sind allerdings unterschiedlich. Die aktuelle Fassung deutscher Bundesgesetze findet sich unter: http://bundesrecht.juris.de/aktuell.html

---

[1] Nachweise unter www.amazon.de; www.buch.de; www.libri.de; www.vlb.de; www.buchhandel.de

[2] Vgl. Kapitel 4.3.1, S. 68.

4.4 Amtliche Veröffentlichungen

Von den einzelnen Bundesministerien werden **Ministerial-** und **Amtsblätter** (als print und/oder online) herausgegeben. Soweit einzelne Verwaltungsbereiche interessieren, ist unter dem jeweils zuständigen Bundesministerium als Herausgeber anzufragen bzw. online zu recherchieren (vgl. *Brink*, 2007, S. 65–75).

Hinsichtlich der entsprechenden Publikationsorgane der einzelnen Bundesländer und Kommunen muss auf Spezialbibliografien verwiesen werden.[1]

Die Publikationsorgane, sowie die Schriften und Veröffentlichungen der **Europäischen Union** sind über die entsprechenden Internetseiten der europäischen EU-Organe und des EU-Parlaments anzusteuern.[2]

Europäische Union

4.4.2 Rechtsprechung

Die Rechtsprechung aller deutschen **Bundesgerichte** ist unter dem jeweiligen Gerichtsnamen nachzuvollziehen,[3] und wird aktuell in Fachzeitschriften sowie – mit einigem Zeitverzug – auch in Entscheidungssammlungen gedruckt veröffentlicht.

Gerichte

Entsprechende elektronisch verfügbare Publikationen bestehen auch für die nachgeordneten Oberlandes-, Land- und (teilweise) Amtsgerichte. Die Rechtsprechung des **Gerichtshofes der Europäischen Gemeinschaften** findet sich in dem Amtsblatt der Europäischen Union.

4.4.3 Verwaltung

Die (elektronischen) Publikationen der Bundes- und Landesbehörden sowie der Kommunen und der internationalen Behörden sind unübersehbar. Unter dem Namen der **Landesministerien** werden ebenfalls Ministerial- und Amtsblätter herausgegeben; in den Staats- und Kommunalanzeigern werden Rechtsverordnungen, Ressort übergreifende

Ämter

---

[1] Sämtliche öffentliche Verwaltungen sind erreichbar http://www.entdecke-deutschland.diplo.de/
[2] Nachweise unter: http://publications.europa.eu/index_de.htm; http://europa.eu/eurovoc/; eu-de-kommission@ec.europa.eu; http://ec-europa.eu/deutschland/index_de.htm; http://www.europarl.de
[3] Nachweise z. B. zum Bundesverfassungsgericht unter http://www.bundesverfassungsgericht.de

allgemeine Verwaltungsvorschriften, Verwaltungsabkommen und bestimmte Bekanntmachungen der Landesbanken veröffentlicht, wobei länderspezifisch z. T. erhebliche inhaltliche Unterschiede bestehen.

Das **Statistische Bundesamt** veröffentlicht Zusammenfassungen seiner Untersuchungen, Erhebungen und Statistiken im Internet[1] sowie teilweise auch noch als Printmedien.

Die **Deutsche Bundesbank** veröffentlicht zu ihren Monatsberichten zahlreiche Kurzberichte und Analysen zu Fragen des Geld- und Kreditwesens, der öffentlichen Finanzen und der allgemeinen Konjunkturlage.[2]

Weitere ausländische bzw. zwischenstaatliche Publikationen werden von einer Reihe internationaler Organisationen herausgegeben. Anschriften, E-Mail- und Internet-Adressen sind online zu ermitteln.

4.5 Periodika

Den Periodika kommt als regelmäßig erscheinenden Veröffentlichungen große Bedeutung zu: So findet sowohl die **aktuelle Fachdiskussion** als auch die Veröffentlichung neuer Forschungsansätze und **Forschungsberichte** – teilweise auch noch außerhalb des Internet – in Periodika, insbesondere den **Fachzeitschriften** statt; wissenschaftliche Arbeiten werden häufig in Auszügen bzw. in Teilergebnissen – vor Drucklegung als Buch – in Fachzeitschriften veröffentlicht. Die kontinuierliche, studienbegleitende Lektüre dieser Print-Medien und ihrer digital verfügbaren, allerdings meist kostenpflichtigen, Versionen sichert sowohl einen aktuellen Einstieg als auch die Dokumentation **historischer Entwicklungen** und wissenschaftlicher Auseinandersetzungen.

4.5.1 Jahrbücher und Festschriften

In gedruckten wie teilweise auch elektronisch publizierten Jahrbüchern werden häufig die Ergebnisse regelmäßig stattfindender **Tagungen**, Kongresse oder eines bestimmten Arbeitskreises oder **Fachausschusses** veröffentlicht. Mit dieser

---

[1] Nachweise unter http://www.destatis.de
[2] Nachweise unter http://www.bundesbank.de

Form aktueller Berichterstattung wird die Dokumentation der wissenschaftlichen Diskussion im Zeitablauf in einem – meist begrenzten – Fachgebiet sichergestellt (dazu kritisch *Krämer*, 2009, S. 37).

In **Festschriften** veröffentlichen – meist anlässlich eines besonderen Ereignisses (Jubiläum, Geburtstag oder Emeritierung eines Hochschullehrers oder Prominenten) – fachlich jeweils einschlägige Wissenschaftler und Praktiker aktuelle Beiträge, die damit in eine vertiefte Diskussion eingebracht werden sollen. Einzelne Beiträge aus solchen Festschriften lassen sich ohne Kenntnis des Autors bibliografisch schwer ermitteln: Findet sich aber bei der eigenen Literaturrecherche der Hinweis auf einen solchen Festschriftbeitrag, sollte unbedingt, das **Inhaltsverzeichnis** auf weitere, möglicherweise für die eigene Arbeit inhaltlich geeignete Beiträge durchsucht werden.

Inhalte vergleichen

> **Expertentipp**
>
> „Zwar schrecken viele Wissenschaftler davor zurück, einen wirklich guten Aufsatz in einem Kongressband zu ‚vergraben', aber man findet auch hier den einen oder anderen Edelstein" (*Krämer*, 2009, S. 142).

4.5.2 Fachzeitschriften

Die wissenschaftlichen Zeitschriften sind aus zwei Gründen eine der **wichtigsten Quellen** für wissenschaftliche Arbeiten.

In ihnen findet zum einen der überwiegende Teil der **aktuellen wissenschaftlichen Diskussion** statt; dabei kommt auch der wissenschaftliche Nachwuchs zu Wort; die Verständnisschwelle zum forschenden Studenten ist dann entsprechend herabgesetzt. Darüber hinaus qualifizieren sich national wie international immer mehr junge Wissenschaftler über Publikationen in diesen Fachzeitschriften für eine Karriere als Hochschullehrer: Sie publizieren daher oftmals die besten Ideen und Ansätze zeitnah in solchen Fachzeitschriften und Journalen.

Zum anderen aktualisieren diese Zeitschriften mit Literaturdiensten, Zeitschriften-Rundschauen und sonstigen (annotierten) **Literaturhinweisen** die aufgezeigten traditionellen

74   4 Themenabgrenzung und Materialrecherche

bibliografischen Nachweise. Eine **Ergänzung** der Ergebnisse der ersten Literaturrecherche kann also regelmäßig durch ein intensives Studiums des aktuellen und des vorausgegangenen Jahrgangs wichtiger fachlich einschlägiger Zeitschriften sichergestellt werden. Ein schneller Zugang zu den einzelnen Aufsätzen und Informationen ist durch die elektronischen Schlagwort- und Verfasserregister gewährleistet; für das jeweils laufende Jahr veröffentlichen viele Fachzeitschriften halbjährliche kumulative Schlagwort- und Verfasserverzeichnisse.

Auswahl treffen   Die Fülle der Fachzeitschriften in Print- und/oder Online-Version ist kaum mehr zu übersehen. Die wichtigsten Periodika sind ihrerseits in Fachpublikationen bibliografisch zusammengestellt.[1]

4.5.3 Zeitungen und Magazine

Informieren   Themenstellungen mit aktuellem Bezug lassen sich ebenso wie empirische Arbeiten häufig nicht ohne Informationen aus der **Presse** bearbeiten. Unabhängig davon, dass sich heute jeder Student studienbegleitend (online) ohnehin **informiert**, sind für übernommene wissenschaftliche Arbeiten die Veröffentlichungen der Tages- und Wochenpresse sowie exklusiver Online-Informationsdienste **systematisch auszuwerten**.[2]

4.6 Literaturlisten, Handapparate

Prüfen   Als Alternative zur systematischen Literaturübersicht wird ein **pragmatisches Vorgehen** vorgeschlagen:[3] Ausgangspunkt dafür sind die von einem Dozenten bzw. Prüfer zusammengestellten oder vorgegebenen Hand- und Seminarapparate, Einstiegs-Literaturlisten oder die Pflichtlektüre. Solche Einstiegs- und **Arbeitshilfen** werden aber nur bei weniger umfassenden Übungs- oder Seminararbeiten gewährt; zudem sollen sie den Bearbeiter auch nur an eine eigenständige (weiterreichende) Literaturrecherche heranführen.

---

[1] Die *Elektronische Zeitschriftenbibliothek* (EZB) enthält ein Verzeichnis wissenschaftlicher Zeitschriften, die im Internet als Volltext angeboten werden unter: http://rzblx1.uni-regensburg.de/ezeit

[2] Ein Überblick findet sich unter: http://www.paperball.de

[3] Siehe oben Kapitel 4, S. 59 f.

4.6 Literaturlisten, Handapparate

Soweit nach der eigenen Aufgabenstellung aber nicht nur die Aufbereitung der vorgegebenen Texte verlangt wird (Textanalyse, Buchbesprechung u. a.), können für die erforderliche Erweiterung der Literaturbasis die Literaturverzeichnisse in den empfohlenen Büchern und Aufsätzen genutzt werden. Nach dem Prinzip des Lawinen- oder Schneeballeffekts verbreitert sich so eine Literaturbasis mehr oder weniger strukturiert in atemberaubender Geschwindigkeit. Als Konsequenz wird – meist bevor sich der Literaturkreis thematisch schließt – dieser Prozess oft abgebrochen werden müssen, damit der Bearbeiter nicht ein „Lawinenopfer" wird.

Ungeachtet dieser systembedingten Gefahr muss bei einem solchen Vorgehen zudem immer kritisch hinterfragt werden, ob die angegebene Standardliteratur als Ausgangspunkt in hinreichendem Maße weiterführende Literatur enthält. Ansonsten drehen sich die Ermittlungen – und der Bearbeiter – sehr schnell „im Kreis".

Darüber hinaus ist bei dieser Art von Übersicht auf die Aktualität und die Meinungsvielfalt in der Ausgangsliteratur zu achten. Wird dies nicht berücksichtigt, ist eine zeitliche und inhaltliche Einseitigkeit der eigenen Ausführungen programmiert: der Schneeball hat – um im Bild zu bleiben – dann von Anfang an den falschen bzw. einen unzureichenden Kern.

Meinungsvielfalt

Als Grundlage für den „Urklumpen" eines solchen Schneeballes können die bereits angesprochenen Literaturverzeichnisse aus themennahen Büchern herangezogen werden. Dabei ist jedoch zu beachten, dass es sich insoweit nicht um eine objektive Zusammenstellung, sondern immer um eine subjektive Auswahl nach den (Ihnen unbekannten) Kriterien der jeweiligen Autoren handelt. Damit liegt nur eine, mit allen persönlichen Unwägbarkeiten des ersten Bearbeiters versehene und durch die von diesem angewandte Sorgfalt bestimmte Zufallsauswahl vor.

Sorgfältige Auswahl

> **Expertentipp: Prüfsteine für Literaturverzeichnisse**
> - Aus welchem Jahr stammt die jüngste zitierte Arbeit?
> - Sind nationale und internationale Standardtitel zitiert?
> - Werden aktuelle Zeitschriftenaufsätze aufgeführt?
> - Gibt es einige häufig zitierte Autoren/-gemeinschaften?
> - Werden schon selbst recherchierte/genutzte Titel zitiert?
> - Sind thematische Schwerpunkte der zitierten Titel erkennbar?

Strategienmix Wegen der angesprochenen Probleme kann das pragmatische Verfahren zur Ermittlung einer Literaturübersicht exklusiv nur für erste schriftliche Arbeiten und/oder einen begrenzten Themenbereich empfohlen werden. Umfassendere, eigenständige wissenschaftliche Arbeiten sollten **systematisch literarisch** erschlossen werden; zur Kontrolle der so ermittelten Literatur kann – insbesondere bei aktuellen Arbeiten – ergänzend auf das pragmatische Verfahren zurückgegriffen werden („gemischte Strategie"; dazu *Strohecker*, 2010, S. 71 f.).

4.7 Dokumentationsdienste und Datenbanken

Elektronische Helfer Eine zweite Möglichkeit für eine themenbezogene Literaturübersicht auf (zunächst) pragmatischem Wege bietet die Nutzung von Dienstleistern wie **Dokumentationsdiensten** und **Datenbanken**. Dabei ist zwischen wissenschaftlichen (meist zu Selbstkosten arbeitenden, da öffentlich geförderten) Dokumentationsstellen und Spezialbibliotheksdiensten einerseits und kommerziellen Unternehmen und Datenbanken andererseits zu unterscheiden. Darüber hinaus gilt es, ergänzende (**Teil-)Recherchen** und themenspezifische **Gesamtnachweise** auseinanderzuhalten.

Alle diese **Dienstleister** haben gemeinsam, dass die jeweils beauftragte Recherche ganz (oder teilweise) durch fremde Dritte – nicht immer ausgewiesene Experten – für den Bearbeiter eines Themas durchgeführt werden. Diese Variante unterscheidet sich daher deutlich von allen Formen der eigenen Recherche unter Inanspruchnahme elektronischer und sonstiger Netzwerke. Derartige Dienstleister können über das Internet ermittelt, kontaktiert, befragt und gegebenenfalls auch beauftragt werden.

4.7 Dokumentationsdienste und Datenbanken

Kommerzielle **Datenbanken** können über Rechenzentren (Hosts) bzw. über CD-ROM-Datenbanken erreicht werden (vgl. *Corsten/Deppe*, 2010, S. 47–49).

Die von den Dokumentationsdiensten und anderen Dienstleistern erstellten Literatur- und Quellennachweise können **Mängel** bzw. **Unvollständigkeiten** aufweisen, die in jedem Einzelfall überprüft werden sollten:

- Schlagwort- bzw. Kennungssysteme (Deskriptoren) werden für jede Datenbank einheitlich normiert. Die Konsequenz: Allgemeine Begriffe führen oft zu umfassenden – und damit für den Auftraggeber sehr teuren – Nachweisen; Spezialausdrücke werden dagegen oft nur in Ausnahmefällen erfasst oder **nicht fachspezifisch definiert**. Ein solcher Nachweis hilft in der Regel wenig, kostet aber Geld und Zeit.
- Der Umgang mit Datenbanken setzt eine gewisse **Schulung über Aufbau** und Strukturierung von Datenbanken und Abfragesprachen **voraus**. Zur Vorbereitung und (erfolgreichen) Durchführung von Recherchen sind gedruckte bzw. digitale Hand- und Wörterbücher, Thesauri und Klassifikationen erforderlich. Diese Informationen sollten vor Beginn der Arbeit eingeholt werden.
- Die einer Datenbank eingespeisten Informationen stammen zum Teil aus Sekundärquellen: **Exakte Nachweise fehlen** deshalb oft ebenso wie bibliografisch erforderliche Detail-Angaben. Sie lösen erheblichen Such- und damit Zeitaufwand aus, ohne dass der Bearbeiter einer solchen Information zu diesem frühen Zeitpunkt schon weiß, ob der solchermaßen „nachrecherchierte" Titel für ihn von Interesse ist.
- Nachweise erfolgen häufig zu undifferenziert. Hinweise zu aktuellen, auf anderen (systematischen) Wegen leicht erreichbaren Titeln sowie Standardliteratur werden – obwohl (meist) bekannt – teuer bezahlt; **echte Entdeckungen** bleiben dagegen häufig eher die **Ausnahme**.

Eigene Versuche bestätigen die beschriebenen Probleme immer wieder. Zudem führt auch im (Teil-)Erfolgsfall die Recherche durch einen Dokumentationsdienst dazu, dass man sich mit „seinem" Thema nicht systematisch anfreundet; durch Dritte ermittelte Quellen und Materialien bleiben

Gefahrenquelle

4 Themenabgrenzung und Materialrecherche

dann zum Teil ungenutzt, weil ihr Wert und Bedeutung durch den Bearbeiter nicht erkannt werden (können).

Insgesamt sollten derartige Anfragen und Recherchen – auch wegen des Zeit- und Geldaufwandes – **nur ergänzend** vorgenommen werden.[1] Zu Recht weist *Peterßen* zudem darauf hin, dass die (ausschließliche bzw. überwiegende) Literatursuche durch gewerbliche Dokumentationsstellen mit der Notwendigkeit der eigenständigen Abfassung einer wissenschaftlichen Arbeit unvereinbar ist (1999, S. 75).[2]

Angaben prüfen Exakte Angaben und eine präzise themenspezifische Eingrenzung bei der Informationsbestellung bei solchen Dienstleistern sind die zentralen Voraussetzungen für eine verwertbare **Literaturliste**. Der wesentliche Unterschied zwischen einer (gedruckten) Bibliografie und einer Datenbank liegt – neben der weit größeren Aktualität der letzteren – in der Zahl und dem Umfang der Register. Entscheidend für das Ergebnis aber ist auch die Angabe der themenrelevanten **Deskriptoren**, die für die Recherche verknüpft werden sollen. Deren Bestimmung und Auswahl obliegt ihrem fachlichen Urteil. Effizienz und Kosten sind darüber hinaus davon abhängig, nach welchem **Schema** der Inhalt aufbereitet und gespeichert wird:

- Eine **Volltext-Datenbank** speichert die vollständigen Dokumente, z. B. bei einer Rechtsprechungsdatenbank sowohl die Leitsätze als auch den vollständigen Urteilstext.
- Eine **Referenz-Datenbank** stellt Zusammenfassungen, Titelnachweise, bibliografische Nachweise, Klassifikationen und Schlagworte (bibliografische Datensätze) zur Verfügung.
- Eine **Fakten-Datenbank** liefert konkrete Informationen, Kennzahlen und Quellenmaterial.

Wer sich auf die Rechtzeitigkeit, Verwertbarkeit und Vollständigkeit von Datenbank-Angaben verlässt, geht einen gefährlichen Weg. Kein Rechner der Welt leistet eine originäre, qualitative Recherche. Die Qualität und Aktualität dieser Informationen kann daher insoweit nicht mit der eigenen Fachkompetenz konkurrieren.

---

[1] Je nach Datenbank-Typ kostet eine Online-Stunde zwischen 50 und 180 EUR, pro bestelltem Volltext-Artikel je nach Länge bis zu 30 EUR.
[2] Zu den engen Grenzen (zulässiger) Unterstützung durch Dritte bei wissenschaftlichen Arbeiten siehe Kapitel 11.1, S. 272–274.

4.8 Elektronische Informationsformen

Das Internet (insbesondere über den Dienst World Wide Web) verbindet Rechner unabhängig von ihrer jeweiligen Hardware und ihrem Betriebssystem und erlaubt mit Hilfe von Übertragungsprotokollen die Kommunikation untereinander. Diese Form der Vernetzung ist im universitären als auch außeruniversitären Bereich Standard, die Zahl der Nutzer ist global nicht mehr seriös zu schätzen. Jeder Studierende kann mit personenspezifischen Kennworten über den PC-Pool der Hochschulen oder den eigenen PC unmittelbar in Datenbanken und Bibliotheksbeständen recherchieren und so Informationen zu gewinnen.

> **Hinweis: Surfen vs. Recherchieren**
>
> „Im Internet **surfen**, bedeutet, die Hyperlinks ... verfolgen, aufs Geratewohl und auf die Vermutung hin, irgendetwas Brauchbares zu finden. Im Internet **recherchieren** hingegen ist zielgerichtet" (*Niedermair*, 2010, S. 77, Hervorhebung nicht im Original).

Weltweit existieren Hunderte von Milliarden von Internet-Seiten, täglich kommen Millionen dazu. Die Möglichkeiten erweitern sich jede Sekunde; entsprechend groß ist die Versuchung (und Praxis), bereits im Rahmen der Materialübersicht für die eigene wissenschaftliche Arbeit davon Gebrauch zu machen. Drei **verschiedene Anwendungsschritte** sind zu unterscheiden:

Masse statt Klasse

- Informationsrecherche
- Informationsgewinnung
- Informationsstrategien

Alle drei Schritte perfektionieren einerseits die klassischen Suchtechniken; andererseits ergeben sich zusätzliche Strategien und konkrete Möglichkeiten, geeignetes – und jede Menge ungeeignetes – Material originär über das Netz zu recherchieren.

4.8.1 Informationsrecherche

Fundorte sichern Die weltweite Vernetzung erlaubt es, erste und auch wesentliche Teile der Literatur- und Quellenrecherche mit Hilfe elektronischer Medien vorzunehmen und die **virtuellen Bibliotheken** zu nutzen. Sowohl bibliografische Daten als auch Standortangaben von Medien aller Arten können (auch) auf diesem Weg nachgewiesen werden. Wer in diesem Netzwerk geeignete Literatur und anderes Material findet, hat zudem häufig auch die Möglichkeit, die gewünschten Informationen entweder unmittelbar elektronisch **anzufordern** oder aber den gesuchten Fundort **nachgewiesen** zu bekommen. Zu einer solchen **Informationsrecherche** kann (und sollte) das Internet genutzt werden, um die eingespeisten Informationen schneller – und schwer zugängliche erstmals – zu bekommen.[1]

4.8.2 Informationsgewinnung

Das gezielte und strukturierte Recherchieren im Internet führt immer häufiger dazu, dass auch **originäre** elektronische Dokumente und Texte gefunden werden, die für die eigene Arbeit von Interesse sein können. Solche Dokumente, die also nicht nur als – anderweitig veröffentlichte(r) – Text oder Fundstelle nachgewiesen, sondern **ausschließlich im Netz** publiziert werden, stellen eine eigene Kategorie des grundsätzlich verwertbaren Materials dar.

Elektronische Zitate **Elektronisches Material** erfordert **eigene Zitiervorschriften**, da der klassische Nachweis über eine Fußnote (oder einen dem Text nachgestellten Klammerzusatz) und dort mit einem Verweis auf ein nachprüfbares, gedrucktes oder sonstiges Medium, nicht möglich ist.[2] Originäres elektronisches Material wird im Internet aber häufig nur **zeitlich befristet** gespeichert gehalten; während dieser Zeit erfahren die Dokumente zudem in unterschiedlichem Maße Modifikationen, durch die die jeweils vorangegangene Version eines Textes ersetzt (bzw. überschrieben) wird: Ein **zuverlässiger Nachweis** der für die eigenen Arbeit gegebenenfalls verwen-

---

[1] Zur schnellen Archivierung einzelner Bildschirminhalte steht die 'Screenshot'-Technik zur Verfügung: Mit der „Druck"-Taste wird der aktuelle Bildschirm-Inhalt digital in einer Zwischenablage gespeichert und kann bei Bedarf ausgedruckt werden.
[2] Dazu unten Kapitel 8.5.2, S. 228–234.

4.8 Elektronische Informationsformen

deten (aber eben schnell „historischen") Informationen ist daher **nicht gewährleistet**. Wird elektronisches Material im eigenen Text verwertet und entsprechend zitiert, muss ein **Ausdruck** des Materials **in den Anhang** der Arbeit aufgenommen werden; umfassender zitiertes elektronisches Material ist auf einer CD-ROM in der verwendeten (Zugriffs-)Version zu speichern und dem Korrektor zur Verfügung zu stellen.

> **Expertentipp**
>
> „If you cite only a URL and that URL changes or becomes obsolete, your citation becomes useless to readers" (*Turabian*, 2007, p. 198).

4.8.3 Informationsstrategien

Die Informationsmöglichkeiten durch das Internet haben zu einer Vervielfachung der **Zugriffsformen** geführt, die von jedem wissenschaftlichen Arbeiter genutzt und berücksichtigt werden sollten. Dabei bleibt zu bedenken, dass die weltweite Vernetzung den **Informationszugriff beschleunigt** und die **Menge** an Informationen dramatisch **erhöht**; auch die zusätzlichen, durch den auf elektronischem Wege geführten Dialog (Chat, Blogs, Foren) erzielbaren Informationen tragen zu dieser Informationsflut bei.

Qualität statt Quantität

Die wirkliche **Herausforderung** an den denkenden Menschen aber bleibt auch im Internetzeitalter unverändert dieselbe: Nur der Mensch ist in der Lage, die **Informationen** qualitativ zu **bewerten**, auszuwählen und in sinnvolle (Text-)Zusammenhänge zu bringen. Dieser Vorgang, der im Mittelpunkt jeden wissenschaftlichen Bemühens steht, kann allerdings durch eine gezielte, elektronisch gestützte Informationsrecherche sehr gefördert werden.

> **Expertentipp**
>
> „Anstatt einzelne Dokumente konsequent zu lesen, wird man dazu verleitet, von einem Dokument zum anderen zu springen – ohne je eines bis zum Ende zu bearbeiten" (*Engel*, 2003, S. 68).

4 Themenabgrenzung und Materialrecherche

Prüfschema für die Recherche im Internet nach *Niedermair* (2010, S. 123):

- Warum recherchiere ich?
  (Anlass, Forschungsprojekt, Wissensstand, Ergebnis)
- Was recherchiere ich?
  (Forschungsfrage, Forschungsansatz, Zielsetzung, Quellen, Suchbegriffe)
- Wo recherchiere ich?
  (Referenzquellen, Publikationsform, Disziplin, Sprache, Raum, Zeit)
- Wie recherchiere ich?
  (Technik, Methode, Suchstrategie)

Im Internet können drei **Suchstrategien** angewendet werden:

- Pattern-Methode
- Semantische Methode
- Selektive Methode

Vernetzte Suche

Bei Anwendung der **Pattern-Methode** geht man z. B. von einem (bekannten) Dateinamen oder einem Schlagwort aus und versucht in das Datennetz über entsprechende Hilfsmittel (Net Search Services = Netz-Suchdienste) einzusteigen. Im Internet aber werden grundsätzlich keine Schlag- oder Stichworte oder hierarchischen Gliederungen im traditionellen Sinne vorgegeben; die gespeicherten Informationen können vielmehr nach allen nur denkbaren Kriterien, Begriffen und Kombinationen angesteuert werden.

Je allgemeiner ein Suchwort gewählt wird, desto umfassender werden die Nachweise („Treffer"); die Chance, eine entmutigende Informationsflut (information overload) zu erleben, ist groß. Eine unspezifizierte Recherche – z. B. durch Eingabe des vollständigen Referattitels – führt regelmäßig zu Hunderten, wenn nicht Tausenden von Nachweisen im Netz:

> **Goldene Surferregel**
>
> „Wer nicht genau weiß, was er sucht, wird alles finden, nur nicht das Richtige."

Unter der **semantischen Methode** werden Strategien verstanden, die sich durch verknüpftes Nachfragen auszeichnen: Je gezielter dabei inhaltliche Zusammenhänge mit Hilfe

4.8 Elektronische Informationsformen

von Zahlen und Begriffen hergestellt werden, desto erfolgreicher wird eine solche Recherche sein. Wissenschaftliche Erkenntnisse lassen sich auf diesem Wege selten gewinnen: Nicht zu Unrecht wird das Internet als reflexives Netz bezeichnet, ein Netz, welches sich im Wesentlichen mit sich selber beschäftigt.

Mit Hilfe der selektiven Suchstrategie können qualifizierte Informationen erlangt bzw. ausgewählt werden. Dieser Weg führt über die virtuelle Einschaltung von Experten oder Konferenzen, mit deren Hilfe eine derartige Selektion und Qualitätsbeurteilung vorgenommen werden kann. Mit dieser Methode gewinnt die technische Vernetzung eine qualitative Komponente und auch diskursive Struktur.

Wegen der Komplexität des weltweiten Netzes wurden Instrumente entwickelt, die eine gezielte elektronisch gestützte Suche erlauben. Diese Suchmaschinen erfassen den Inhalt jeder gespeicherten Seite nach vorgegebenen, allerdings ausschließlich technischen Kriterien. Im wissenschaftlichen Bereich bedeutet dies, dass vorrangig der Titel eines Dokuments, gegebenenfalls zusätzliche, vom Verfasser vorzugebende Schlagworte, sowie die weiteren Überschriften und der (sichtbare) Textinhalt ausgewertet werden. Eine Suchmaschine setzt sich aus drei Teilen zusammen:

- Einer speziellen Software, die permanent im Internet nach neuen Web-Seiten Ausschau hält
- Einer Datenbank, die alle durchsuchten Seiten speichert
- Einem Suchprogramm, das die gespeicherten Datenbanken auf Anfrage nach Treffern überprüft.

Um mit dieser Technik überhaupt zu überschau- und damit verwertbaren Ergebnissen zu kommen, müssen entweder mehrere Suchmaschinen alternativ oder verknüpft genutzt werden. Darüber hinaus können auch Metasuchmaschinen eingesetzt werden, die eine möglichst themen- bzw. fachspezifische Auswahl potenziell geeigneter national und/oder international orientierter Suchmaschinen ermitteln.

> **Suchmaschinen**
>
> **Metasuchmaschinen:**
> http://www.metacrawler.com (international)
> http://www.search.com (international)
> http://www.apollo7.de (international)
> http://www.metaspinner.de (national)
> http://www.metager.de (national)
> http://www.suchpilot.de (national)
>
> **Suchmaschinen mit integrierten Webkatalogen:**
> http://www.google.com (international)
> http://scholar.google.com (international)
> http://www.scirus.com (international)
> http://altavista.com (international)
> http://www.excite.com (international)
> http://www.base-search.net (international)
> http://www.suche.info (international)

Jede Suchmaschine besitzt ein Hilfeprogramm, mit dem eine Übersicht über die für Verknüpfungen erforderlichen spezifischen Operatoren, Suchmodi und weiterführenden Funktionen ermittelt werden kann.[1]

Die Chancen und Möglichkeiten, die sich mit den **elektronischen Medien** und Netzwerken bieten, sind für den Studierenden, der eine wissenschaftliche Arbeit erstellen möchte, teilweise mit vergleichbaren **Risiken** verbunden wie die Fremdrecherche mit Hilfe eines Dokumentationsdienstes.[2]

> **Expertentipp**
>
> „Sie können zu viel sammeln oder Sie können das Wichtigste übersehen" (*Niedermair*, 2010, S. 83).
> „Jagen statt sammeln!" (*Preißner*, 2012, S. 83)

---

[1] Ausführlichere Hinweise und Beschreibungen: http://www.suchfibel.de; http://www.suchen-heute.com; http://www.searchenginewatch.com.

[2] Vgl. dazu oben unter Kapitel 4.7, S. 76 f.

4.8 Elektronische Informationsformen

Das größte **Risiko** bei der Verwendung von im Internet generierten Unterlagen und Materialien liegt in der Tatsache, dass zumindest alle originären Internet-Informationen **weder qualitätsgesichert noch nachprüfbar** sind. Kein Herausgeber prüft die Dokumente, kein Gutachter testet die wissenschaftliche Qualität, nicht jeder Dateneingeber kann sich bzw. seine Dokumente nachhaltig vor Manipulationen schützen.

Auch bei qualifizierten, thematisch bereits in Web-Katalogen vorsortierten Informationen und Daten ist für den einzelnen Internet-User nicht nachvollziehbar, wie und unter welchen **Kriterien** diese Informationspakete zusammengestellt wurden. Zeitpunkt, Umfang und Zusammenhang einer Eintragung in eines der netzzugänglichen Verzeichnisse unterliegen keiner allgemeinen Regelung: Niemand hat Anspruch auf eine solche Aufnahme, die jeweiligen Netzbetreiber entscheiden allein und häufig nach kommerziellen Gesichtspunkten – z. B. unter Berücksichtigung der eingeblendeten Werbeblöcke – über die Zusammensetzung ihres Angebotes.

Die Informationsvielfalt und die **Ungesichertheit** der elektronisch nachgewiesenen Dokumente führten dazu, dass intelligentere Software entwickelt wurde (Abfragesprachen). Das Ergebnis ist die „denkende Suchmaschine", die **nachfragerindividuelle Kennzeichen** und Merkmale verarbeitet und bei der originären Informationssuche berücksichtigt. Während der Abfrage sollen so gleichzeitig themenspezifische Zusammenhänge erkannt und unmittelbar in die konkrete Suche eingebracht werden. Als Konsequenz stellt sich ein Ergebnis ein, bei dem ein erheblicher Teil der nicht einschlägigen Nachweise selbstständig eliminiert ist.

Eine solche „Expertensuche" ist möglich, wenn einzelne Suchbegriffe mit Hilfe von *Boolschen Operatoren* verknüpft werden: Durch die Kombination von AND/OR/NOT lassen sich Fundstellen stärker konkretisieren. Nach dem Prinzip der „überschneidenden Mengen" werden Suchbegriffe miteinander verknüpft, die die Suche erweitern oder einengen. Mit Hilfe des Nachbarschaftsoperator NEAR kann Inhaltliches verknüpft werden, das in den zu suchenden Textdokumenten auch räumlich nahe beieinander steht. Diese Technik unterstellt, „dass beide Begriffe nicht mehr als eine bestimmte Anzahl von Wörtern auseinander stehen, die Anzahl ist je nach Datenbank unterschiedlich groß" (*Heister/Weßler-Poßberg*, 2007, S. 53).

Eine weitere Möglichkeit, die Suche zu strukturieren und gezielter zu Ergebnissen zu kommen, besteht in der **Phrasierung** bzw. **Einklammerung**. Werden zwei oder mehrere Begriffe zwischen zwei Anführungszeichen gesetzt, werden nur Dokumente ausgewiesen, bei denen die gesuchte Phrase in derselben Reihenfolge verwendet wird. Zur Ermittlung von Dokumenten, die auf bereits erkannte (hilfreiche) Texte aufbauen, können bei einigen Datenbanken auch assoziative Links (cited bzw. citing articles) genutzt werden (vgl. *Niedermair*, 2010, S. 136): Zu beachten ist dabei aber, dass eine häufige Zitierung eines Textes nicht immer auch eine große Gewichtigkeit der Ausführungen anzeigt.

Eine besondere **Bedeutung** kann wertenden Suchmaschinen auch in Zusammenhang mit der **Indexierung** z. B. nach der **Werbeintensität**, zukommen: Anbieter, die allein nach derartigen Einschaltungen die Rangfolge ihrer elektronischen Nachweise sortieren, werden automatisch ausgeschieden (dazu *Heister/Weßler-Poßberg*, 2007, S. 40–56; *Fröhlich-Pier/Weinerth*, 2008, S. 49–89). Allerdings muss berücksichtigt werden, dass auch diese elektronischen „Filter" die werbenden (und zahlenden) Unternehmen und andere Interessenten immer wieder zu neuen Programmierungsanstrengungen treiben, um möglichst erfolgreiche **Umgehungsstrategien** zu entwickeln.

> **Expertentipp**
>
> „Wer im Internet sucht, ist vielfach konfrontiert mit einer Fülle belangloser, ungeordneter, nicht aufgearbeiteter, obskurer oder schlicht falscher Informationen, aus den die relevanten und zutreffenden mühsam herausgesucht werden müssen" (*Niederhauser*, 2011, S. 29).

Die Offenheit des Internet-Systems erlaubt es, Nachrichten und **Daten** zu verändern oder ganz **zu fälschen**. Die Flüchtigkeit des Mediums, die u. a. auf Versionentausch, PC-Ausfall und Umzug oder Wechsel der Internetadresse (auch URL, Uniform Resource Locator genannt) basiert, lässt nur im Ausnahmefall eine Nachprüfung der **Informationen** über

4.8 Elektronische Informationsformen

einen längeren Zeitraum zu. Zitierte elektronische Daten aber müssen nachhaltig nachgewiesen werden, so dass der Leser (oder Prüfer) sie auch zu jedem späteren Zeitpunkt **nachvollziehen** kann.

Wegen der sehr unterschiedlichen Beitrags- und Gebührenerhebungspraxis professioneller **Anbieter** (Service-Provider) besteht die Gefahr, dass die virtuelle Recherche zu einem finanziellen Abenteuer werden kann (vgl. *Schreiber*, 2010, S. 18–20). Die **Kostenstrukturen** sind **nicht einheitlich** gestaltet, die Zahl der gebührenpflichtigen Nachweise nimmt kontinuierlich zu. Auch hier sollte vor der Offenlegung persönlicher Daten (Kreditkarten-Nummer, Laufzeit, CVC) genau geprüft werden, welche Verpflichtungen übernommen werden. Soweit **kostenpflichtige Informationen** nicht durch alternative (freie) Quellen ersetzt werden können, sollte sehr genau dokumentiert werden, welche Daten preisgegeben und welches Gebührenmodell akzeptiert werden. Hierzu kann ein „screenshot", die Kopie der jeweils konkreten Bildschirmanzeige, in die Zwischenablage, eine gewisse Sicherheit liefern.[1] Entsprechende Abbildungen können zudem genutzt werden, um nach Veränderungen im Zeitablauf den jeweils „historischen" Stand dokumentieren zu können.

> **Hinweis: Gesamtrisiko exzessiver oder exklusiver Internetnutzung:**
>
> - Die Technik tritt in den Vordergrund
> - Das Surfen wird zum zeitraubenden Selbstzweck
> - Das strukturierte Recherchieren bleibt auf der Strecke
> - Die präsentierten Seiten haben mit dem eigenen Thema nur wenig oder gar nichts zu tun
> - Die angebotenen Informationen sind veraltet/unauffindbar
> - Die Nachweise erscheinen mehrfach
> - Die Dokumente werden in einer Reihenfolge präsentiert, die sich jeder menschlichen Logik entzieht

---

[1] Vgl. dazu Kapitel 4.8.1, S. 80 FN 1.

4 Themenabgrenzung und Materialrecherche

Checkliste: Themenabgrenzung und Materialrecherche	
Frage	**Hilfe**
Habe ich die Themen-Formulierung verstanden?	S. 59 f.
Habe ich eine genaue Fragestellung für mein Thema?	S. 60
Welche Fachlexika und Handbücher muss ich berücksichtigen?	S. 60–62
Reicht für einen Überblick eine Schnellrecherche bei Wikipedia?	S. 61 f.
Kenne ich den Unterschied zwischen einem Formal- und einem Schlagwortkatalog?	S. 63–65
Kenne ich die relevanten Bibliografien für mein Thema?	S. 66–70
Benötige ich Zugang zu Gesetzestexten, Gerichtsurteilen und anderen amtlichen Veröffentlichungen?	S. 70–72
Gibt es relevante Jahrbücher und Festschriften zu meinem Thema?	S. 72 f.
Gibt es wichtige Zeitschriften und Magazine zu meinem Thema?	S. 74
Geht meine Recherche über die vorgegebenen Literaturlisten und Handapparate hinaus?	S. 74–76
Habe ich die Literaturverzeichnisse in themennahen Büchern geprüft?	S. 75 f.
Kenne ich alle Risiken der elektronischen Recherche?	S. 76–87
Wie kann ich Suchmaschinen für meine Recherche nutzen?	S. 83–86
Was weiß ich über Indexierung und Werbung im Internet?	S. 86

5 Materialauswahl

Zwischen Materialübersicht und Materialauswahl besteht im Arbeitsprozess ein fließender Übergang. Je umfangreicher die gefundene Literatur sowie weitere potenzielle Quellen sind, desto frühzeitiger sollte mit den zwei wichtigsten Teilaufgaben der vierten Arbeitsphase begonnen werden (s. *Darst. 05*).

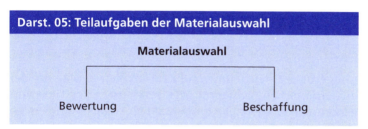

Darst. 05: Teilaufgaben der Materialauswahl

Ein vollständig **paralleles Vorgehen** bei der Materialübersicht und Materialauswahl ist nur bei Übungs- bzw. Seminararbeiten mit geringerem wissenschaftlichen Anspruch und Umfang sowie (überwiegend) vorgegebener Literatur sinnvoll. Soweit eine eigene Literaturrecherche erforderlich ist, führt eine zeitgleich vorgenommene Materialauswahl regelmäßig zu unsystematischen wie unökonomischen – weil Zeit und Geld raubenden – Ergebnissen: Wer jedes Buch, dessen Titel er habhaft werden kann, bestellt, jeden Aufsatz sofort kopiert, jedes Dokument aus dem Internet ausdruckt oder potenzielle Informanten mit unkontrollierten (bzw. nicht getesteten) Fragebögen oder E-Mails überschüttet, wird wohl eher für den **Altpapierhändler** ein interessanter **Partner**.

Systematisch vorgehen

5.1 Materialbewertung

Unabhängig von der Menge des in der Arbeitsphase der Materialübersicht ermittelten – und vollständig bibliographierten – Materials muss für jeden **Titel** eine **Bewertung und Qualifizierung** vorgenommen werden; das Ausmaß bzw. die Gründlichkeit dieser Beurteilung hängt vom Umfang und der Erreichbarkeit des Materials sowie der verfügbaren Bearbeitungszeit ab. Anstatt sofort mit dem vertieften Studi-

Kritisch bewerten

um oder zumindest einer systematischen Lektüre einzelner Titel zu beginnen, sollten für diese erste Bewertung folgende Methoden beachtet und angewendet werden (s. *Darst. 06*).

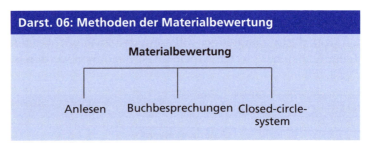

Einige dieser Beurteilungsschritte können bereits bei der bibliografischen Aufnahme bzw. Erfassung eines Titels vorgenommen werden: Die umfassenden Angaben und ersten Informationen, die ein (gedruckter oder elektronischer) **Katalognachweis** beinhaltet, sollten für diesen Zweck intensiv genutzt und auch notiert werden.

5.1.1 Anlesen

Ein Teil der ermittelten Materialien, insbesondere die bibliografierte Literatur, kann am Bibliotheksstandort oder der sonstigen (realen) Fundstelle bzw. auch digital eingesehen bzw. angelesen werden: Hier kann, nach der vollständigen bibliografischen Erfassung[1] – parallel zur Recherche – gleich eine erste Bewertung nach einem **einheitlichen System** vorgenommen werden (vgl. dazu auch *Holzbaur/Holzbaur*, 1998, S. 32 f.).

Für eine später verwertbare Recherche und Auswertung sollte ein festes **Prüfschema** verwendet werden, das als „check-list" für eine systematische und kritische Qualifizierung der gesamten Literatur benutzt wird (vgl. *Kornmeier*, 2010, S. 82–84).

Notizen machen

Bei umfangreicheren Arbeiten empfiehlt es sich, die **Ergebnisse** der Prüfung stichwortartig konsequent entweder in der entsprechend aufgebauten Verfasserdatei oder einem gesonderten (elektronisch angelegten) **Beurteilungsbogen** zu notieren. Damit entsteht eine kritische, themenbezoge-

---

[1] Vgl. unten Kapitel 6.2, S. 121–131.

5.1 Materialbewertung

ne Literaturübersicht, die wertvolle Hilfestellungen geben kann (vgl. *Franck/Stary*, 2011, S. 131–143). Digital ermittelte Titel lassen diesen „check" zu, soweit der Text eingesehen („Leseprobe") werden kann; können keine befriedigenden oder ausreichenden Antworten auf die nachfolgenden Fragen gewonnen werden, ist zu erwägen, ob der nachgewiesene Titel nicht als „hard copy" ausgeliehen werden sollte.

Folgende Informationen und Textteile eines Buches sollten in der **angegebenen Reihenfolge** systematisch geprüft werden.

> **Checkliste: Erste Beurteilung von Büchern**
> - Titel, Untertitel
> - Verfasser, Herausgeber
> - Schriftenreihe
> - Verlag, Verlagsort
> - Auflage, Erscheinungsjahr
> - Geleitwort, Motto
> - Vorwort, Einleitung, Nachwort
> - Abkürzungsverzeichnis
> - Klappentext, Deckblätter
> - Inhaltsübersicht, Gliederung, Umfang
> - Anmerkungen, Zitate
> - Literaturverzeichnis

- **Titel, Untertitel**
  Wird ein Buch über einen Stichwortkatalog gefunden, sollte zuerst überprüft werden, ob der Inhalt auch hält, „was das Stichwort verspricht": Liegt mit dem, aus dem Titel entnommenen Stichwort ein Werk vor, dass tatsächlich einen für die eigene Arbeit auch **verwertbaren Text** enthält? Zusammen mit einem gegebenenfalls vorhandenen Untertitel lassen sich häufig erste Einschätzungen vornehmen (z. B. grundlegende Werke wie „Einführung in die Logik individueller Entscheidungen", „Grundzüge des Steuersystems" oder aber Spezialtitel: „Bemerkungen zur makroökonomischen Theorie von M. Max"). — *Titel analysieren*

- **Verfasser, Herausgeber**
  Sind Ihnen der Verfasser und/oder der Herausgeber nicht bekannt, können im Literaturverzeichnis, dem Formalkatalog, im aktuellen Gelehrten-Kalender oder im Internet die **weiteren Werke** und Arbeitsgebiete dieser Personen — *Qualität beachten*

ermittelt werden. Wichtige ergänzende Informationen bietet zudem ein Blick auf die von einem Verfasser insgesamt bearbeiteten Themen („Allround-Genie", der über Gott-und-die-Welt schreibt oder „Themen-Monopolist", der seit Jahren im selben wissenschaftlichen Loch bohrt). Darüber hinaus lassen auch die (akademischen) Grade, Berufsbezeichnungen oder Institutsangaben (oft am Ende eines Vorwortes sowie auf der Buch-Rückseite zu finden) bzw. im Lebenslauf (Dissertation) erwähnten biografischen Daten Rückschlüsse über das **fachliche Umfeld** des Verfassers bzw. Herausgebers zu. Weitere **biografische Details** von Unternehmen, Organisationen, Lehrstühlen u. a. lassen sich über die jeweilige Homepage ermitteln.

Eine solche erste Einschätzung ist zeitsparend, denn damit gelingt es in vielen Fällen zumindest grob, den vorliegenden Text einer Richtung, akademischen Schule oder einem politischen **Lager zuordnen** zu können. So wird beispielsweise ein Richter eines deutschen Steuergerichts nur in Ausnahmefällen eine vom geltenden Steuerrecht abweichende Rechtsauffassung literarisch stützen. Ebenso wenig sind z. B. Veröffentlichungen des zuständigen Beamten eines Landes- oder Bundesministeriums zu erwarten, in denen sich der Verfasser inhaltlich vehement gegen einen (d. h. in der Regel auch seinen) Regierungs- oder Gesetzesentwurf wendet.

Wenngleich diese Erwartungen sich nicht in jedem Fall erfüllen, und eine nähere Überprüfung erforderlich machen, können so wichtige erste Informationen gewonnen werden. Werden **institutionelle Herausgeber** ausgewiesen (Arbeitgeber-Verband: *Institut der deutschen Wirtschaft* und *Otto A. Friedrich-Kuratorium*; DGB: *Hans-Böckler-Stiftung*; *Konrad-Adenauer-Stiftung* (CDU); *Friedrich-Ebert-Stiftung* (SPD); *Friedrich-Naumann-Stiftung* (F.D.P.); *Hanns-Seidel-Stiftung* (CSU)) liegen entsprechende politische bzw. thematische **Grundströmungen** nahe.

- **Schriftenreihe**

Die große Zahl an gedruckten und digital publizierten wissenschaftlichen Schriftenreihen erschwert die Zuordnung einer Schrift (dazu bereits *Borchardt*, 1973, S. 116–119). Die Stellung und Bedeutung eines in einer Reihe herausgegebenen Titels lässt sich aber anhand der

5.1 Materialbewertung

sonstigen Reihentitel, welche häufig am Ende einer Arbeit ausgewiesen werden, zumindest überblicken. Ein **Kennzeichen qualifizierter Reihen** ist die Existenz weiterer komplementärer, also inhaltlich themennaher Titel. „Gemischtwarenläden", also Buchreihen, bei denen kein thematischer Zusammenhang erkennbar erscheint, sind kein „Qualitätsausweis", ebenso wie Schriftenreihen, die nach einigen Jahren über wenige Titel nicht hinauskommen. Bekannte Herausgeber und/oder ein renommierter Fachverlag können andererseits als ein Signal für eine erste (positive) Einschätzung verstanden werden.

Fachverlage beachten

- **Verlag, Verlagsort**
Wissenschaftliche Verlage legen Wert auf ihr „Gesicht", das durch das **Verlagsprogramm** und den damit angesprochenen Leserkreis bestimmt wird. Wer während seines Studiums (auch) die Verlage seiner Studienbücher zur Kenntnis nimmt, der gewinnt schnell ein weiteres wichtiges Zuordnungskriterium: In Abhängigkeit der eigenen Zielsetzung kann es von Interesse sein, ob es sich z. B. um einen „Praktiker-Verlag" oder um einen „Dissertations-Verlag" handelt; erste Informationen hierzu geben auch die Verlagsanzeigen (bzw. Homepages) sowie der dabei jeweils angesprochene Adressatenkreis.

> **Beispiel: Der Verlagsort**
>
> Dem Verlagsort – gibt nicht der Verlagsname bereits eine Auskunft (z. B. *VEB Bibliographisches Institut Leipzig*) – kann insoweit Bedeutung zukommen, als z. B. ein Titel nach 1945 und vor 1990 aus Halle bzw. Hamburg sich in dem wissenschaftstheoretischen und meist auch politischen **Verständnis** unterscheiden werden.

- **Auflage, Jahr**
Der Vergleich des Erscheinungsjahres und der Auflagenzahl eines zu beurteilenden Textes mit den bibliografischen Angaben im Bibliothekskatalog gewährleistet die wichtige Information über die jeweils **neueste Ausgabe** des gewünschten Titels, soweit diese nicht ohnehin bereits vorliegt. Zusammen mit der Datumsangabe am Ende eines Geleit-, Vor- oder Nachwortes kann zudem schon (pauschal) auf die **Aktualität** der Ausführungen

Auflage prüfen

und des Literatur- und Rechtsprechungsverzeichnisses geschlossen werden.

> **Beispiel: Das Erscheinungsjahr**
>
> So belegt ein Erscheinungsjahr 2013 z. B. zusammen mit einem „im Juni 2012" unterfertigten Vorwort (das als letztes in den Druck geht), dass die Arbeit vermutlich Ende 2011 abgeschlossen wurde. Für Dissertationen ist der Tag der Abgabe und der mündlichen Prüfung (auf der Rückseite des Titelblattes meist zusammen mit den Namen der Referenten/Gutachter vermerkt) zu beachten; zwischen diesen Terminen können nochmals erhebliche Zeiträume liegen, es dürfen in dieser Zeit aber häufig **keine** (oder nur unwesentliche) Bearbeitungen bzw. **Aktualisierungen** mehr durch den Doktoranden vorgenommen werden.

- **Geleitwort, Motto**
  Ein Geleitwort enthält häufig weitere Angaben über die Stellung und Bedeutung einer Schrift in einer Reihe bzw. einem Fachgebiet; darüber hinaus finden sich oft ergänzende Angaben zum **Umfeld des Verfassers**. Der Inhalt und/oder der ausgewählte Autor eines Mottos lassen sich – nicht selten als das „Credo" (lat.: „ich glaube") des Verfassers – als eine Art verkürztes **Bekenntnis** auswerten: Ein Zitat von *W. Busch* – wie es *meinem* Vorwort zu dieser Auflage vorangestellt ist – könnte z. B. als Hinweis verstanden werden, dass dieser Text nicht gerade als amtliche Verordnung verstanden werden sollte.

- **Vorwort, Einleitung, Nachwort**
  Vorworte und Nachworte sollten zur ersten Bewertung auch gelesen werden, Einleitungen nur, soweit sie kurz sind oder – fälschlicherweise – anstelle eines Vorwortes stehen.[1] Neben der **Zielsetzung** der Arbeit enthält das Vorwort in vielen Fällen Angaben über die finanzielle oder sonstige materielle Unterstützung von Institutionen, den **Anlass** der Arbeit (Dissertation, Gutachten, Vorlesungsmanuskript) und den gewünschten **Leserkreis**. Die Angabe zu der, mit dem Werk angesprochenen Zielgruppe ist allerdings häufig eher verlags- bzw. absatzpolitisch motiviert.

---

[1] Vgl. dazu Kapitel 8.4, S. 215 f.

5.1 Materialbewertung

- **Abkürzungsverzeichnis**
  Ein Blick in das Abkürzungsverzeichnis – soweit vorhanden – gibt Aufschluss über die verwendeten, nationalen oder internationalen Quellen, Gesetzestexte, Zeitschriften oder Textsammlungen und damit mittelbar auch Informationen über die **Struktur** und den **Inhalt eines Textes** sowie gegebenenfalls über den dominant ausgewerteten **Sprachraum**. Weitere Verzeichnisse (Symbole, Formeln) und deren Umfang geben zu erkennen, ob die Ausführungen eher verbal-qualitativ oder formal-quantitativ (mathematisch) angelegt sind.

- **Klappentext, Deckblätter**
  Kurze **Inhaltsangaben** des Verlages oder Verfassers, die – in Anlehnung an eingenähte Anweisungen in textiler Bekleidung – auch „Waschzettel" genannt werden, finden sich auf den Innenseiten der Buchdeckel, der Buchrückseite oder dem Schutzumschlag. Eine kritische Lektüre aber ist angezeigt: Verlage versuchen durch (bestellte) positive **Empfehlungen** („Testimonials") oder **Lobpreisungen** („Blurbing") Dritter auf ihre Werke aufmerksam zu machen.

- **Inhaltsübersicht, Gliederung, Umfang**
  Unabhängig von einer (vom Autor selbst verfassten) Inhaltsangabe kann der Inhalt einer Arbeit auch über die Inhaltsübersicht, die Gliederung des Textes und die Kapitelüberschriften erschlossen werden. Zusammen mit den **Seitenangaben** lassen sich die thematischen **Schwerpunkte** dann zutreffend ermitteln, wenn der Verfasser selber die Grundregeln der Gliederungsordnung beachtet hat;[1] das Studium einer systematisch angelegten Gliederung erspart häufig ein erstes, zeitintensives kursorisches Lesen eines Textes.

- **Anmerkungen, Zitate**
  Ohne im Detail Überprüfungen vorzunehmen, sprechen Existenz, Umfang und Form der Anmerkungen und Zitate „Bände". Der **wissenschaftliche Anspruch** und das **Selbstverständnis** eines Verfassers lassen sich auf einen Blick erfassen: Werden Fußnoten bzw. entsprechende Nachweise im Text nur sehr vereinzelt aufgeführt oder

---

[1] Vgl. dazu Kapitel 6.1, S. 117 f.

kommt ihnen – häufig am Ende eines Kapitels oder Textes zusammengestellt („Endnoten") – bereits nach ihrer äußeren Form eher ausschmückender Charakter zu, so ist die **wissenschaftliche Zielsetzung** eines Textes (und/oder die Redlichkeit des Verfassers) kritisch zu hinterfragen. Auch wenn geniale „Würfe", also Ideen, die keine oder nur wenige Vordenker haben, niemals ausgeschlossen sind, bleiben sie erfahrungsgemäß doch eher eine Ausnahme.

Fehlen Zitate und Anmerkungen vollständig, sollte vorrangig überprüft werden, ob der Verfasser die einschlägige Literatur überhaupt zur Kenntnis genommen oder – noch schwerwiegender – zwar zum Teil gelesen und verwertet, aber nicht auf die Quelle seiner Gedanken verwiesen hat:[1]

> **Expertenurteil**
>
> „Texte ohne Fußnoten sind für den Leser heimatlose Ufos. Man kann ihre geistige Qualität nicht recht zuordnen: Sind sie Geniestreiche oder bloß Plagiate oder von beiden etwas?" (*Behrens*, 1989, S. 96)

- **Literaturverzeichnis**

Das Studium des Literaturverzeichnisses eignet sich zur Überprüfung der bis zu diesem Zeitpunkt jeweils selber bereits recherchierten sowie zur Entdeckung weiterer themenspezifischer Titel. Darüber hinaus lassen – mit zunehmender Vertrautheit mit einem Thema und dem dafür einschlägigen Verfasserkreis – diese Angaben mittelbar auch Einschätzungen der wissenschaftstheoretischen und/oder politischen **Präferenzen** des jeweiligen Bearbeiters zu. Fehlen z. B. Angaben über den Doktorvater im Vorwort, lassen sich diese regelmäßig z. B. anhand eines auffallend häufig zitierten Autors ebenso ermitteln wie die **wissenschaftliche Schule** oder das **Theorieverständnis** des Verfassers.

> **Expertenurteil**
>
> „Das Literaturverzeichnis zeigt sofort … aus welcher Ecke der Wind in einer Arbeit weht" (*Krämer*, 2009, S. 66 f.).

---

[1] Zu Betrug und Fälschung in der Wissenschaft vgl. Kapitel 11, S. 271–278.

5.1 Materialbewertung

Die vom Autor zitierte und nachgewiesene Literatur ist auch hinsichtlich der **Entstehungsgeschichte** einer Arbeit interessant. Verarbeitet der Verfasser nahezu ausschließlich Titel aus den letzten Jahren, so besteht beispielsweise die Gefahr, dass er in seiner Arbeit wichtige „Altmeister" der jeweiligen Fachdisziplin und deren fundamentale – und oft noch aktuelle – Gedanken vernachlässigt, oder ohne eigene Lektüre von Dritten übernommen hat.

Für die Beurteilung der Qualität von **Aufsätzen** ist neben der, vorstehend angesprochenen Prüfung der **Verfasser- und Textangaben** zusätzlich auch die **Zeitschrift** selber, soweit ihr **Profil** dem Auswertenden nicht bereits bekannt ist, zu überprüfen. Die äußere Form, das Verhältnis Text/Bild/Anzeigen, lässt den (gewünschten oder angesprochenen) **Adressatenkreis** erkennen. Neben dem gesuchten Autor sollten auch die Herausgeber einer Zeitschrift und die anderen dort veröffentlichenden Autoren sowie der Verlag beachtet und beurteilt werden (dazu *Häberle*, 1989).

Aufsätze bewerten

Das national wie international wichtigste Beurteilungskriterium für Fachzeitschriften ist die Qualifikation als „**Referiertes Journal**". Dieses Kriterium besagt, dass die dort veröffentlichten Beiträge ausnahmslos „doppelt blind" beurteilt werden: Nach diesem Verfahren bleiben den **Fachgutachtern**, die über die Aufnahme bzw. Ablehnung eines eingereichten Manuskripts zu entscheiden haben, der Autor unbekannt und dem Autor werden später zwar die Gutachten und die dort geäußerte Kritik, nicht aber die Namen der begutachtenden Experten bekannt gegeben (dazu instruktiv *Ebers*, 2008). Dieses, international als „**double blind review**" bezeichnete Vorgehen soll helfen, die fachliche Einschätzung zu objektivieren, um beispielsweise persönlich motivierte Kriterien auszuschließen.

Referierte Zeitschriften

Für die Beurteilung von **Internetquellen** gelten die vorstehend genannten Kriterien für die Bewertung von Büchern bzw. Aufsätzen. Unter Berücksichtigung des flüchtigen und häufig anonymen Charakters der digitalen Dokumente sind einige weitere **Prüfsteine** zu berücksichtigen (vgl. *Kollmann/Kukertz/Voege*, 2012, S. 47 f.).

5 Materialauswahl

Checkliste: Erste Beurteilung von Internetdokumenten

- Institutionelle, kommerzielle oder private Website
- Ziel der Publikation: Information, Werbung oder Selbstdarstellung
- Inhaltliche Vollständigkeit: Quellennachweis, Grafiken
- Aktuelle oder aktualisierte Version des Textes und der Links
- Qualität der angebotenen bzw. aufgenommenen Links
- Verantwortliche Organisation, Autorennachweis
- Verfassernachweis und Verfasserumfeld
- Weiterführende Hinweise und zusätzliches Material

Die aufgezeigten **Prüfschemata** mögen dem Anfänger unter den wissenschaftlichen Arbeitern wie eine eigene wissenschaftliche Arbeit erscheinen; der **Zeitaufwand** dafür ist auch **nicht unerheblich**. Der Vorteil: Ohne vertieft in die nächste Arbeitsphase, die Materialauswertung, einzutreten, können auf der Grundlage dieser Erkenntnisse im Literaturapparat bereits erste (vorläufige) Gruppen gebildet und thematische Schwerpunkte herausgearbeitet werden. Sie **erleichtern** die gezielte und damit **qualifizierte** weitere **Literaturauswertung** erheblich (a. M. *Kerschner*, 2006, S. 181: „Wird wenig Zeit sparen").

5.1.2 Buchbesprechungen

Rezensionen lesen — Der Lektüre von namentlich gekennzeichneten Buchbesprechungen und Besprechungsaufsätzen kann als Auswahlmethode eine besondere Bedeutung zukommen. Vor 100 Jahren sollten Buchbesprechungen dem Leser die Chance geben, seinen eigenen Leseeindruck von einem neuen Fachbuch mit der **Einschätzung** des rezensierenden (Fach-)Kollegen vergleichen zu können (vgl. *Fonck*, 1908, S. 73–88). Bei der heutigen Publikationsflut tritt die Lektüre einer Besprechung nicht selten an die Stelle des eigenen Studiums.

Jeder Studierende kann und sollte wissenschaftliche **Besprechungen und Rezensionen** zur Auswahl bibliografierter Titel sowie zur Information über geeignetes Material **nutzen**. Aktuelle Rezensionen erscheinen – gedruckt oder digital – in vielen wissenschaftlichen **Fachzeitschriften** sowie in speziellen Besprechungszeitschriften, Literaturheften und insbesondere in den elektronischen Medien.

5.1 Materialbewertung

Für die Einschätzung der **Qualität und Gewichtigkeit** einer Rezension gelten allerdings die für die Aufsatzauswahl erarbeiteten Prüfkriterien. Dabei ist zu beachten, dass sich der Inhalt, die Person des Rezensenten und die Beurteilung (auch) nach dem **Leserkreis** der die Besprechung veröffentlichenden **Zeitschrift** richten. So wird in einer Praktiker-Zeitschrift besonders der Praxisbezug Erwähnung finden; ein juristisch ausgebildeter Rezensent wird dagegen regelmäßig (auch) auf rechtliche Bezüge hinweisen (vgl. dazu *Hirte*, 1991, S. 99–102, 113–118; *Häberle*, 1989).

Wer schreibt für wen

Den größten **Informationswert** besitzt eine Buchbesprechung, die von einem **Fachkollegen** mit einem ähnlichen Interessenschwerpunkt verfasst und unter möglichst ausführlicher Diskussion der Arbeit in einer **Fachzeitschrift** veröffentlicht wird. Deren Herausgeber wählen geeignete Rezensenten sowie die wichtigsten Neuerscheinungen regelmäßig selber aus. Gefälligkeitsrezensionen aus dem persönlichen Umfeld eines Autors, oder (politisch motivierte) „Schlecht"-achten, werden damit ebenso ausgeschlossen wie eine nur sprachlich modifizierte Wiedergabe des „Waschzettels" oder eines als Musterbesprechung formulierten Werbetextes.

Nutzlose Waschzettel

> **Hinweis: Eine fachlich kompetente, informative Rezension enthält:**
> - das Vorverständnis, die Methode und Zielsetzung des rezensierten Autors
> - die wichtigsten Inhalte und Schwerpunkte der Arbeit
> - die Position und den Wert der Arbeit in der wissenschaftlichen Diskussion
> - eine Analyse der Position des Textes innerhalb aktueller themenspezifischer Arbeiten
> - den gewünschten und den nach Ansicht des Rezensenten tatsächlich erreichbaren Adressatenkreis
> - eine im Einzelnen begründete, klare Empfehlung bzw. Kritik

Eine **zweifelhafte Variante** der klassischen Buchrezension ist jedem Internet-User bekannt. Die hier beschriebene, tradierte „Rezensionskultur" hat in der **elektronischen Welt** ihre eigene Weiterentwicklung gefunden: Zahlreiche kommerziell interessierte Vertreter des elektronischen Buchhandels (u. a. amazon.de, buecher.de) fordern ihre Käufer auf ihrer Website zur Abgabe von „Kurzrezensionen" auf.

 Die Resultate solcher (ungeprüften und oft subjektiv-emotionalen) **Stellungnahmen** sind sehr unterschiedlich und für wissenschaftliche (Auswertungs-)Zwecke **nicht zu verwenden**: Nicht selten bekämpfen sich Wettbewerber hier anonym oder weniger erfolgreiche Autoren (und deren Verlage) „lassen" für ihr Werk in der Form „lobpreisender" Beurteilungen werben.

Jubelkritiken Im Herbst 2012 wurde beispielsweise bekannt, dass der erfolgreiche britische Kriminalautor *R. J. Ellory* unter verschiedenen Pseudonymen Rezensionen seiner eigenen Bücher auf der *Amazon*-Website veröffentlicht hatte („Modernes Meisterwerk") und dafür jeweils fünf Sterne vergab (SZ Nr. 204 v. 04.09.2012, S. 14). Im selben Jahr hat der Gründer der Internetseite „getting-bookreviews.com", *T. Rutherford*, seinen erfolgreichen Dienst eingestellt: Sein Starangebot waren 50 Jubelkritiken für den Schnäppchenpreis von 999 US-$ (vgl. *Schröder*, 2012, S. 28).

Fälschungen Wissenschaftler arbeiten aktuell an Programmen, die solche Fälschungen sowie Fakes nachweis- und damit eliminierbar machen. Zudem sollen Nicht- bzw. Scheinkäufe aufgedeckt und **organisierte Bewertungen** identifiziert werden können. Wer dennoch auf digitale Urteile nicht verzichten will, dem gibt der Informatikprofessor *Bing Lui*, Universität Chicago, einen pragmatischen Tipp: „Vertrauen Sie lieber den Bewertungen mit drei Sternen als denen mit fünf" (zit. nach *Schröder*, 2012, S. 28).

 Expertenurteile

„Ein Drittel aller Produktbewertungen im Internet sind vermutlich gefälscht. Mit Rezensionen von Büchern dürfte das kaum besser aussehen."

„Online-Rezensionen sind problematisch. Man kann ihnen oft nicht vertrauen. … Ein Kritiker, der mit Namen und Karriere für seine … gedruckten Urteile einsteht, ist allemal vertrauenserweckender als unbekannte Stimmen aus dem Netz" (Beide Zitate: *Wittstock*, 2012, S. 133).

5.1 Materialbewertung

Von Buchbesprechungen zu unterscheiden sind **Abstracts**. Sie enthalten die komprimierte Wiedergabe des **Inhalts** eines Buches, eines Zeitschriftenartikels oder sonstigen Beitrags **ohne Bewertung** durch den Abstract-Verfasser. Folgende Punkte sollten regelmäßig dabei berücksichtigt bzw. angesprochen werden: Fragestellung, Zweck, Reichweite, Grenze, Untersuchungsdesign, Methode, Hauptergebnisse, wichtigste Botschaft, Hauptinterpretationen und -folgerungen, Beweiskraft (vgl. *Schnur*, 2005, S. 75).

In informativen Abstracts werden die **Kernaussagen** und deren **Folgerungen** zusammengefasst, wobei die Auswahl der Aussagen allerdings durch die Meinung und Einstellung des Abstract-Autors beeinflusst sein kann. Abstracts zu wissenschaftlichen Arbeiten erstellen auf Anfrage auch die kommerziellen Dokumentationsdienste und Hinweis-Datenbanken.[1]

5.1.3 Closed-circle-system

Eine Mischung aus eigener und fremder Literaturbewertung stellt eine Methode dar, die als **Closed-circle-system** bezeichnet werden kann.

Bevor mit der Auswertung der Literatur begonnen wird, kann eine kritische Durchsicht der Literaturverzeichnisse in den bibliografierten Titeln zu Folgendem genutzt werden: Zunächst führt die Überprüfung der **Literaturverzeichnisse** unter Einsatz der gemischten Strategie dazu, dass die potenziell geeignete, einschlägige Literatur lawinenartig anschwillt („Lawinen- oder Schneeballeffekt"). Soweit bei der Literaturermittlung systematisch vorgegangen wurde, verdichtet sich dann aber die Literatur zunehmend auf eine bestimmte Menge ständig **wiederholt zitierter Werke**. Gegen Ende der dritten bzw. vierten Arbeitsphase zeichnet sich ein „harter Kern" der von einschlägigen Autoren regelmäßig zitierten Literatur ab.

Kreise und Zirkel meiden

Ergebnis: Der **Kreis** der (vermutlich) **themenrelevanten Literatur** schließt sich, noch hinzukommende Titel sind entweder Neuerscheinungen oder liegen inhaltlich eher am Rande des bearbeiteten Gebietes.

---

[1] Vgl. Kapitel 4.7, S. 76–78.

5 Materialauswahl

Diese Methode kennzeichnen, als einziges Auswahlverfahren gewählt, gefährliche Klippen. **Risiken** eines mit Hilfe des Closed-circle-system ermittelten, geschlossenen Literaturkreises sind

Risiko
- Ein auf einem das **Thema verfehlenden Gebiet** gebildeter Literaturkreis.
- Ein manifester **Zirkelschluss**, wenn bei Beginn der Literaturübersicht nicht auf ein Mindestmaß an Meinungsvielfalt geachtet worden ist.
- Ein **Zitierkartell**, bei dem nicht die inhaltlich bedeutendsten und fachbezogen renommiertesten Beiträge, sondern die eines Doktorvaters, seiner Freunde und Kollegen erfasst werden.
- Der systematische **Mangel** an interessanten und/oder **neuen Ansätzen**, da sie in der zu Grunde gelegten Literatur (noch) keine Berücksichtigung gefunden haben oder finden konnten.

Der Einsatz des Closed-circle-system wird daher als Ergänzung und **Prüfstein empfohlen**:

Ergeben sich in der eigenen Arbeit nicht vergleichbare literarische **Schwerpunkte** wie in dem größten Teil der bibliografierten bzw. verarbeiteten Literatur, liegt der Verdacht nahe, dass das Thema bisher noch nicht hinreichend „in den Griff" bekommen worden ist.

Findet sich dagegen die bevorzugte Literatur – obwohl sie auch ältere Titel umfasst – nicht (oder nur vereinzelt) in vergleichbaren themenverwandten Schriften, muss dringend **überprüft** werden, ob mit dem eigenen Ansatz das Thema nicht insgesamt verfehlt und/oder die Arbeit zu sehr auf „exotische" Autoren gestützt wird.

Insoweit kann dem closed-circle-system (auch) die Funktion einer **Alarmglocke** zukommen; sie sollte nicht erst beim Korrektor läuten.

Herrschend ≠ richtig
Vor einem **Auszählen** der in der Literatur zu themenrelevanten Problemen immer wieder vertretenen **Meinungen** muss gewarnt werden: Eine herrschende (= richtige?) Meinung als das Ergebnis der, an Zahl und/oder Gewichtigkeit und Bedeutung gemessen, „Herrschenden" ist kein Sachargument.

Expertentipps

„‚Überwiegende Meinung' bedeutet zahlenmäßiges Überwiegen. ‚Herrschende Meinung' dagegen setzt eine Gewichtung nach Rang und Ansehen ... voraus, weshalb die h. M. in Einzelfällen auch einmal eine einzige Stimme sein kann" (*Zuck*, 1990, S. 909 FN 21).

„Der bloße Hinweis auf die herrschende Meinung ... ist kein Argument" (*Möllers*, 2010, S. 102; im Original z. T. in Fettdruck).

Die **Zitierhäufigkeit** mag vor der Erfindung der Buchdruckerkunst ein Beweis für die Mehrheit überzeugende – und daher immer wieder abgeschriebene – Argumente gewesen sein. Das Internet kann „herrschende Meinungen" über Nacht produzieren.

Expertentipp eines Klassikers

„Nichts ist widerwärtiger als die Majorität: denn sie besteht aus wenigen kräftigen Vorgängern, aus Schelmen, die sich accomodiren, aus Schwachen, die sich assimiliren, und der Masse, die nachtrollt, ohne nur im mindesten zu wissen, was sie will" (*Goethe* zit. nach *Sachsen*, 1893, S. 137).

5.2 Materialbeschaffung

Spätestens nach der bewertenden Übersicht muss die Beschaffung organisiert werden. Nach Art der notwendigen Materialien sollen die Beschaffungswege für Quellen einerseits und Sekundärmaterial andererseits getrennt dargestellt werden.

Sekundärmaterial vs. Quellen

Als **Quellen** sollen nur solche Materialien bezeichnet werden, die – möglicherweise bearbeitet – aber **noch nicht** für wissenschaftliche Zwecke **verarbeitet** worden sind, die deshalb als „Original" angesehen werden können (s. *Darst. 07*).

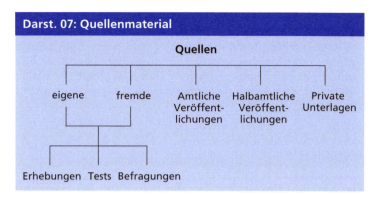

Dagegen führt jede – wie immer geartete – Verarbeitung bzw. Auswertung so definierter Quellen zu **abgeleitetem** Material; dieses soll als **Sekundärmaterial** bezeichnet werden.

Zusätzliche Differenzierungen sind nicht erforderlich, da damit nur (weitere) Ableitungen des, von Quellen (mindestens) schon einmal abgeleiteten Materials erfasst werden; von der Verwertung von Texten „aus dritter Hand" ist aber grundsätzlich abzuraten.[1]

Primärliteratur Die hier vorgenommene Qualifizierung von nahezu der gesamten wissenschaftlichen Literatur als Sekundärmaterial entspricht nicht dem allgemeinen Sprachgebrauch. So werden z.B. wissenschaftliche Monografien und Lehrbücher häufig als Quellen oder Primärliteratur(-material) bezeichnet (vgl. *Krämer*, 2009, S. 143). Wissenschaftliche Arbeiten aber sind regelmäßig Produkte, die auf zahlreichen (kritischen) **Verwertungsprozessen** und eben nicht nur eigenen, originären Gedanken aufbauen.

5.2.1 Quellen

5.2.1.1 Eigene Erhebungen

Die originellste Quelle wissenschaftlicher Arbeit ist die eigene Erhebung bzw. Untersuchung. In den meisten sozial- und naturwissenschaftlichen Forschungsgebieten werden **empirische Untersuchungen** durchgeführt. Aus der praktischen Erfahrung heraus werden so unmittelbar die Rahmenbedin-

---

[1] Zur Ausnahme des Sekundärzitates vgl. Kapitel 7.3.3.3, S. 177 f.

gungen und das Verhalten der Wirtschaftssubjekte erfasst (vgl. *Witte*, 1981; *Rossig/Prätsch*, 2010, S. 68–78; *Poscheschnik u. a.*, 2010, S. 99–133). Als **Erhebungsmethoden** werden dazu – alternativ oder in Kombination – verwendet:

- Recherche
- Dokumentenanalyse
- Beobachtung
- Interview
- Befragung

Die Vorbereitung, Durchführung und statistische Auswertung empirischer Daten müssen gründlich konzipiert werden. Zur Vermeidung von Fehlern in der Untersuchungsanlage und zur Lösung praktischer Probleme ist auf die **Fachliteratur** zu verweisen. Die **Grundlagen** empirischer Forschungstechniken sollten Studierende entsprechend ausgerichteter Studiengänge **kennengelernt** haben, bevor er eine empirisch angelegte Arbeit beginnen (vgl. *König*, 1973; *Friedrichs*, 1990; *Diekmann*, 2007; *Saunders/Lewis/Thornhill*, 2009; *Raab-Steiner/Benesch*, 2012).

Empirische Daten

5.2.1.2 Fremde Erhebungen

Neben den amtlichen Veröffentlichungen – und hier insbesondere denen der Statistischen Ämter – können Erhebungen und Testergebnisse u. a. von (Konzern-)Unternehmungen, Kammern und Verbänden sowie Markt- und Meinungsforschungsinstituten nützlich sein.

Im Internet lassen sich viele geeignete Materialien ermitteln, die Schwierigkeit für den Studierenden liegt nicht in einem beschränkten Zugang als vielmehr in der **qualitativen Beurteilung** des (Über-)Angebots. Dabei ist zu berücksichtigen, dass immer mehr Institutionen, aber auch kommerziell Interessierte „empirische Untersuchungen" ins Netz stellen, um z. B. eine erhöhte Aufmerksamkeit der jeweils potenziellen Kunden und Klienten zu erreichen. Bevor derartige „Quellen" also für die eigene Arbeit genutzt und verwendet werden, ist ein **Qualitäts-Check** durchzuführen, der sich an dem orientieren kann, wie er hier für die Überprüfung einzelner Buchtitel empfohlen wird.[1]

---

[1] Vgl. dazu Kapitel 5.1.1, S. 90–98.

5.2.1.3 Amtliche Veröffentlichungen

Die Veröffentlichungen der nationalen wie internationalen Gesetzgeber, der Rechtsprechung und Verwaltung stellen ganz **überwiegend auch Quellen** dar. Bereits veröffentlichte ebenso wie (noch) nicht veröffentlichte Materialien sind – soweit ein elektronischer Zugriff nicht möglich ist – (meist kostenpflichtig) bei den zuständigen Ministerien, Gerichten oder Behörden anzufordern.[1]

Gesetze

Bezüglich der Rechtsprechung ist generell zu beachten, dass regelmäßig nicht alle **Urteile** zur Veröffentlichung freigegeben, d.h. in eine amtliche Rechtsprechungs-Sammlung aufgenommen werden. Ein Teil der Entscheidungen findet sich daher nur in den Fachzeitschriften; darüber hinaus gibt es Spezial-Periodika, die ihrerseits ausschließlich nicht (amtlich) veröffentlichte Gerichtsurteile veröffentlichen.

Urteile

In den meisten Fällen erfolgt der Abdruck eines Gerichtsurteils in den Fachzeitschriften nur in **Auszügen**; die dabei vorangestellten „Leitsätze" sind ebenso wenig amtlich wie die namentlich, oder mit den Initialen des Verfassers, gekennzeichneten, meist am Ende des Urteilstextes abgedruckten Anmerkungen oder Besprechungen. Wegen der diesbezüglich uneinheitlichen Veröffentlichungspraxis ist es wichtig, dass für jedes potenziell benötigte Urteil möglichst alle verfügbaren Nachweise für Parallelfundstellen notiert werden (dazu *Bergmann/Schröder/Sturm*, 2010, S. 86–123).[2]

Kommentare

---

[1] Vgl. dazu Kapitel 4.4, S. 70–72.
[2] Kostenpflichtige Nachweise zur Rechtsprechung der Bundesgerichte: http://www.judicialis.de

> **Beispiele: Gerichtsurteile**
>
> **BGH-Urteil v. 28.11.1988 (II ZR 57/88), BGHZ 106, 54, 63 = DB 42 (1989), S. 165–167 (mit Anm. *Theisen*, S. 311 f.)**
>
> **Das bedeutet**: Urteil des Bundesgerichtshofes, Karlsruhe, verkündet am 28.11.1988, rechtskräftig (d. h. endgültig) in letzter Instanz entschieden, da keine Berufung bzw. Revision möglich, Aktenzeichen: II. Senat/ZR 57 (lfd. Nummer) 88 (Jahr der Klageeinreichung beim BGH), abgedruckt in der Entscheidungssammlung des Bundesgerichtshofes in Zivilsachen, Band Nr. 106, dort ab Seite 54, zitiert wird Seite 63; ebenfalls abgedruckt in der Zeitschrift „Der Betrieb", die 1989 im 42. Jahrgang erschienen ist, dort auf den Seiten 165 bis 167 mit einer Urteilsanmerkung von *Theisen* im selben Jahrgang der Zeitschrift auf den Seiten 311 und 312.
>
> **Hans. OLG Hamburg, Urteil v. 17.12.1982 (11 U 21/82; nicht rkr.), GmbH-Rdsch. 74 (1983), S. 98–102.**
>
> **Das bedeutet**: Urteil des Hanseatischen Oberlandesgerichtes, Hamburg, verkündet am 17.12.1982, nicht rechtskräftig, da Revision zum Bundesgerichtshof, Karlsruhe, eingelegt wurde, Aktenzeichen: 11 U 21/82 (1982 ist das Jahr der Klageeinreichung beim OLG), abgedruckt in der Zeitschrift „GmbH-Rundschau", 74. Jahrgang aus dem Jahr 1983, dort auf den paginierten Seiten 98 bis 102.

Noch nicht veröffentlichte, aber bereits verkündete Urteile können unter ihrem Aktenzeichen – als elektronische oder Papierkopie (ca. 0,50 €/Seite) – bei dem für das Urteil verantwortlichen Gericht angefordert werden; alle veröffentlichungspflichtigen Unterlagen (z. B. Handelsregister-Auszüge, § 9 Abs. 2 HGB) sind bei dem jeweils zuständigen Gericht (hier: Registergericht beim Amtsgericht) zu erhalten.

Amtliche Anfragen

5.2.1.4 Halbamtliche Veröffentlichungen

Als halbamtliche Organe werden die Körperschaften des öffentlichen Rechts und vergleichbare Institutionen wie nationale oder internationale Standardsetter für die Rechnungslegung (z. B. DRS, IFRS) bezeichnet. Ansprechpartner für die Ermittlung von Quellen der unterschiedlichsten Art für wissenschaftliche Arbeiten können u. a. die *Bundesagentur für Arbeit*, Nürnberg, die *Bundesversicherungsanstalt*, Berlin, oder das *Deutsche Rechnungslegungs Standards Committee e. V.*, Berlin, sein.

Regulierer

Aktuelle Meldungen, Features und Berichte dieser Einrichtungen sowie der Radio- und Fernsehanstalten sind meist als **Manuskript** (gegen Kostenerstattung) zu erhalten, wenn sie unter Angabe des (wissenschaftlichen) Arbeitszweckes **schriftlich bzw. elektronisch angefordert** werden (vgl. dazu *Uschtrin/Küspert*, 2010, S. 157 f.). Derartige Anfragen haben erfahrungsgemäß Erfolg, wenn das **Anliegen** exakt formuliert, datiert und **eingegrenzt** wird.

5.2.1.5 Kommerzielle Unterlagen

Praxisinformationen — Die Konzerne, Unternehmungen, Verbände, Kammern, Wirtschaftsvereinigungen und Gewerkschaften stehen bei der Erhebung von Quellenmaterial für viele wissenschaftliche Arbeiten im Vordergrund. Als potenzielles, gedrucktes oder elektronisches **Quellenmaterial** sollen beispielhaft aufgezählt werden:

- Prospekte, Websites und Homepages der Unternehmen
- Jahres- bzw. Quartalsberichte Corporate-Governance Reports, Nachhaltigkeits- und Umweltberichte
- Welt-, Konzern- und Unternehmensabschlüsse (Bilanzen, Gewinn- und Verlustrechnung, Lageberichte)
- Konzern-, Unternehmens-, Betriebs- und Werksstatistiken
- Firmenarchivmaterial
- Unternehmenssatzungen, -geschäftsordnungen und -organigramme bzw. sonstige Pläne und Übersichten
- Gedruckte bzw. elektronische Werks- und Mitarbeiterzeitungen, Konzern- und Unternehmenszeitschriften und -publikationen.

Wirtschaftsdaten — Ein Teil dieser Informationen muss in gesetzlich vorgeschriebener Form (Publizitätsgesetz, Aktiengesetz, Handelsgesetzbuch u. a.) im (elektronischen) Bundesanzeiger und/oder der Wirtschaftspresse veröffentlicht und beim Registergericht eingereicht und kann dort eingesehen bzw. angefordert werden; das entsprechende, alternative (kostenpflichtige) Informationsangebot von elektronischen **Wirtschaftsdatenbanken** ist unübersehbar geworden, eine Internet-Recherche kann für den konkreten Fall „Licht ins Dunkel" bringen.

Presse — Ein mittelbarer Zugang z. B. zu unternehmensspezifischen Unterlagen ergibt sich über die **Wirtschaftspresse**. Berichte über Hauptversammlungen, Road-Shows, Veranstaltungen

5.2 Materialbeschaffung

und Ausstellungen sowie Presse- und Ad-hoc-Mitteilungen nationaler wie internationaler Unternehmungen geben ebenso wie Anzeigen und Public-Relation-Beilagen oft **Anregungen** und wichtige **Informationen**.

Berichte aus der **jeweiligen Fachpresse** sollten, wenn sie auch (zunächst) für die eigene Arbeit nur im weiteren Umfeld Bedeutung zu haben scheinen, von Anfang an in einem **Zeitungsausschnittsordner** bzw. gescannt in einer entsprechenden elektronischen Datei gesammelt werden. Während einige Meldungen inhaltlich schnell durch neuere Informationen überholt sind, können andere zu einem späteren Zeitpunkt z. B. gesuchtes **Zahlenmaterial** bieten. Nicht nur für aktuelle Einleitungen, sondern auch für konkrete Datennachweise kann eine solche Sammlung zur wahren Fundgrube werden.

5.2.2 Sekundärmaterial

Wird eine eigene empirische Untersuchung bzw. statistische Auswertung nicht verlangt, basiert die wissenschaftliche Arbeit regelmäßig (fast ausschließlich) auf Sekundärmaterial: So liegen den meisten literaturbezogenen Arbeiten mehr oder weniger umfassende eigene Auswertungen bereits veröffentlichter Abhandlungen, Analysen und Forschungsberichte zugrunde; um diese zu erlangen, lassen sich grundsätzlich vier verschiedene Wege nutzen.

Informationen aus 2. Hand

5.2.2.1 Ausleihe

Soweit das gesuchte Sekundärmaterial in öffentlichen oder privaten Bibliotheken und Archiven aufgestellt bzw. gelagert ist, müssen die Möglichkeiten und Bedingungen der Einsicht vor Ort (Präsenzbibliothek) sowie der Ausleihe beachtet werden; für Bibliotheksmaterial außerhalb des Arbeitsortes kann die Fernleihe benutzt werden (ca. 1,50 EUR/Fernleiheschein). Unter Berücksichtigung der jeweiligen **Bibliotheksbenutzungsordnung** sind die Anforderungs-(Bestell-)Dauer und **Leihfristen** zu beachten (in der Regel 20 Öffnungstage). Ein unkontrolliertes Bestellen nach der ersten Literaturübersicht ohne jede kritische Bewertung ist ebenso unprofessionell wie die Vernachlässigung der längeren **Laufzeiten** für ortsferne Bestellungen. Rückgabetermine müssen beachtet werden, um nicht von einer Buchrückfor-

Buchleihe

derung überrascht zu werden; ein farbiger Post-it-Zettel auf der entsprechenden Verfasserkarte bzw. ein Fristvermerk in der elektronischen Kartei und/oder ein **Fristenzettel** in allen entliehenen Büchern tut gute Dienste.

Neben den (Spezial-)**Bibliotheken** der wissenschaftlichen Forschungsinstitute, der Parlamente, Behörden, Kammern, berufständischen Organisationen und Verbände sollten auch weitere nationale wie internationale öffentliche Allgemein-, Hochschul- und Spezialbibliotheken genutzt werden.[1]

Bibliotheksverzeichnisse

Handbuch der Bibliotheken Bundesrepublik Deutschland, Österreich, Schweiz, München u.a.: Saur (jährlich; http://www.bibliothek.de)

World Guide to Libraries, 2 vols., München u.a.: DeGruyter/Saur (jährlich)

Gabriel (Gateway to Europe's National Libraries): http://theeuropeanlibrary.org

LibWeb (weltweite Bibliotheksübersicht der University of Berkeley): http://sunsite.berkeley.edu/Libweb/

Vascoda (deutschsprachiges kostenfreies Rechercheportal für Bibliotheken): http://www.vascoda.de/

Virtual Library (englischsprachiges Suchportal): http://vlib.org

WorldCat (weltweiter Bibliotheksbestand): http://www.wordcat.org/

5.2.2.2 Kopie

Die Fotokopie ist **das Arbeitsmittel** im wissenschaftlichen Bereich. In der *Bundesrepublik Deutschland* ist die Vervielfältigung zum privaten und sonstigen eigenen Gebrauch in §53 **Urheberrechtsgesetz** (UrhG) geregelt; Vervielfältigungen eines Aufsatzes, Ausschnittes oder Kapitels zum eigenen wissenschaftlichen Gebrauch sind danach nur bis zu sieben Stück grundsätzlich zulässig (vgl. *Dreier/Schulze*, 2008; *Schricker/Loewenstein*, 2010, §53). Der generellen Vergütungspflicht wird – ebenso wie für Vervielfältigungen im

---
[1] Weitere Nachweise in Kapitel 4.2, S. 62–66.

5.2 Materialbeschaffung

Bibliotheks-, Schul- und Universitätsbereich – durch eine pauschale Geräteabgabe des Betreibers bzw. Käufers des Kopiergerätes (bzw. Bild- oder Tonträgers, Druckers und Scanners) Rechnung getragen;[1] diese Zahlungen verwaltet die *Verwertungsgesellschaft Wort* und verteilt die Einnahmen jährlich an alle bei ihr registrierten Autoren.[2]

Das für die eigene Arbeit **erforderliche Material** sollte – soweit möglich – körperlich oder elektronisch **kopiert werden**; die Zuordnung und Auswertung dieser Unterlagen wird damit erheblich erleichtert. Voraussetzung dafür ist jedoch eine **vollständige**, alle notwendigen Seiten des Textes umfassende **Kopie**. Vom Text getrennt abgedruckte bzw. ausgewiesene **Anmerkungen** sowie das jeweilige **Literaturverzeichnis** müssen ebenfalls kopiert werden, soll die Textkopie nicht wertlos sein; bei technischen oder formalen Texten muss auch das **Abkürzungs-** bzw. **Symbolverzeichnis** vervielfältigt werden. Empfehlenswert bei der Ablichtung von Büchern bzw. Buchauszügen ist es, auch das **Deckblatt**, dessen Rückseite mit der ISBN des Titels und das **Inhaltsverzeichnis** zu kopieren, um später erforderliche Ergänzungen bzw. Nachforschungen zu erleichtern.

Vollständige Kopien

Alle bibliografischen Daten sowie die **Seitenangaben**, soweit diese auf der Kopie nicht erkennbar sind, sollten zusammen mit der **Signatur** des Titels auf die Kopie handschriftlich notiert, anschließend alle Blätter **zusammengeheftet** werden.

Komplette Angaben

Eine Alternative zur Fernleihe eines Buches und der selbst angefertigten Kopie ist die **Fernkopie**; solche Kopien bzw. Auszüge können bei der, den jeweils gesuchten Titel besitzenden Bibliothek angefragt, bestellt und auch online oder über Telefax übermittelt werden.

Darüber hinaus bestehen verschiedene (kostenpflichtige) Möglichkeiten, Zeitschriftenaufsätze u. a. über die angeführten Dokumentationsdienste mit Hilfe standardisierter Bestellscheine als Kopie bzw. im Internet zu bestellen.

---

[1] S. § 53 Abs. 2 Nr. 1 des Gesetzes über Urheberrecht und verwandte Schutzrechte – Urheberrechtsgesetz (UrhG) vom 09.09.1965 (BGBl I, 1273).
[2] Kontaktadresse: *Verwertungsgesellschaft Wort,* Untere Weidenstr. 5, 81543 München, Tel. 0 89/51 41 20, Fax 5 14 12 58, http://www.vgwort.de

> **Dokumentationsdienste**
>
> Literaturdienst und Datenbank *JASON-NRW* der Universitäts- und Stadtbibliothek Köln – Literaturdienst (Journal articles sent on demand), Universitätsstr. 33, 50931 Köln, Tel. 02 21/4 70–45 10; Fax 4 70–50 53; http://www.ub.uni-koeln.de
>
> SUBITO – Geschäftsstelle, Cicerostr. 37, 10709 Berlin, Tel. 0 30/41 74 97–10; Fax 41 74 97–20; E-Mail: info@subito-doc.de; http://www.subito-doc.de
>
> Karlsruher Virtueller Katalog (KVK): 60 Millionen Bücher und Zeitschriften aus Bibliotheks- und Buchhandelskatalogen: http://www.ubka.uni-karlsruhe.de/kvk.html

5.2.2.3 Download

Digitale Kopien Die elektronische Variante der Papierkopie (Hardcopy) ist die zusätzlich ausgedruckte Version digital gespeicherter Informationen. Da diese Daten regelmäßig von einem anderen Netz „heruntergeladen" bzw. kopiert werden, spricht man von **Download-Datei** (vgl. *Boehncke*, 2000, S. 115); spezielle Programme erlauben eine Komprimierung der Dateien zur schnelleren Übertragung, die anschließend wieder „entpackt" werden. Diese Form der Daten- und Informationsgewinnung dient zum einen der möglichst kurzen (kostenpflichtigen) aktiven Nutzung des Internet. Sobald die gewünschten Dateien in dieser Form kopiert und gesichert sind, kann das Netz verlassen und netzunabhängig gearbeitet werden. Zum zweiten erlaubt dieses Herunterladen potenziell nützlicher Dateien die spätere inhaltliche Bearbeitung unabhängig von der Verfügbarkeit eines (erneuten) Netzzugangs.

Den **Chancen** digitaler Speicherung steht aber auch eine **Gefahr** gegenüber: Die sekundenschnelle Möglichkeit, zusätzliches Material zu gewinnen und zu sichern, erfordert eine **Disziplinierung** im Vorfeld der Recherche. Wer sich hier wahl- und kriterienlos des Download bedient, wird möglicherweise erst Speicherkapazitäts-, später aber zusätzlich Verarbeitungs- und letztlich Zeitprobleme bekommen. Andererseits erlaubt diese Technik die digitale Weiterverarbeitung und entsprechende Einbringung elektronisch gespeicherten Materials in die eigene Arbeit („copy and

5.2 Materialbeschaffung

paste"). Dabei sind aber zwingend alle Vorschriften für eine vollständige bibliografische Erfassung, funktionsgerechte Ablage und insbesondere ein ordnungsmäßiges Zitieren und Verarbeiten zu berücksichtigen.

Wegen der systemimmanenten **Flüchtigkeit** des elektronischen Materials, der meist nicht gesicherten Speicherung, der zusätzlichen **Manipulationsmöglichkeiten** sowie der uneingeschränkten Veränderbarkeit der Texte, müssen alle heruntergeladenen Informationen am Ende im Netz auf ihre (noch gegebene) **Existenz** und Identität **überprüft** werden. Hierbei zeigt sich immer wieder, dass selbst bei kurzen Bearbeitungszeiten Internetdokumente verschwinden, einen Adressenwechsel erfahren oder inhaltlich verändert werden.

Unsicheres Internet

Die Internet-Falle

Als ein „Lehrstück über die Fallen moderner Kommunikation" kann eine im September 2008 (erneut) in das elektronische Netz gestellte Nachricht über das Insolvenzverfahren einer amerikanischen Airline zitiert werden: „Das einzig Neue an dem Artikel (war) das Datum, das über dem Text stand. Die Nachricht an sich war bereits sechs Jahre alt" (*Detering*, 2008). Die Suchmaschine *Google* nahm die Meldung auf Platz 1, diese wurde von einer Vielzahl von Websites, Blogs und Newslettern übernommen, der Aktienkurs fiel ins Bodenlose und die Börsenaufsicht musste den Handel aussetzen. Panikverkäufe konnten nicht angefochten werden.

Die **Endkontrolle** aller Internetdokumente, soweit sie Eingang in die Arbeit finden, äußerst **penibel durchgeführt** werden. Werden Dokumente heruntergeladen und zu eigenen kommerziellen (Veröffentlichungs-)Zwecken genutzt, sind – wie bei Hardcopies – die Vorschriften des Urheberrechts zu berücksichtigen. Verstöße gegen diese zwingenden Regelungen werden zu Recht sanktioniert: „Raubkopierern droht Gefängnis" (*Jung-Hüttl*, 1999, S. V2/19), über die juristischen Konsequenzen sollte man sich im Zweifelsfalle Klarheit verschaffen (vgl. dazu *Bröcker/Czchowski/Schäfer*, 2003).

Dokumentenkontrolle

> **Der Fall „Guttenberg" und dessen Bewertung**
> „Angesichts der ihm [dem Kandidaten] von Anfang an bewussten Defizite bei der Benennung der Quellen kann sich die Kommission nicht vorstellen, dass er hinsichtlich aller über die Dissertation verteilten Plagiatsstellen vergessen hat, dass sie noch mit Quellenangaben hätten versehen werden müssen. Schon Studierenden ist bekannt, dass auch bei Exzerpten Hinweise auf Autoren und Fundstellen zu den Selbstverständlichkeiten wissenschaftlichen Arbeitens gehören" (*Kommission „Selbstkontrolle in der Wissenschaft" der Universität Bayreuth*, 2011, S. 25).

5.2.2.4 Erwerb

Ich hoffe, dass der Ihnen vorliegende Text keine Papier- oder „geraubte" elektronische Kopie ist, denn schon der Mustercharakter dieses Buches als Arbeitsmittel sollte für den Erwerb eines **eigenen Exemplars** sprechen. Die Entscheidung über den Erwerb eines Buches aber ist nicht nur auf den Kostenvergleich (verkleinerte Kopie/Kaufpreis) zu stützen. Der **Nutzen** des eigenen Exemplars eines für das Studium wichtigen Titels, insbesondere bei nachhaltiger oder häufiger Verwendung im Rahmen einer wissenschaftlichen Arbeit, liegt u. a. in der besseren Handlichkeit und **Verfügbarkeit**, der **Platzersparnis** und den umfassenderen **Auswertungsmöglichkeiten**.

Der Kauf eines Buches führt erfahrungsgemäß zu einem **gründlichen Studium** eines Textes, denn die Ausgaben dafür müssen gerechtfertigt werden. Auch das – verständlich, weil kostengünstigere – auszugsweise Kopieren einzelner Aufsätze bzw. der elektronische Download erspart und verhindert gleichzeitig die Kenntnisnahme nicht unmittelbar zum jeweiligen (Kopier-)Zeitpunkt interessierender Themen und Ausführungen; es erlaubt zudem keinerlei **Einblick** in den Fachzusammenhang sowie die in Spezialzeitschriften regelmäßig dokumentierte **wissenschaftliche Entwicklung**.

5.2 Materialbeschaffung

Checkliste: Materialauswahl	
Frage	**Hilfe**
Wann ist der richtige Zeitpunkt, um mit der Materialbeschaffung zu beginnen?	S. 89 f.
Kenne ich die Kriterien, um die wichtigen Bücher und Aufsätze zu identifizieren?	S. 90–98
Kenne ich Lesetechniken für den ersten, schnellen Literaturüberblick?	S. 89 f.
Weiß ich, was wichtige von wertlosen Aufsätzen unterscheidet?	S. 97 f.
Kenne ich Kriterien zur Beurteilung von Internetdokumenten?	S. 97 f.
Habe ich passende Literaturverzeichnisse über die Maßen „ausgeschlachtet"?	S. 96, 101–103
Folge ich zu unkritisch der „herrschenden Meinung"?	S. 102 f.
Kann ich Quellen- von Sekundärmaterial unterscheiden?	S. 104 f., 109
Kopiere ich richtig, mit allen Angaben, die ich später brauche?	S. 110–112
Gerate ich in Gefahr, mehr Kopien und Downloads zu beschaffen, als ich verarbeiten kann?	S. 110–114

6 Materialauswertung

Schwerpunkte jeder wissenschaftlichen Arbeit sind die beiden Arbeitsphasen Materialauswertung und Manuskripterstellung. Ein Blick auf den für eine Bachelorarbeit aufgestellten Arbeitsplan zeigt, dass für diese zwei sich zeitlich zum Teil überlagernden Prozesse über 75 % der gesamten verfügbaren Bearbeitungszeit vorgesehen werden sollten.

Lesen und schreiben

Das recherchierte und bewertete Material kann grundsätzlich alphabetisch, chronologisch oder **systematisch ausgewertet** werden; dem systematischen Verfahren ist dabei der Vorzug zu geben. Eine frühzeitig konzipierte (vorläufige) **Arbeitsgliederung** oder zumindest eine differenzierende **Disposition** liefern hierzu ein **Grundgerüst**.

6.1 Gliederung

In jeder guten wissenschaftlichen Arbeit sollten die **zentralen Gedanken** des Verfassers sich wie ein **roter Faden** durch den gesamten Text ziehen. Um die erforderliche Geschlossenheit und durchgehende **Themabezogenheit eines Textes** zu erreichen, muss vom ersten Tag an versucht werden, den eigenen Gedankenfluss einem Ordnungs- und **Gliederungskonzept** zuzuführen bzw. unterzuordnen. Die einzelnen Gliederungspunkte können dann gleichzeitig für die Anlage der elektronischen Arbeitsdateien und die Sammlung bzw. Ablage der Einzelmaterialien und -ergebnisse genutzt werden.

Themenbezug

> **Die Geschichte vom „Roten Faden"**
>
> Bei der königlichen Flotte wurden sämtliche Tauwerke, vom stärksten bis zum schwächsten, so gesponnen, dass ein roter Faden durchging, den man nicht herauswinden konnte, ohne alles aufzulösen; damit war auch noch an den kleinsten Stücken zu erkennen, dass sie der britischen Krone gehörten bzw. dieser entwendet worden waren (vgl. *Goethe* zit. nach *Sachsen*, 1892, S. 212).

Das schrittweise Erschließen wissenschaftlicher Materialien steht mit dem jeweiligen Erkenntnisstand des Bearbeiters in enger Wechselwirkung. Während in den ersten Tagen der

Besser zu viel gliedern

Stoffsammlung nur einige wenige Schlagworte oder Kategorien zu Grunde gelegt werden können, differenziert und wandelt sich eine solche Einteilung nahezu mit jedem weiteren Tag des **dynamischen Arbeitsprozesses**. Für die ersten Arbeitsgliederungen gilt, dass der „Lust am systematischen Untergliedern" (*Poenicke*, 1988, S. 39) kein Einhalt geboten werden sollte; eine Gewichtung sowie die (gegebenenfalls erforderliche) Zusammenfassung einzelner Unterpunkte kann der **Überarbeitungsphase** vorbehalten bleiben. Je **differenzierter** die ursprüngliche, Schritt für Schritt entwickelte (vorläufige) **Gliederung** ist, desto einfacher ist später die Manuskripterstellung: Jeder Punkt umfasst dann nur mehr einige wenige Gedanken und Probleme, eine erste **Formulierung** findet sich hierfür immer **leichter** als für umfassende und komplexe Fragestellungen.

Der Gliederungsprozess sollte zeitlich weitgehend parallel mit der Materialauswahl ablaufen. Die in dieser Arbeitsphase sehr intensive, tägliche Auseinandersetzung mit dem Aufbau und Inhalt der ausgewählten Literatur liefert gleichzeitig Rohstoff für eigene Gliederungsversuche und -entwürfe. Möglichst frühzeitig sollte dabei auch schon ein gewisses **formales Gliederungsschema** zu Grunde gelegt werden. Dieses Vorgehen zwingt zu einer laufenden **Gewichtung** der herausgearbeiteten Probleme. Zudem wird durch eine solche formale – aber flexibel zu handhabende – Zuordnung von Anfang an das eigene **Arbeiten** stärker **strukturiert**. Als Gliederungsform findet fast ausschließlich die **nummerische Ordnung**, die den meisten Textprogrammen unterlegt ist, Anwendung; die **alpha-nummerische** (gemischte) **Ordnung** ist die klassische Alternative.

6.1.1 Nummerische Ordnung

Wer A sagt, muss auch B sagen

Nach der **nummerischen Ordnung**, nach der auch diese Anleitung gegliedert ist, werden die Hauptabschnitte eines Textes, mit Eins beginnend, fortlaufend **nummeriert**;[1] jede nachgeordnete Stufe beginnt erneut mit der Ziffer Eins. Nach jeder Zahl muss ein Punkt stehen, der Schlusspunkt aber entfällt. **Gliederungs-** (**unter-**)**punkte** dürfen **niemals**

---

[1] Soweit die Zahl 0 verwendet wird, muss sie systematisch auch in den weiteren Abstufungen berücksichtigt werden, indem jeweils zu Beginn einer Stufe eine Null nachgestellt wird.

allein stehen, sie müssen mindestens zwei Einheiten umfassen; wo nicht unterteilt werden muss (oder kann), bedarf es keines (einzelnen) eigenständigen Gliederungspunktes. Der Ausweis einer nummerischen Ordnung kann entweder nach dem **Linienprinzip** oder dem **Abstufungsprinzip** aufgebaut sein. Die nummerische Gliederung dieses Buches ist nach dem Linienprinzip erstellt.

Nummerische abgestufte Gliederung
1 Gebrauchsanweisung
2 Der wissenschaftliche Arbeitsprozess
   2.1 Planung
      2.1.1 Projektplanung
      2.1.2 Kostenplanung
      2.1.3 Steuerplanung
      2.1.4 Zeit- und Terminplanung
      2.1.5 Beispiel: Arbeitsplanung
   2.2 Vorarbeiten
      2.2.1 Arbeitsplatz
         2.2.1.1 Bibliothek
         2.2.1.2 Seminarraum/PC-Labor
         2.2.1.3 Wohnung
      2.2.2 Arbeitsmittel

Das **nummerischen Gliederungssystem** birgt ein **Risiko**: Nach drei bis vier Ordnungszahlen wird die Textaufteilung oftmals bereits **unübersichtlich**; eine tiefere Gliederung führt zu einem Zahlenfriedhof, der eine Orientierung nicht erleichtert. Von einer Gruppenbildung mit jeweils abgeschlossener Zählung (z. B. Buchteile oder Kapitel) ist abzuraten, da dabei zwangsläufig gleiche Zahlenreihen mehrfach verwendet werden, die – ohne Zusätze – einem Buchteil nicht mehr eindeutig zugeordnet werden können.

6.1.2 Alpha-nummerische Ordnung

Bei der traditionellen alpha-nummerischen, gemischten Ordnung werden **wechselnde Symbole** aus verschiedenen Schriften und Zahlen verwendet; der Wechsel erlaubt optisch eine leichtere **Differenzierung** und Orientierung; auch diese Gliederungssystematik findet entweder nach dem Linienprinzip oder dem alternativen Abstufungsprinzip Verwendung. Die zunehmende Digitalisierung aber hat dieses Ordnungssystem zunehmend zugunsten der ausschließlich nummerischen Gliederung verdrängt.

Alpha-nummerische abgestufte Gliederung

A. Lateinische Großbuchstaben
   I. Römische Zahlen
      1. Arabische Zahlen
         a. Lateinische Kleinbuchstaben
         b. – – –
            α. Griechische Kleinbuchstaben
            β. – – –
      2. – – –
   II. – – –
B. – – –

In beiden Ordnungssystemen werden die im Text bzw. den Fußnoten erforderlichen **Querverweise** gleichermaßen nach der Ordnungsziffer und der jeweiligen **Seitenzahl** vorgenommen, die zusammen einen exakten **Nachweis** zulassen.

Konsequent gliedern — Die Auffassungen bezüglich des für wissenschaftliche Arbeiten optimalen Ordnungssystems sind geteilt: In jedem Fall sollten daher diesbezüglich zwingende Vorgaben eines Prüfers oder einer Prüfungsordnung beachtet werden. Bei selbstgewählten Alternativen ist auf die **Eindeutigkeit** der Bezeichnungen und eine konsequente **Systematik** zu achten; dabei sollten missverständliche, weil z. B. mit Textausführungen verwechselbare Symbole – wie §-Zeichen – vermieden werden.

Inhalte beachten — Unabhängig von dem gewählten Gliederungssystem sollte das (Zwischen-)Ergebnis im Verlauf einer Texterstellung immer wieder kritisch danach hinterfragt werden, ob mit dem **Gliederungsansatz** das angestrebte **Ergebnis** möglichst klar dargestellt und aufbereitet wird: Werden **gleichgeordnete Gedanken** auch in gleichgeordnete Kapitel aufgenommen, werden die Hauptpunkte auch in vergleichbaren Gliederungsebenen ausgewiesen und werden die einzelnen Kapitel ungefähr gleich tief gegliedert oder ergeben sich „Klumpen"?

Häufig dokumentiert eine zu tiefe Gliederung die Unfähigkeit (oder Unwilligkeit) des Verfassers, Gleichordnungen zu erkennen und nur die jeweils damit verbundenen Spezialprobleme Unterpunkten zuzuordnen. Zudem kann jeder Text – unabhängig von dessen Länge – durch **optische** bzw. **drucktechnische** Mittel weiter strukturiert und damit auch inhaltlich gegliedert werden:

- **Absätze**, die sinnvolle Leseeinheiten thematisch gegeneinander abgrenzen
- **Einzüge**, die – gegebenenfalls mit einfachem Zeilenabstand geschrieben – wichtige Passagen hervorheben oder aus dem Text herausstellen
- **Spiegelstriche**, Bullet Points oder andere Symbole, die eine Aufzählung oder Zusammenfassung verdeutlichen.

6.2 Dateien

Für die allermeisten Studierenden sind elektronische Dateien ein **unverzichtbares Arbeitsmittel**: Gebundene Hefte oder Ringbücher mit fliegenden Blättern sind ungeeignet, die traditionellen Papier-Karteikarten nicht mehr zeitgemäß. Sobald eine Seminararbeit ansteht, spätestens aber bei der Bachelor- bzw. Masterarbeit, sollte die Arbeit mit elektronischen Dateien und einer entsprechenden Datenverwaltung aufgenommen und die eigene Organisation damit erleichtert werden.

Die **technischen** Einzelheiten bei der Wahl dieses Arbeitsmittels sind aber auch eine Frage des persönlichen Geschmacks. Einige wichtige Punkte sollten beachtet werden, um große Zeit- und/oder Geldopfer auszuschließen. Meistens sind zwei bis drei getrennte Dateien erforderlich, aber zugleich auch ausreichend (vgl. *Stickel-Wolf/Wolf*, 2011, S. 163–167).

6 Materialauswertung

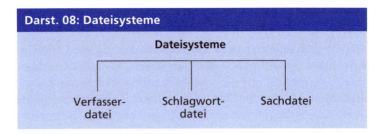

Darst. 08: Dateisysteme

6.2.1 Verfasserdatei

Sorgfältig bibliografieren — Jeder Titel, der einem bei der Materialsuche in elektronischer Form „erscheint", im wahrsten Sinne des Wortes „in die Hände fällt" oder „auf den Tisch kommt", **muss sofort vollständig bibliografisch** erfasst werden. Flüche über fehlende Titelnachweise oder einzelne bibliografische Angaben wegen einer (zu) flüchtigen PC-Erfassung oder Recherche gehören dann nicht zu den eigenen Erfahrungen.

> **Expertentipp**
>
> „Es gibt kaum eine nervtötendere [!] Tätigkeit, als mit einer fertigen Arbeit ... verzweifelt ... (die) zitierten Literaturstellen (zu) suchen" (*Schimmel/Weinert/Basak*, 2011, S. 51).

Systematisch erfassen — Steht von Beginn an fest, dass für eine konkrete Bearbeitung eines Themas nur **wenige Titel** herangezogen werden müssen (oder können), so ist die Anlage einer **Literaturliste**, z. B. als EXCEL-Tabelle, ausreichend. Für umfangreichere Arbeiten empfiehlt sich die Anlage einer (oder mehrerer) elektronisch erfasster und verwalteter Dateien. Entsprechende Dateien können, zunächst z. B. nur für ein Seminar angelegt, nicht selten bei der Anfertigung der Bachelor- bzw. Magisterarbeit, in jedem Fall aber bei Prüfungsvorbereitungen mit Gewinn wieder genutzt werden.

Digital verwalten — Weitere **Vorzüge** einer PC-Dateianlage sind die **alphabetische Ordnung** und die gleichzeitige Funktion als **Literaturverzeichnis** bei der Anfertigung des Typoskripts. Bei der Literaturrecherche in Bibliotheken kann mit Hilfe eines Laptop oder Tablet-PC vor Ort bibliografiert werden.

Zur Unterscheidung erfasster Materialien können mit entsprechenden Schlagworten gekennzeichnete Unterdateien

6.2 Dateien

angelegt werden. So kann z. B. eine **Differenzierung** zwischen Quellen und Sekundärmaterial vorgenommen werden; soweit möglich – und erforderlich – könnte alternativ auch z. B. zwischen Verfassern aus der Unternehmenspraxis und solchen aus dem Hochschul- bzw. Verwaltungsbereich unterschieden werden. Eine getrennte Erfassung von Monografien, Aufsätzen, Sammelwerken und Dissertationen kann sich wegen unterschiedlich ausgestalteter Erfassungsmasken empfehlen. Für die spätere Auswertung ist sie nicht erforderlich, eine entsprechende Unterteilung im Literaturverzeichnis sogar **unzulässig**, soweit im Text nicht (ausnahmsweise) mit Vollbelegnachweisen gearbeitet wird.

Literaturgattungen

Für jeden ermittelten **Titel** muss ein **eigenes** Verfasserdateiblatt angelegt werden, die **zwingend alle** in den folgenden Mustern (S. 126 f.) **fett gedruckten Daten** enthält; soweit einige oder alle der darüber hinaus angeführten Angaben ermittelt werden können, sollten auch diese **vollständig** auf dem Verfasserdateiblatt erfasst werden.

Auslassungen, z. B. einiger Verlagsorte, da diese dem Bearbeiter bekannt sind, oder der ausgeschriebenen Vornamen eines (zunächst mehrfach) recherchierten Verfassers, sind **unbedingt** zu **vermeiden**; sie sind der Anfang einer unvollständigen Datei, die gegebenenfalls später unter erheblichem – und vermeidbarem – Zeitaufwand erst zu einem brauchbaren Literaturverzeichnis ergänzt werden muss.[1] Soweit nicht sofort alle Daten vollständig gewonnen werden können, Ergänzungen also mit Hilfe weiterer Bibliografien – oder besser: des Originaltextes – vorgenommen werden müssen, sollten die **Lücken** in dem elektronischen Dateiblatt nach Möglichkeit farbig gekennzeichnet werden: Nur so kann der **Gefahr** vorgebeugt werden, dass fehlende Angaben erst bei der Erstellung des Literaturverzeichnisses (wieder) entdeckt werden.

Für alle Beiträge in **Sammelwerken**, **Festschriften** und **Aufsatzsammlungen** müssen **zwei Verfasserdateiblätter** angelegt werden, die immer **zeitgleich angelegt** werden sollten: ein Dateiblatt unter dem Namen des oder der Herausgeber(s) bzw. des Autorenteams des gesamten Werkes, und ein zwei-

Doppelte Erfassung

---

[1] Eine elektronische Ergänzung von lückenhaften Literaturangaben bieten Bibliografie-Tools; kostenpflichtige Informationen http://www.adeptscience.de/bibliographie

tes unter dem Namen des oder der Verfasser(s) des konkret bibliografierten **Aufsatzes** oder Beitrags. Diese zweifache Erfassung ist auch dann erforderlich, wenn zwischen Herausgeber und Verfasser ganz oder teilweise Identität besteht, ein einzelner Beitrag also z. B. von einem der Herausgeber verfasst worden ist.

Häufig „vergessen" wird die Anlage von Verfasserdateiblättern für solche Titel, die als **Fundstelle für Sekundärzitate** genannt und damit in der eigenen Arbeit nur indirekt verwendet werden. Einzelne Verfasserdateiblätter müssen zudem auch für alle die Titel angelegt werden, die zwar nicht im Text, aber als Quelle für einführende Zitate oder das ausgewählte Motto herangezogen werden.[1]

Alle Titel erfassen

Eine Verfasserdatei kann niemals zu viele Titel umfassen, denn sie ist das Rückgrat jeder wissenschaftlichen Arbeit und kann – ordentlich angelegt – das Gedächtnis wesentlich entlasten. Auch wenn nur ein Bruchteil – erfahrungsgemäß zwischen 30 und 50 % – der aufgenommenen Titel in der eigenen Arbeit verwendet wird, entsprechend zitiert werden muss und damit in das Literaturverzeichnis Eingang findet, hat eine umfangreiche Verfasserdatei ihre Aufgabe niemals verfehlt.

Zeitintensive Verwaltung

Die Kaufsoftware zur Dateianlage – ebenso wie die auch hierzu erhältliche Freeware – , insbesondere solche zur automatisierten **Literaturverwaltung** wie *EndNote* oder *Citavi*, sind sehr unterschiedlich, ein konkretes Software-Programm vorzustellen, verbietet sich: Das Software-Angebot ist schwer zu überschauen, von sehr unterschiedlicher **Qualität** und Struktur. Empfehlungen können schon veraltet sein, wenn diese gedruckt werden (vgl. *Weber*, 2010, S. 74–82).

Und bedenken Sie, dass die meisten Literaturverwaltungsprogramme sehr schwerfällig zu bedienen sind: Brauchen Sie diese Technik wirklich? Dann müssen Sie diese aber auch konsequent und ausnahmslos einsetzen (vgl. *Sesink*, 2012, S. 188 f.).

---

[1] Der aufmerksame Leser wird die Literaturangabe zum W. Busch-Zitat als Motto *meiner* Anleitung (S. 19) vermissen – ich konnte einen Zitatnachweis bisher, auch mit elektronischer Unterstützung, nicht finden.

6.2 Dateien

Checkliste: Literaturverwaltungsprogramme
- Vertriebsform, Demo- und Freeversion, Erweiterungsmöglichkeiten, Sprache
- Kaufpreis, Kosten für Programmpflege
- PC-Systemvoraussetzungen (Hardware, Betriebssystem, Softwareinterdependenzen)
- Programmfunktionen (Verwaltungs-, Zusatzfunktionen)
- Programmschnittstellen (Importformate, internetbasierte Datenbankabfrage, Exportformate, Formatvorlagen)
- Struktur und Formate der Eingabemasken, Datensicherung
- Rechtschreibkontrolle, strukturelle Eingabehilfen
- Struktur und Formate der Suchmasken
- Programmhilfe, Herstellersupport
- Menüstruktur, Informationsdarstellung, Dateneingabe (*Stickel-Wolf/Wolf*, 2011, S. 168 f.)

Die konkrete Arbeit mit einer elektronischen Kartei unterscheidet sich kaum von der mit einer Papier-Kartei: Die angewendete Exaktheit und Genauigkeit bei der Aufnahme der Daten und Anmerkungen tragen erst Früchte, wenn die erforderlichen Verzeichnisse erstellt werden.

Genau erfassen

Nachfolgend werden alle wichtigen Angaben aufgezeigt, die in jedem Fall Eingang in das verwendete Dateiformular finden sollen bzw. müssen. Die konkrete Ausgestaltung und grafische Aufbereitung ist unerheblich, größte Aufmerksamkeit aber ist der Vollständigkeit und Vergleichbarkeit der erfassten Daten zu widmen. Zusätzlich ist darauf zu achten, dass der Ausgabestil des ausgewählten Literaturverwaltungsprogramms mit der in der eigenen Arbeit (einheitlich) verwendeten Zitiertechnik übereinstimmt (vgl. *Neville*, 2010).

In zusätzliche Anmerkungsfelder im PC-Formular bzw. einer entsprechenden Eingabemaske können Vermerke über das Werk bzw. die Zitatstelle, bei der der Titel gefunden wurde, oder eine erste Kurzbewertung notiert werden; ergänzend können auch Buchbesprechungen zum erfassten Titel mit Fundstelle festgehalten werden.

Kommentare ergänzen

6 Materialauswertung

Verfasserdatenblatt: Bücher

Name, Vorname(n)
Titel
(Originaltitel bei übersetzten Werken)
hrsg. von Vorname(n) Name
(Bearbeiter, Übersetzer)
Band, **Auflage** (ggf. Jahr der ersten Auflage)
Verlagsort(e): Verlagsname(n), **Erscheinungsjahr**
ISBN-Angabe
alle **Standorte**/alle **Signaturen**

Verfasserdatenblatt: Sammelwerke

Name, Vorname/Name, Vorname/Name, Vorname Hrsg.)
Titel
(Originaltitel bei übersetzten Werken)
(Bearbeiter, Übersetzer)
Band, **Auflage** (ggf. Jahr der ersten Auflage)
Verlagsort(e): Verlagsname(n), **Erscheinungsjahr** (Seitenzahl)
ISBN-Angabe
alle **Standorte**/alle **Signaturen**

und zusätzlich getrennt zu erfassen:

Verfasserdatenblatt: Aufsatz in Sammelwerk

Name, Vorname(n)
Titel des Beitrags bzw. Aufsatzes
in: *Vorname Name, Vorname Name und Vorname Name* (Hrsg.):
Titel des Herausgeberwerkes
Band, **Auflage** (Jahr der ersten Auflage)
Verlagsort(e): Verlagsname(n), **Erscheinungsjahr**
erste und letzte Seite
alle **Standorte**/alle **Signaturen** des Sammelwerkes

Verfasserdatenblatt: Zeitschriftenaufsatz
Name, Vorname(n)
Titel
in: Zeitschriftenname
hrsg. von Vorname Name
Jahrgang (Jahr), Band/Heft vom (Datum), Nummer
erste und letzte Seite/Spalte
ISSN-Angabe
alle **Standorte**/alle **Signaturen** des Zeitschriftenbandes

Legende: **Fettdruck: Pflichtangaben**
           Standarddruck: Ergänzende Angaben

Bei der **Aufnahme** und Erfassung jeden **Titels** ist zu beachten:

- **Akademische Titel** oder **Berufsbezeichnungen** werden nicht aufgenommen. **Adelsprädikate** stehen regelmäßig hinter dem Vornamen (*Werder, Axel von,* aber: *Busse von Colbe, Walther*), eine Ausnahme bilden länderspezifische Eigenheiten (z. B. *Le Coutre, W.; Miller jr., C.*), bei denen der Titel bzw. sonstige Anfügungen (Präfixe) Bestandteil des Nachnamens sind (z. B. *Van Hulle, Karel* (niederländisch). In die „Adelfalle" tappen gelegentlich auch Kollegen, die (zu sehr) auf die automatische Sortierung vertrauen und alle Freiherren und Barone dann gemeinsam unter dem Buchstaben „V" ausgewiesen bekommen (vgl. *Kornmeier,* 2010, S. 312).

- **Doppelnamen** sind unter dem ersten Nachnamen einzuordnen, im Zeitablauf veränderte Namen desselben Verfassers sind alphabetisch getrennt auszuweisen (z. B. *Keuk, Brigitte,* nach Heirat: *Knobbe-Keuk, Brigitte*); Querverweise sind hilfreich (*Keuk, B.* siehe auch *Knobbe-Keuk, B.*).

- Nach internationalem Standard müssen bis zu drei Verfasser- oder Herausgebernamen, Verlagsorte bzw. -namen angegeben werden. Mehr als **drei Autoren** (einschließlich Mitarbeiter), Herausgeber, Verlagsorte oder -namen werden weder aufgenommen noch ausgewiesen; in diesen Fällen ist nur die jeweils erstgenannte Angabe zu bibliografieren und mit dem deutschen Zusatz „u. a." bzw. „et al." (= und andere bzw. et alii (lat.)) zu versehen.

- Die Erfassung der **Auflage** erfolgt nur, sobald mehr als eine Auflage erschienen ist, wobei grundsätzlich die aktuelle Auflage bibliografiert werden sollte; die zusätzliche Angabe der ersten Auflage (in Klammern) kann im Einzelfall von Interesse sein. In jedem Fall aber muss in der eigenen Arbeit die Auflage angegeben werden, aus welcher der zitierte Beitrag entnommen wurde. Werden mehrere, z. B. verschieden umfangreiche Auflagen verwendet, so müssen diese einzeln erfasst werden und jeweils auch den korrekten Zusatz tragen (völlig neu bearb., erw. u. a.).
- Die Aufnahme und der Ausweis des **Verlagsnamens** in bibliographischen Angaben haben sich in wissenschaftlichen Schriften im deutschsprachigen – anders als im angelsächsischen – Bereich nicht durchgesetzt. Seine Aufnahme wird (ergänzend) empfohlen.
- Alle Angaben für die bibliografische Aufnahme sind dem **Titelblatt** – nicht dem Deckblatt oder Buchrücken! – zu entnehmen. Ergänzend sollten die bibliografischen Angaben der *Deutschen Nationalbibliografie* herangezogen werden (http://www.d-nb.de); ergeben sich dabei Abweichungen, sind ausnahmslos die bibliothekarischen Informationen maßgeblich. Es ist darauf zu achten, dass nicht der Verkaufstitel, Druck- statt Verlagsorte, oder Vertriebsadressen statt Verlagsnamen bibliografiert werden.

- Die Angabe der **ISBN** (International Standard Book Number) bzw. der **ISSN** (International Series Standard Number) ist zu empfehlen, da in den weltweiten Netzwerken mit ihnen Titel recherchiert und nachgewiesen werden können. Für elektronische Publikationen im Internet garantiert der URL (Uniform Resource Locator) den Zugriff, solange der Speicherort unverändert bleibt. Eine spezifische Dokument-Identifikation erlaubt die **DOI-Nummer** (Digital Objekt Identifier). Der konkreten DOI-Nummer wird der Zusatz: http://dx.doi.org/ vorangestellt (vgl. *Balzert u. a.*, 2008, S. 124 f., 131 f.). Die zehnstellige ISBN gibt über die Ländergruppe (1. Ziffer), den Verlag (2. Ziffergruppe) und den Buchtitel einschließlich Auflage und Ausstattung (3. Ziffergruppe) Auskunft. Die ISSN setzt sich aus zwei je vierstelligen Ziffergruppen zusammen und dient der Identifikation des jeweiligen Publikationsorgans.

- Bei Aufsätzen und Beiträgen aus Sammelwerken muss die **erste und letzte Seite** angegeben werden. Bei Büchern erfolgen Seitenangaben der zitierten Stellen nur in den jeweiligen Fußnoten, nicht im Literaturverzeichnis.
- Nur die allgemeinen Ausdrücke (S., Aufl., Hrsg., Zeit- und Ortsangaben u. a.) erscheinen in der **Sprache der Veröffentlichung**, bei weniger bekannten Sprachen wird der Originaltitel in runden Klammern dem übersetzten Titel hinzugefügt.

Um Verwechslungen sowie wiederholtes Nachsuchen zu verhindern, ist von allen **Abkürzungen**, insbesondere aber der Abkürzung des oder der **Vornamen**, **abzuraten**. Soweit die erforderlichen Daten und Angaben für die bibliografische Erfassung nicht unmittelbar aus dem Titelblatt bzw. den Angaben der *Deutschen Nationalbibliografie* gewonnen bzw. automatisch übernommen werden können, sind notwendige ergänzende Angaben – je nach Fundstelle differenziert – als solche bereits in dem Verfasserdateiblatt zu **kennzeichnen**.

Gefährliche Abkürzungen

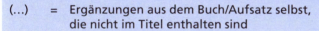

Einheitliche Zusätze als „Lückenfüller"		
(…)	=	Ergänzungen aus dem Buch/Aufsatz selbst, die nicht im Titel enthalten sind
[…]	=	Ergänzungen aus anderen Quellen
< … >	=	Teile, die im Titel selbst in runden Klammern stehen.

Die Möglichkeiten, einen **Titel** für die alphabetische Aufnahme mit diesen Hilfen zu **ergänzen**, werden häufig nicht genutzt. So können Festschriften oder Sammelwerke ohne Herausgeber- bzw. Autorenangabe im Titel unter dem Namen des Jubilars oder des – z. B. aus dem Vorwort erkenntlichen – Herausgebers, deren Name dann jeweils in (…) zu setzen wäre, eingeordnet bzw. erfasst werden.

Ergänzungen

Bei Zeitschriftenartikeln, die nur mit den **Initialen** des Verfassers gekennzeichnet sind, lässt sich der volle Name meist aus dem Impressum der Zeitschrift oder vollständig gezeichneten Artikeln des gleichen Verfassers entnehmen; entsprechende Ergänzungen wären dann ebenfalls in (…) zu setzen (z. B. *K(arl)-H(einz) B(üschemann)*).

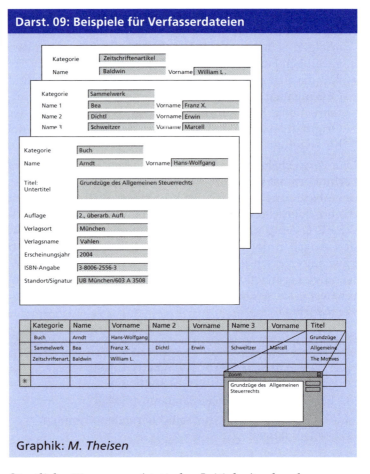

Darst. 09: Beispiele für Verfasserdateien

Graphik: *M. Theisen*

Sämtliche **Vornamen** (statt der Initialen) oder der ausgeschriebene Nachname eines Autors lassen sich hilfsweise auch in weiteren Titeln des gleichen Autors – auf die z. B. in den Fußnotentexten verwiesen wird – oder im Internet ermitteln; diese Angaben sind dann – als Ergänzung aus anderen Quellen – in […] zu setzen.

Soweit **Institutionen**, Unternehmungen, Behörden, Verbände u. a. benannt werden, sind diese als Verfasser bzw. Herausgeber zu erfassen und alphabetisch einzuordnen; Quellenmaterial ist regelmäßig in einem gesonderten Verzeichnis zu führen.

Schriften **ohne Verfasserangabe** (Titel ohne Verfasser gibt es nicht) werden nach der bibliothekarischen Ordnung –

entsprechend dem Fall von mehr als drei Autoren – als „Anonyma" unter dem Sachtitel eingeordnet. In einer alphabetisch angelegten Verfasserdatei sind diese Titel unter ‚o. V.' bzw. ‚ohne Verfasserangabe' einzuordnen.

Soweit **fehlende Orts- oder Jahresangaben** nicht ergänzt werden können, muss dies angegeben werden (o. J. = ohne Jahr bzw. o. O. = ohne Ort). Wird hilfsweise der Druckort angegeben, ist darauf hinzuweisen (z. B. Frankfurt [Druckort] : Societätsdruckerei, 1999). Digital abgerufene Titel („Books on Demand") sind unter dem (ausgewiesenen) Erscheinungsjahr oder dem Abrufdatum zu erfassen.

Vollständige Angaben

Bei **Faksimile-Drucken** bzw. fotomechanischen Nachdrucken älterer Literatur fügt man die Angabe über den Nachdruck den bibliografischen Daten des Originals in eckigen Klammern an (z. B. *Gottfried Christian Bohns* wohlerfahrener Kaufmann, 5. Aufl., Hamburg: Bohn, 1889 [gekürzter Nachdruck, Wiesbaden: Gabler, 1977]).

Als **graue Literatur** werden alle Schriften bezeichnet, die vor Veröffentlichung bzw. Drucklegung (Preprints) oder überhaupt nur in vervielfältigter Form dem Verfasser einer wissenschaftlichen Arbeit bekannt bzw. zur Verfügung gestellt werden (vgl. *Niederhauser*, 2011, S. 8; *Balzert u. a.*, 2008, S. 137 f.). Soweit es sich um zitierfähiges Material handelt, ist ein **Hinweis** – ebenfalls in eckigen Klammern – der insoweit unvollständigen bibliographischen Angabe zuzufügen (z. B. [im Druck], [erscheint Heft 3/2014] oder [vervielf.]).

Unter Einsatz farblich bzw. formenmäßig unterschiedlicher digitaler Kennungen kann ein individuelles **Markierungssystem** entwickelt werden. So können sowohl **inhaltliche** als auch **technisch-organisatorische** (formale) Vermerke bzw. Differenzierungen vorgenommen werden. In jeder elektronischen Datei sind solche Kennzeichnungen und Zuordnungen zu empfehlen und hilfreich.

Markierungen nutzen

Inhaltlich können die Dateiblätter einer Verfasserdatei z. B. nach Hauptpunkten der (vorläufigen) Gliederung markiert werden, soweit nicht zahlreiche Überschneidungen zu viele Querverweise erfordern. Zur Überprüfung der Geschlossenheit und Vollständigkeit einer Schlagwortdatei können dann abschließend die kapitel- oder abschnittsspezifischen Verfasser aufgerufen und nochmals kritisch überprüft werden.

Persönliche Vermerke und ihre Bedeutung
- nur bibliografiert, noch zu lesen
- nur angelesen, vertiefte Lektüre und Auswertung noch erforderlich
- zur Zeit nicht am Standort bzw. im Netz, nachfassen
- Leihfristen bzw. Fristablauf beachten
- bei Bibliothek oder Fernleihe bestellt, Termin kontrollieren
- nur bibliografiert, Standort und/oder einzelne Daten fehlen

Hinweissysteme Werden **mehrere** thematische und/oder technische **Vermerke** bzw. Kennungen gleichzeitig verwendet, sind diese einheitlich und konsequent einzusetzen sowie zentral festzuhalten. Die Arbeit mit entsprechenden Vermerken bzw. elektronischen Aufrufen verhindert z. B. das Verlängern von Fristen verschiedener ausgeliehener Bücher innerhalb weniger Tage; zudem motiviert deren Abbau – d. h. die Erledigung entsprechender Aufgaben – zum Weiterarbeiten.

Symbole **Farbige Markierungen** oder **Symbole** auf Dateiblättern können aber auch die Existenz einer Kopie, die vollständige Auswertung oder sonstige (bereits erledigte) Arbeitsschritte anzeigen.

Expertentipp
Verwenden Sie kein zu kompliziertes System von Hinweiszeichen und farbigen Markierungen: Es zu lernen – und konsequent anzuwenden – kann Sie mehr Zeit kosten als es spart. Achten Sie bei gewohnheitsmäßig benutzten **Kürzeln** und Symbolen darauf, sie **einheitlich** zu verwenden.

6.2.2 Schlagwortdatei

Ordnende Schlagworte Eine einmal entworfene und laufend fortentwickelte Gliederung ist eine wichtige Voraussetzung für die Sammlung und systematische Ordnung einzelner Ergebnisse der Materialauswertung. Soweit keine nummerische oder alphabetische (wie bei der Anlage einer Verfasserdatei) Ordnung vorgegeben ist, können z. B. die einzelnen Punkte einer **Arbeitsgliederung** als erste **Schlagworte** für die Dateianlage genutzt werden: Im günstigsten Fall ist eine so aufgebaute

Datei zum Abschluss einer Arbeit das in elektronische Dateiblätter aufgelöste Gesamtwerk.

Eine **Schlagwortdatei** ist (spätestens) dann erforderlich, wenn zu einzelnen Punkten **verschiedene Quellen** und/oder umfassendes Sekundärmaterial zeitlich hintereinander gelesen, aber inhaltlich **nebeneinander** ausgewertet werden sollen. Schlagwortdateien dienen vor allem dem systematischen Nachweis vergleichbarer Ausführungen.

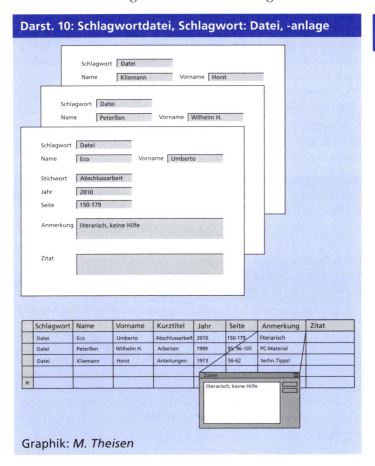

Darst. 10: Schlagwortdatei, Schlagwort: Datei, -anlage

Graphik: *M. Theisen*

In einer solchen Arbeitsdatei kann – anders als bei der Verfasserdatei, die gleichzeitig die Basis für das Literaturverzeichnis darstellt – mit **verkürzten Angaben** und Verweisen gearbeitet werden, soweit zumindest die Fundstellen der Informationen identifiziert werden können. Inwieweit **in-**

haltliche Ausführungen, Hinweise oder einzelne wörtliche **Zitate** in die Schlagwortdatensätze eingegeben werden, ist eine Frage der individuellen Arbeitsweise. Umfassende Zitate oder Exzerpte können die **Übersichtlichkeit** und den Nutzen einer solchen Datei schmälern.

Unterlagen kennzeichnen

Soweit Kopien, Exzerpte und PC-Ausdrucke Verwendung finden, können diese – statt alphabetisch nach den Verfassernamen eingegeben und abgelegt zu werden – alternativ **fortlaufend nummeriert** werden. Diese Nummern werden dann zusammen mit den jeweiligen Seitenverweisen in dem einzelnen Schlagwortdatenblatt (gegebenenfalls ergänzt durch den Verfassernamen zur Identifizierung) erfasst, so dass ein Auffinden des, in diesem Fall nach aufsteigenden Nummern abgelegten, Materials möglich ist; gleichzeitig sind die Ablagenummern auch in dem jeweiligen Verfasserdatenblatt zu notieren. Dieses System kann schnell unübersichtlich werden; es eignet sich daher nur für weniger umfassende wissenschaftliche Arbeiten.

Beispiel: Auswertung einer Schlagwortdatei

1. Schritt: Für die Überarbeitung des Abschnittes „Dateien" rufe ich die in Darst. 10 abgebildete Schlagwortdatei auf.
2. Schritt: Die dort angegebene Literatur über die Verfasserdatei besorge ich mir vom Bibliothek-Standort bzw. aus der eigenen Ablage/Archiv.
3. Schritt: Die verschiedenen Beiträge, Ausschnitte und Kopien werden von mir gesichtet und sortiert.
4. Schritt: Die eigene intensive Ver- und Bearbeitung beginnt dann mit der vergleichenden, kritischen und vertieften Auseinandersetzung mit den in den Nachweisstellen vertretenen Meinungen bzw. dem dazu zitierten Material. Gegebenenfalls werden weitere (zitierte) Materialien hinzugezogen.
5. Schritt: Die wichtigsten Gedanken werden in einen ersten eigenen Text eingebracht, verarbeitet und zitiert.

6.2.3 Sachdatei

Einzelne Arbeiten – insbesondere mit statistischen, historischen und empirischen Themen – erfordern die Anlage weiterer **Sachdateien**. Für wissenschaftliche Arbeiten kommen in Betracht:

- Chronologische Datendatei für historische Zusammenhänge
- Alphabetische Adressen- bzw. Namensdatei bei empirischen Untersuchungen
- Schlüssel- bzw. Kodierungsdatei zur Auswertung anonymisierter Datenbestände
- Rechtsprechungsdatei, geordnet nach dem Datum der Entscheidungen oder/und dem Sitz der Gerichte
- Termin- bzw. Zeitplandatei für wiederkehrende bzw. termingebundene Beobachtungen bzw. Untersuchungen.

Für einige Studierende ist der Einsatz von **Software** für die Anlage einer Verfasser- oder Schlagwortdatei bzw. spezifische Arbeitsdateien bereits Routine (z. B. *Citavi*); andere überlegen, solche (meist kostenpflichtigen) **Arbeitshilfen** zu nutzen, wenn die konkrete Herausforderung in Form einer umfassenderen wissenschaftlichen Arbeit ansteht. Für beide gilt gleichermaßen: Zunächst sollten die persönlichen Vor- und Nachteile der verfügbaren Standard-Software abgewogen werden (vgl. dazu *Eberhardt*, 2012).

Digitale Dateien

Ein wichtiges Kriterium für den Einsatz von PC-gestützten **Dateien** ist die Verfügbarkeit/Zulässigkeit des PC, Laptop, Tablet oder Smartphone an allen Stellen der Literaturrecherche: Ist dies nicht gewährleistet – und damit handschriftliche Notizen für Nachträge erforderlich – sind Übertragungsfehler fast nicht zu vermeiden. Nur eine (fehlerfreie) **elektronische Kartei** ermöglicht aber die Mehrfachverwendung dieser Daten für Zitate, das Literaturverzeichnis oder weitere Funktionen; soweit entsprechende Literaturverwaltungsprogramme automatisch für vollständige biografische Angaben sorgen, müssen diese dennoch kontrolliert werden.

Gefahr: Ein Eingabefehler multipliziert sich mit der Zahl der Zitate aus dieser Literaturstelle und sorgt für nachhaltige Verärgerung bei dem Korrektor oder Leser.

Hinweis zum Einsatz digitaler Dateien

Für den Einsatz elektronischer Dateien gelten uneingeschränkt die Anforderungen an eine verlässliche Karteianlage. Wer noch keine Praxis mit der Anlage einer digitalen Kartei oder einem Literaturverwaltungsprogramm hat, sollte diese Erfahrungen nicht während der eigenen Arbeit erwerben: Datenverlust, wiederholte Eingaben, unvollständige Angaben und weitere Überraschungen kosten häufig mehr Zeit, als die elektronische Hilfe einzusparen verspricht!

6.3 Materialablage

Ordnen spart Zeit — Sowohl die eigene Gliederung mit ihren Abschnitten und (Unter-)Punkten sowie Schlagworten als auch die digitalen Dateien schaffen **Ordnungssysteme**. Nach diesen Systemen sollten alle Materialien geordnet und abgelegt werden, um möglichst wenig Zeit zu verlieren. Gleichzeitig wird so sichergestellt, dass keine nach dem Zufallsprinzip (muddling through), sondern eine **systematisch aufgebaute Arbeit** erstellt wird.

Es ist sicher richtig, dass sich die Misserfolgsquote bei der Durchführung wissenschaftlicher Projekte erheblich reduzieren ließe, wenn nicht nur bei der Planung, Eingrenzung und Auswahl, sondern auch bei der Materialablage **methodischer** vorgegangen würde. Allerdings darf nicht unbeachtet bleiben, dass – insbesondere bei umfassendem PC-Einsatz – „das Ziel beim Ordnen des Materials ... nicht seine Anlage, sondern sein planmäßiges Auswerten" (*Spandl*, 1977, S. 82) ist.

Für die Darstellung der Organisation der notwendigen Ordnung und Ablage soll zwischen **fremden** (bzw. ausgeliehenem) und **eigenem** (bzw. beschafftem) Material unterschieden werden.

6.3.1 Fremdes Material

Zum fremden Material zählen alle **Unterlagen**, die während oder nach der Anfertigung einer Arbeit **zurückgegeben** werden müssen:

6.3 Materialablage

- ausgeliehene Literatur in jeder Form
- Originalquellen und -belege
- Bild-, Daten- und Tonträgermaterial

Diesen Materialien ist gemeinsam, dass ihre Auswertung – in unterschiedlichem Umfang – technisch eingeschränkt ist: In entliehenen Büchern dürfen **keine Anmerkungen** oder **Markierungen** (Unterstreichungen!) angebracht, aus ihnen dürfen keine einzelnen Seiten oder Teile (Loseblatt-Sammlungen) entnommen werden. Originalbelege können ebenfalls nicht gekennzeichnet und dürfen zum Teil nur in bestimmten Räumen der Bibliothek (bzw. in Archiven) eingesehen werden. Bild-, Daten- und Tonträgermaterial erfordern **technische** Einrichtungen, die häufig nur an bestimmten Arbeitsorten benutzt werden können.

Originale achten

Für eine systematische Auswertung dieser Materialien können **Exzerpte** angefertigt, **Buchzeichen** und Haftnotizen verwendet und **Originale** elektronisch erfasst (übertragen bzw. gescannt) werden.

6.3.1.1 Exzerpte

Unter einem Exzerpt (Auszug) wird die **Zusammenfassung** eines Textes oder die (wörtliche) Wiedergabe einer Textstelle verstanden. Ein Exzerpt kann handschriftlich angefertigt oder im PC erfasst werden; die unmittelbare elektronische Erfassung („copy and paste") hilft, Fehler durch erneutes Abschreiben zu vermeiden. Soweit solche Exzerpte wörtliche Zitate enthalten, müssen diese in Anführungszeichen gesetzt und mit einer genauen **Fundstellenangabe** versehen werden; Seitenumbrüche im Original sind im laufenden Text durch Seitenangaben (in eckigen Klammern) zu vermerken. Oft aber bietet ein Exzerpt – insoweit einem Abstract vergleichbar – nur eine sinngemäße Zusammenfassung eines Textinhaltes.[1]

Konzepte erstellen

Die Anfertigung von Exzerpten von ausgeliehenen aber auch eigenen Büchern und (kopierten) Aufsätzen kann zudem gezielt als Mittel zur **besseren** Textaufnahme und eines tieferen **Textverständnisses** genutzt werden. Die dazu erforderliche Ermittlung der Kernaussagen sowie der Gedankenabfolge des Verfassers zwingt den Leser und Ex-

Texte analysieren

---

[1] Vgl. Kapitel 5.1.2, S. 100 f.

zerpierenden zur Konzentration auf das Wesentliche und übernimmt damit gleichzeitig die Funktion einer **Lernhilfe** und **Lernkontrolle**. „Das Erstellen von Exzerpten ist ... meist anstrengend und mühevoll – es will gelernt sein"(*Stickel-Wolf/Wolf*, 2011, S. 39).

Eine Gefahr sehr frühzeitigen Exzerpierens besteht darin, dass solche „Extrakte" häufig erst mit dem langsam wachsenden Problembewusstsein des Bearbeiters für sein Thema das erforderliche Maß an Qualität erreichen; insoweit ist eine (zumindest auszugsweise) wiederholte Lektüre einiger wichtiger texte unvermeidbar.

> **Expertentipp**
>
> In einem Exzerpt dürfen Sie die **Gedankengänge** des gelesenen **Autors** einerseits und Ihre **eigenen Gedanken** andererseits **nicht miteinander vermischen**. Kritik wie Zustimmung müssen Sie gesondert vermerken und aufzeichnen.

Vollständigkeit Exzerpte sollten immer mit dem Datum der Anfertigung versehen werden. Die Datumsangabe stellt sicher, dass der Bearbeiter die Chronologie seiner eigenen Arbeitsschritte nachvollziehen kann; die automatisch generierte Datumsangabe der Dateispeicherung eignet sich dazu nicht, da diese sich bei jeder neuen Nutzung verändert bzw. aktualisiert. Zu allen Exzerpten müssen die bibliografischen Daten des ausgewerteten Materials so angegeben werden, dass es mit Hilfe der Verfasserdatei gefunden werden kann.

6.3.1.2 Buchzeichen und Haftnotizen

Ein weiteres Arbeitsmittel für die Auswertung fremden Materials sind alle Formen von Buchzeichen, Einlagen und Haftnotizen. Solche Hilfsmittel sollten an jedem Arbeitsplatz vorhanden sein, weil sie – als kurzfristig einzusetzende Markierungszeichen genutzt – eine parallele Lektüre und Verarbeitung mehrerer Quellen sehr erleichtern.

Farbige Papiereinlagen oder Streifen aus dünnem Karton sowie selbstklebende Notizzettel (post-it) dienen der systematischen Auswertung von und Kennzeichnung in fremden Büchern und Quellen. Einlagen müssen etwas länger als die jeweilige Buchhöhe sein, Haftzettel aus dem Buch herausschauen; auf ihnen können Schlagworte und Verweise angebracht werden. In der Höhe **interessanter Passagen** des Originaltextes können Anmerkungen und Hinweise auf solche Heftzettel notiert werden, die einen schnellen Zugriff sichern und zugleich die Notwendigkeit wiederholter Lektüre minimieren (vgl. *Buchardt*, 2006, S. 89 f.).

6.3.1.3 Elektronische Erfassung

Alles im Netz verfügbare (fremde) Material kann durch elektronisches Kopieren bzw. **Download**[1] zu „eigenem" Material umgewandelt werden. Grenzen der Nutzung ergeben sich zum einen durch die Kosten- bzw. Gebührenpflichtigkeit, zum anderen bei konkreten Einschränkungen in der Verfügbarkeit.

Die für Printmedien und andere reale Quellen aufgezeigte Abgrenzung zwischen fremdem und eigenem Material verschwimmt im elektronischen Bereich. Die Be- und Verarbeitung elektronischer Unterlagen für die eigene wissenschaftliche Arbeit ist deutlich einfacher. Der für die wissenschaftliche Nutzung bedeutendste Unterschied aber bleibt erhalten: Die elektronische Verfügbarkeit solcher Dateien und Informationen verändert nicht deren grundsätzlichen Charakter. Alle **Veränderungen**, Kürzungen oder sonstigen Bearbeitungen solcher Texte müssen sorgfältig **dokumentiert** werden, die Originaldateien sollten immer unmittelbar nach ihrer Übernahme gesondert gesichert und gespeichert werden. Ein so aufgebautes – und hoffentlich auch vollständiges – **elektronisches Archiv** ergänzt die anderen Ablageformen und steht dann jederzeit auch netzunabhängig zum Zugriff und zur Überprüfung zur Verfügung.

Risiken

6.3.2 Eigenes Material

Die für die, meist mühsamere Auswertung fremden Materials beschriebenen Arbeitstechniken kommen immer seltener zur Anwendung. Die nahezu uneingeschränkten mechanischen wie elektronischen Kopiermöglichkeiten erlauben fast uneingeschränkt die Umwandlung von fremden zu eigenem Material.

Exzerpt oder Kopie

Grundsätzlich sollte immer dann kopiert werden, wenn handschriftliches Exzerpieren oder eine ausufernde Zettel-

---
[1] Vgl. dazu oben Kapitel 5.2.2.3, S. 112 f.

wirtschaft nur der Bestandsaufnahme und Materialsicherung dienen. Allerdings garantiert nur die (vollständige) **Kopie** des Originals, dass auch in späteren Be- und Verarbeitungsstufen das erforderliche Material zutreffend und ohne Verkürzungen berücksichtigt werden kann: Erfolgt im Laufe des dynamischen Arbeitsprozesses eine Verschiebung oder wesentliche Änderung der Bearbeitungsschwerpunkte, so kann ein, z. B. nach der ersten Gliederung erstelltes Exzerpt ganz oder zumindest teilweise seinen Wert als Arbeitsmaterial verlieren.

Trotz der allgegenwärtigen und fast uneingeschränkten Kopiermöglichkeiten sollten **Exzerpte** dort angefertigt werden, wo für die eigene Arbeit **Zusammenfassungen erforderlich** sind. Das Exzerpieren zwingt zur kritischen Lektüre und Erarbeitung der wesentlichen Gedanken und des Gedankenflusses eines Autors; gleichzeitig wird damit gelegentlich bereits eine erste Vorlage für die betreffende eigene Textpassage gefertigt.

> **Expertentipp**
>
> „Selektives Lesen und Exzerpieren heißt also nicht, dass Sie einen Text nach brauchbaren Zitaten durchforsten, ohne sich um seine [!] Gedankenführung zu scheren" (*Sesink*, 2012, S. 43 f.).

Für die systematische (physische) Ablage eigenen Materials kommt dem **Aktenordner** im DIN-A-4-Format unverändert nahezu eine Monopolstellung zu; diese Bedeutung verliert er auch in der elektronischen bzw. digitalen Welt nicht.

> **Hinweis zur Ablage**
>
> Wer schon einmal auf drei Parallelbildschirmen bis zu 8 Dokumente gleichzeitig geöffnet hat und zur Verarbeitung nutzen will, erfährt schnell, dass die alte, physische Ablage im Ordner noch immer ein Segen ist: „Papier ist eben geduldig".

Soweit das abzulegende Material gelocht werden kann, findet es unmittelbar Platz im Ordner, anderes Material kann in gelochten Klarsichthüllen oder Klarsichtmappen eingebracht werden. Thematisch zusammengehörige Un-

6.3 Materialablage

terlagen können zwischenzeitlich in (ebenfalls gelochten) Schnellheftern, Einhakheftern oder -taschen zusammengefasst werden: dabei leisten nummerisch bzw. alphabetisch angelegte **Register** (besser aus Plastik oder Karton als aus Papier) zur systematischen Ablage oder Trennblätter in den verschiedensten Formen und Farben – nach eigenen Bedürfnissen zugeschnitten – wertvolle Dienste. Der dynamischen Erweiterung, Umgruppierung und sequentiellen Verarbeitung sind keine Grenzen gesetzt. Informative Beschriftungen der Rückseiten ermöglichen einen **schnellen** und zielgerichteten **Zugriff**; diese Technik ist anderen Ablageformen, insbesondere aber dem Haufenprinzip, überlegen. Weitere Kennzeichnungsmittel wie aufklebbare Punkte oder Signale, Pfeile können zusätzliche Hilfe und Orientierung bieten.

Ablage

Eine alternative Ablagemöglichkeit besteht in Form von **Hängeheftern**, -mappen und -taschen, die in Hängekörben bzw. -registraturen gesammelt und aufbewahrt werden; wegen des dafür erforderlichen Platzes eignet sich dieses System nur am **eigenen Arbeitsplatz**. Dabei kann das Material ebenfalls in Ordnern und Mappen gesammelt, mit den verschiedensten Signal- und Sichtmarkierungen („Reitern") versehen und sortiert werden. Die hier bei weitem umfangreicheren Möglichkeiten zu einer losen Aufbewahrung einzelner Unterlagen erhöhen gleichzeitig die Gefahr eines Verlustes loser Dokumente.

Aufbewahrung

Beachtet werden sollte, dass bei allen Ablageformen möglichst **sämtliche** Unterlagen und **Materialien** im **DIN-A-4-Format** eingebracht werden. Größere Blätter können in der Regel gefaltet werden; nur in Ausnahmefällen wird dann eine weitere Ablagegröße erforderlich sein.

Organisation

Bei eigenen Untersuchungen können **selbsterstellte** (PC-) Formulare oder **Auswertungsbögen** helfen. Für eine ständig gleich oder ähnlich sich wiederholende Aufgabe, wie die Literaturanalyse, kann ein Formular entwickelt, angefertigt und (elektronisch) kopiert werden. Dieses Vorgehen **sichert** – ein gelungenes Musterformular vorausgesetzt – automatisch die **Vollständigkeit** und **Vergleichbarkeit** der einzelnen, während der Bearbeitung gewonnenen **Daten**. Empirische Untersuchungen und vergleichende Analysen setzen eine solche systematische Erhebung als eines der

System

Gültigkeitserfordernisse für das Ergebnis voraus (dazu *Hug/ Poscheschnik*, Forschen, 2010).

Die Kennzeichnung bzw. farbige **Markierung** in eigenen Unterlagen ist eine weitere wichtige **Arbeitshilfe**; eigene Bücher und kopierte Texte sollten nie ohne Bleistift und/ oder Markierstift gelesen werden (dazu *Hülshoff/Kaldewey*, 1993, S. 164 f.; *Burchardt*, 2006, S. 89–92):

- Markierungen helfen, einen Text zusätzlich und/oder abweichend vom vorgegebenen Druckbild nach eigenen Schwerpunkten zu **strukturieren**.
- Farbige Kennzeichnungen **unterstützen** die visuelle Aufnahme und damit das **Gedächtnis**; sie erleichtern eine schnelle und zielgerichtete **Orientierung**.

Diese **Effekte** werden nur **erzielt**, wenn

- der jeweilige Text **erst gelesen** und dann markiert wird
- die Markierungen selbst **sparsam** und gezielt erfolgen und nicht ein vielfarbiges Kunstwerk geschaffen wird, das einem *V. Vasarely, P. Picasso* oder *S. Francis* zur Ehre gereichen könnte
- ein individuelles **Markierungssystem** beibehalten und permanent praktiziert wird
- **Anmerkungen** nur mit **Bleistift** angebracht werden, damit bei wiederholter Lektüre frühere Notierungen im Interesse des Arbeitsfortschrittes **radiert** bzw. korrigiert werden können.

6.4 Exkurs: Besprechungen mit dem Betreuer

Als eine der Planungsaufgaben in der Vorbereitungsphase habe ich empfohlen, die Sprechzeiten und sonstigen technischen Details für die **Zusammenarbeit** mit dem jeweiligen **Betreuer** einer Prüfungsarbeit und gegebenenfalls dessen Mitarbeitern in Erfahrung zu bringen. Darüber hinaus sollten Sie die wichtigsten Veröffentlichungen, Aktivitäten und wissenschaftlichen Vorlieben Ihrer potenziellen (oder bereits benannten) Gutachter kennen (dazu auch *Heister/Weßler-Poßberg* 2007, S. 58). Für einen entsprechend reibungslosen Ablauf derartiger Kontakte während der Erstellung einer Arbeit finden Sie hier noch einige **Erfahrungen** und **Tipps**:

6.4 Exkurs: Besprechungen mit dem Betreuer

- Jede **Besprechung** bzw. Konsultation sollten Sie gründlich **vorbereiten**. Halten Sie Fragen und Probleme zu Form und Inhalt der Arbeit – als Gedächtnisstütze – stichwortartig **schriftlich** fest, um wichtige Punkte im Gespräch nicht zu vergessen.

  Vorbereitung

- **Gliederungsentwürfe** sowie spezielle Fragestellungen sollten Sie – soweit möglich – vor dem Besprechungstermin schriftlich abgefasst im Sekretariat **abgeben** oder per E-Mail zusenden, um dem Betreuer außerhalb der (häufig überlaufenen) Sprechzeiten Gelegenheit zur Vorbereitung sowie Durchsicht zu geben; gleichzeitig erhält er damit Unterlagen für die weitere Zusammenarbeit.

  Information

- Vermeiden Sie **unvorbereitete Besprechungen** oder allgemeine Sondierungsgesprächen, bei denen der Betreuer als Auskunft, anstelle eigener Recherchen, „missbraucht" wird; damit machen Sie keinesfalls einen „guten Eindruck".

- **Anzahl**, Zeitpunkt und Dauer der erforderlichen (und auch einzufordernden) **Besprechungen** müssen in einer **vernünftigen** Relation zum Umfang der jeweiligen Arbeit stehen. Übungs- und Seminararbeiten setzen in der Regel nur (rechtzeitige) Besprechungen zum grundsätzlichen Aufbau und einigen wenigen Spezialproblemen voraus, während Bachelor- und Masterarbeiten generell weitere und umfangreichere Abstimmungen nötig machen.

  Grenzen

- **Vermeiden** Sie eine **laufende Konsultation** je nach Arbeitsfortschritt: Je größer der mit dem Betreuer dabei gemeinsam erarbeitete Teil einer Arbeit wird, desto weniger verbleibt als eigenständiger, allein aber bewertungsfähiger Beitrag.

- **Probleme**, insbesondere Fragen der Verlängerung der Bearbeitungszeit aus zwingenden Gründen, müssen Sie rechtzeitig **bekannt** geben, um dem Betreuer eine diesbezügliche Disposition und Entscheidung zu ermöglichen. Die **Aufgabe** bzw. Rückgabe einer übernommenen Übungs-, Seminar- oder Bachelor-/Magisterarbeit sollten Sie ebenfalls umgehend **melden**, um die entsprechende Organisation zu erleichtern. Es ist kein Minuspunkt, wenn ein Projekt – aus welchen Gründen auch immer – aufgegeben werden muss, vielmehr wird das „Totschweigen" keine Empfehlung sein, wenn der betroffene

  Abmeldung

Protokoll • Während den Besprechungen können Sie stichwortartige Notizen machen und anschließend ein **Gedächtnisprotokoll** anfertigen, um die **wichtigsten Punkte** der Diskussion und Beratung für die weitere Bearbeitung auf Dauer gesichert parat zu haben. Die (elektronische) Übersendung eines kurzen Protokolls an den Betreuer kann – nach Rücksprache – im Einzelfall helfen, Missverständnisse oder Fehlinterpretationen zu vermeiden.

Dozent mit der Tatsache der Aufgabe erst am Abgabetag konfrontiert wird.

Noch zwei Tipps:

- Ohne übertriebenen **Förmlichkeiten** das Wort reden zu wollen, wird der Betreuer von der Organisation eines Kandidaten im weitesten Sinne (Vorbereitung, Auftritt, Kleidung, Präsentation) – bewusst oder unbewusst – Rückschlüsse auf dessen Arbeitsmethode ziehen; diese, eher **psychologische Komponente** sollten Sie nicht unbeachtet lassen.
- „Schreiben Sie … **E-Mails an Ihren Betreuer** so, wie Sie später in einer Firma an Ihren **Chef** schreiben würden …, Emoticons, Chatkürzel und Szenesprache haben in einer E-Mail mit dem Betreuer nichts zu suchen" (*Balzert u.a.*, 2008, S. 231 f.).

6.4 Exkurs: Besprechungen mit dem Betreuer

Checkliste:	
Frage	**Hilfe**
Geht durch meine Gliederung ein „roter Faden"?	S. 117 f.
Nutze ich die Möglichkeiten der tiefen Untergliederung?	S. 120 f.
Erfasst meine Literaturdatei alle notwendigen Daten?	S. 121–125
Habe ich mein Literaturverwaltungsprogramm ausreichend geprüft?	S. 124 f.
Weiß ich, was zu einer vollständigen Literaturangabe gehört?	S. 126 f.
Weiß ich, wie bzw. ob man Adelsprädikate, Dr.-Titel, Doppelnamen zitiert?	S. 127
Habe ich die Lücken bei fehlenden Namens-, Orts-, Jahresangaben gefüllt?	S. 129
Ist für meine Arbeit die Erstellung einer Schlagwortkartei erforderlich?	S. 132–134
Habe ich die Notwendigkeit, weitere Sachdateien anzulegen, geprüft?	S. 135 f.
Beherrsche ich effiziente und hilfreiche Ablagetechniken?	S. 137–142
Bin ich gut vorbereitet für die Besprechung mit dem Betreuer?	S. 142–144
Wie verwerte ich die Besprechungsergebnisse?	S. 144

7 Manuskript

Manuskriptteile sind alle im Laufe eines wissenschaftlichen Arbeitsprozesses selbst angefertigten **Aufzeichnungen**: erste Notizen, Visualisierungen (Mind-Mapping),[1] Blätter und Ideenskizzen, Exzerpte mit (kommentierten) Textauszügen sowie Entwürfe einzelner Abschnitte oder Kapitel. Die endgültige Fassung eines Textes einschließlich aller unmittelbar damit verbundenen Teile soll als **Endfassung** bezeichnet werden.

Bei der Anfertigung erster Teile eines Manuskripts kommt es zunächst **nicht** auf eine **exakte** und stilistisch ansprechende **Formulierung** an. Wichtig ist es in diesem Stadium, **Gedanken** und Ideen zügig niederzuschreiben bzw. in den PC einzugeben, um diese erstmals „im Unreinen" zu **fixieren**. Dieses Vorgehen motiviert mehr als ein angestrengtes, zähes Formulieren einzelner Sätze, von dem (hoffnungslosen) Bemühen getrieben, nur „Druckreifes" niederschreiben zu wollen.

Schreiben statt formulieren

Ein Manuskript entsteht weder in einem Zug noch wird es immer in einer strengen Zeit- bzw. Reihenfolge entwickelt. Nicht gerade die schlechtesten Arbeiten wachsen wie ein großes Puzzle: Der Ausgangspunkt wird nicht vorgegeben und die besten Zuwächse erfolgen meist da, wo man sie zu Beginn am wenigsten vermutet hat.

Expertentipps

„Schreibhemmungen oder auch -blockaden sind ... weder Pannen, Betriebsunfälle oder Ausdruck eines persönlichen Fähigkeitsdefizits, sondern sie sind eine psychische Normalität, deren unangenehme Begleiterscheinungen man nur dadurch überwindet, daß sie bewußt (!) gemacht werden" (*Rückriem*, 2000, S. 122).

„Was landläufig ... als ‚Schreibblockade' ... bezeichnet wird, sind meist nur all die Probleme und Problemchen, die für das Schreiben eines wissenschaftlichen Werkes durchaus typisch sind" (*Kornmeier*, 2010, S. 23).

---

[1] Die Testversion eines Mind-Mapping-Programms findet sich unter: http://www.mindjet.com

7 Manuskript

7.1 Schriftform

Für die immer seltenere Form von handschriftlichen Aufzeichnungen „mit Block und Bleistift" sollten einige wichtige **Hinweise** bezüglich der **äußeren Form** solcher Manuskripte beachtet werden; originär digital generierte Manuskripte können unter Berücksichtigung einiger der nachfolgenden Tipps entsprechend programmiert bzw. formatiert werden.

Soweit Papier, in welchem Umfang auch immer, verwendet wird, sollte auf gelochten DIN-A-4-Blättern geschrieben und **rechts** ein breiter **Rand** für Ergänzungen und Anmerkungen freigelassen werden. Der Text kann so – auch bei umfangreicheren Manuskripten – gut gelesen werden, ohne dazu einzelne Seiten aus einem Ordner heraus nehmen zu müssen. Alle Blätter sollten nur **einseitig beschrieben** werden; dies schließt von Anfang an aus, dass Texte oder Notizen auf der Rückseite übersehen werden. Bei allen Manuskriptseiten ist auf das **DIN-A-4-Format** zu achten, da kleinere Zettel beim Sortieren und Heften der Seiten „abtauchen" können oder zu „fliegenden Blättern" werden; überformatige Seiten führen dagegen zu Schwierigkeiten bei der einheitlichen Ablage.

Textvorlagen verwenden

Ist für Prüfungsarbeiten ein bestimmter Seiten- bzw. Zeichenumfang, eine Schrifttype oder ein bestimmter Zeilenabstand vorgeschrieben, sollte von Anfang an eine entsprechende **Formatierung** für alle Textteile, die mit dem eigenen Textprogramm erfasst werden (sollen), eingerichtet werden: Dieses Vorgehen erspart spätere Umformatierungen und weitgehend auch die Notwendigkeit, formatbedingte Kürzungen bzw. Veränderungen des eigenen Textes zu einem Zeitpunkt vornehmen zu müssen, zu dem man regelmäßig bereits mit jeder (noch) verfügbaren Minute kämpft.

Immer mit Datum

Alle Seiten sollten **fortlaufend nummeriert** und mit **Datumsangabe** versehen werden. Das Datum ermöglicht es, zu späteren Zeitpunkten die eigenen Erkenntnisfortschritte und (wechselnden?) Einschätzungen in der chronologischen Abfolge rekonstruieren zu können.

Quellennachweise und Zitate, die nicht wörtlich niedergelegt werden, müssen von Anfang an **sorgfältig bezeichnet** und ausgewiesen werden, um zeitraubende Suchaktionen ebenso wie die Gefahr eines **Fehlzitates** zu vermeiden.

Jedes wissenschaftliche Manuskript umfasst mindestens die **ersten drei** der in *Darstellung 11* benannten fünf **Bestandteile**. Weitere Bestandteile, wie Verzeichnisse, Register u. a., werden erst bei der Erstellung des Typoskripts erforderlich.[1]

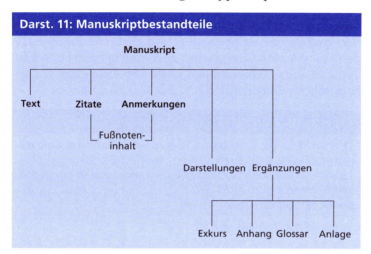

Darst. 11: Manuskriptbestandteile

7.2 Text

Der Text einer wissenschaftlichen Arbeit umfasst alle unmittelbar zum Thema gehörenden Ausführungen. Gemeinsames **äußeres Kennzeichen** aller Textbestandteile ist, dass – unabhängig von dem gewählten Gliederungssystem – nur ihnen jeweils ein **gesonderter Gliederungspunkt** zugeordnet wird;[2] alle übrigen Teile einer Arbeit (Vortexte, Verzeichnisse, Nachtexte) werden nur mit ihrer Bezeichnung linksbündig im Inhaltsverzeichnis angeführt. **Inhaltlich** muss jeder Text als solcher **geschlossen und vollständig** sein. Weder Zitate noch Anmerkungen, Darstellungen oder sonstige Ergänzungen dürfen zum Verständnis eines wissenschaftlichen Textes zwingend erforderlich sein.

Text pur

Wissenschaftliche Ausführungen, die nicht mit Interesse und Gewinn wie ein belletristischer Roman – d. h. also ohne den so genannten „wissenschaftlichen Apparat" (Zitate, An-

---

[1] S. Kapitel 8.5, S. 218–238.
[2] Vgl. dazu das Inhaltsverzeichnis dieser Anleitung, S. 7–11.

merkungen, Anhang) – gelesen werden können, lohnen meist auch ein vertieftes Studium unter Einbeziehung aller dieser Zusätze nicht. Nach diesem Kriterium lässt sich eine Arbeit dahingehend überprüfen, ob eine in sich **geschlossene Untersuchung** vorliegt, das Thema also tatsächlich „abgehandelt" worden ist. Muss der Leser dagegen zum Verständnis des Textes noch erforderliche Kenntnisse aus den Fußnoteninhalten gewinnen, d. h. selber aktiv handeln, dann ist die – offensichtlich noch unvollständige – „Abhandlung" zu überprüfen und der Text zu verbessern.

> **Expertentipp**
>
> „Versuche … einen lesbaren Text zu schreiben, von dem du guten Gewissens sagen kannst, den müßte (!) eigentlich jeder lesen wollen, und du selbst würdest ihn sogar gerne lesen, wenn du ihn nicht gerade geschrieben hättest" (*Krippendorff*, 2000, S. 35).

7.2.1 Aufbau

Logischer Aufbau Unabhängig von der formalen Gestaltung[1] ist der **strukturelle Aufbau** einer Arbeit zu beachten, der die innere Logik jeder Gliederung bestimmt (vgl. dazu ausführlich *Corsten/Deppe*, 2010, S. 60–74; *Brink*, 2007, S. 142–173). Eine Arbeit ist allerdings nicht schon deshalb systematisch aufgebaut, weil sie über die klassischen Schulaufsatz-Bestandteile „Einleitung, Hauptteil und Schluss" verfügt.

Ohne konkreten Themenbezug ist ein Vorschlag, welcher Aufbau am besten passt, nicht möglich. Grundsätzlich kann jedoch zwischen verschiedenen **Strukturierungsprinzipien** gewählt werden, die innerhalb einer Arbeit nicht gewechselt oder vermischt werden dürfen.

So kann dem **aufbauenden Prinzip** gefolgt werden, wenn die zur Argumentation notwendigen Bausteine schrittweise zusammengetragen werden; auf diese Weise entsteht ein langsam sich vervollständigendes Bild, das deshalb auch in der Regel kein abschließendes oder zusammenfassendes Kapitel erfordert.

---

[1] Vgl. Kapitel 6.1.1 und 6.1.2, S. 118–121.

7.2 Text

Nach dem **kumulierenden Prinzip** folgt zwar auch ein schrittweises Ansammeln einzelner Argumentationselemente, hier entsteht aber eine Reihung, die zwingend mit einer zusammenfassenden bzw. kommentierenden Bemerkung abgeschlossen werden sollte.

Dem **aufzählenden Prinzip** wird beispielsweise gefolgt, wenn alternative Modelle vorgestellt werden sollen, die in eine einfache nummerische (Gleich-)Ordnung gebracht und weitgehend unabhängig voneinander abgehandelt werden können; diese Form eignet sich besonders für Beschreibungen und Materialsammlungen.

Darüber hinaus kann zusätzlich noch zwischen **einengenden** und **ausweitenden Prinzipien** unterschieden werden. Während im Regelfall in einer wissenschaftlichen Abhandlung vom Allgemeinen zum Spezielleren vorgegangen wird, erfordert das ausweitende Prinzip die Einbettung eines einleitend vorgestellten Untersuchungskerns in einen größeren Zusammenhang. **Konsequenter Aufbau**

Erfahrungsgemäß erlauben die meisten konkreten Themen aber hinsichtlich ihres Aufbaus nicht allzu viel Spielraum. Häufig verlangt vielmehr bereits die Fragestellung einen Vergleich oder der Untersuchungsgegenstand selbst bedingt zwingend eine bestimmte Gliederung, wie sie durch eine gründliche **Themenanalyse** herausgearbeitet werden kann. Der gewählte **Aufbau** muss systematisch und konsequent in der gesamten Arbeit **berücksichtigt** werden. **Themenstellung beachten**

Unabhängig von dem unterlegten Aufbauansatz sollte grundsätzlich jedem Gliederungspunkt ein Textteil folgen, der mindestens eine Erklärung oder inhaltliche Begründung für die nachfolgende (weitere) Unterteilung des jeweiligen Kapitels oder Abschnitts enthält: Nachgeordnete Textteile stehen also niemals unmittelbar im Anschluss an eine übergeordnete Kapitel- oder Abschnittsbezeichnung. **Gliedern bedeutet ordnen**

7.2.1.1 Einleitung

Soweit ausdrücklich eine Einleitung oder Einführung vorgesehen oder sogar vorgeschrieben ist, muss sie auch **inhaltlich** – im Gegensatz zu einem Vorwort – als **Bestandteil des Textes** gestaltet werden. Ein solcher erster Abschnitt sollte dessen ungeachtet aber auf keinen Fall mit „Einleitung" überschrieben werden. Inhaltlich können Ausführungen zu folgenden Punkten vorgetragen und entsprechende Kapitelüberschriften gewählt werden (dazu *Day*, 2009, p. 32–34; *Stickel-Wolf/Wolf*, 2011, S. 200–204):

- Rechtfertigung der Themenstellung
- Ziel der Arbeit bzw. Untersuchung
- Abgrenzung des Themas und themenbezogene Definitionen
- Geschichte und Stand der Forschung
- Überblick über Aufbau und Argumentationsfolge, aber keine „Nacherzählung" der Gliederung

Um einleitend zu funktionieren, sollten derartige Ausführungen aber erst nach (weitgehender) Abfassung einer Arbeit geschrieben werden (vgl. *Franck*, 2011, S. 142–148, 173 f., 238; *Peterßen*, 1999, S. 117). Diese Empfehlung berücksichtigt, dass (auch) dem Verfasser erst am Ende bekannt ist, was wirklich geleistet werden konnte; nur eine solche **Einleitung** kann eine **Einladung** an den Leser zur weiteren Lektüre sein.

> **Italienische Weisheit**
>
> „Eine gute, endgültige Fassung der Einleitung soll erreichen, dass der Leser sich mit ihr begnügt, alles versteht und den Rest der Arbeit nicht mehr liest" (*Eco*, 2010, S. 145).

7.2.1.2 Hauptteil

Formaler Aufbau Im Anschluss an ein einleitendes Kapitel müssen die Ausführungen zum Thema folgen. Der Aufbau und Inhalt der einzelnen Kapitel und Abschnitte ist eine Frage der gewünschten Argumentationsfolge. Die **formale Aufteilung** in einzelne Teile, Kapitel, Abschnitte und Absätze muss aber auch **inhaltlich** ihre **Entsprechung** finden: Jeweils gleichgeordnete Texte (z. B. Kapitel 2 und Kapitel 3 oder Abschnitt 2.1 und 2.2) müssen auf vergleichbaren **Argumentationsebenen** liegen; systematisch sollte die gewählte Gedankenabfolge in den einzelnen Kapiteln oder Abschnitten einer Arbeit nachvollzogen werden können.

Eine in der Gliederung ausgewiesene Gleichordnung sollte nach Möglichkeit auch **äußerlich** durch einen – zumindest annähernd – **vergleichbaren Seitenumfang** dokumentiert werden. Soweit inhaltlich vertretbar, ist eine „Klumpenbildung" im Text zu vermeiden. Die Gefahr eines zu symmetrischen Aufbaus liegt dagegen in der ständigen Wiederholung einzelner Ausführungen bzw. Überschneidungen sowie einer starren Argumentationsabfolge.

Eine wissenschaftliche Arbeit soll vorrangig inhaltlich überzeugen: in gut proportionierter Form wird dieses Anliegen aber nicht erschwert. Darüber hinaus sollten die Kapitel und Abschnitte durch geeignete **Übergänge** so verbunden werden, dass der logische Zusammenhang erkennbar und ein flüssiges Lesen ermöglicht werden. Einzelne Abschnitte oder Absätze zu getrennten Sachverhalten verlieren den Charakter einer Aufzählung, wenn einige Worte als **Verbindungselemente** eingefügt werden; dabei können sowohl **Gegensätze** als auch **Gemeinsamkeiten** betont werden.

7.2.1.3 Schluss

Ebenso wie es nicht in jedem Fall einer förmlichen Einleitung bedarf, gibt es auch keine generell gültige Regelung über das Erfordernis eines **Schlusswortes** oder einer **Zusammenfassung**. Soweit nicht der Aufbau einen abschließenden Teil aus systematischen Gründen zwingend verlangt, liegt diese Entscheidung beim Verfasser bzw. dem Betreuer/Prüfer der Arbeit; um diesbezüglich Überraschungen auszuschließen, sollte also der Prüfer rechtzeitig nach seinen Anforderungen bzw. Eigenheiten befragt werden.

Argumentation abschließen

> **Hinweis zum Schlusswort**
>
> „Man muss sich nur einmal einen von der Lektüre gelangweilten Leser vorstellen, der zwischendurch an den Schluss blättert, um zu erfahren, worauf ihre Erörterungen hinauslaufen. Diesen Leser gilt es mit einer pointierten Zusammenfassung neu zu motivieren" (*Schimmel/Weinert/Basak*, 2011, S. 159).

Eine Zusammenfassung bzw. Wiederholung der Ergebnisse ist in Prüfungsarbeiten meist unangebracht. Zum einen kann der Platz – insbesondere bei gegebener Seitenzahlbeschränkung – für Ausführungen zum Thema besser genutzt werden. Zum anderen gibt die (zwingend erforderliche) Gliederung einen ersten Überblick.

Wiederholungen vermeiden

Wird aber ein abschließendes Kapitel wegen des Aufbaus oder vom Prüfer gefordert, können dort Gedanken der Einleitung wieder aufgegriffen und abgerundet, es kann ein **Rückblick** oder ein interessanter **Ausblick** aufgezeigt werden.

Ein Vergleich mit themenverwandten Arbeiten und Untersuchungsergebnissen oder gar der Hinweis auf einige, in der eigenen Arbeit nicht geklärte Probleme, ist zu vermeiden (a. M. *Preißer*, 1993, S. 594). Derartige Ausführungen gehören – wenn überhaupt – in den Hauptteil der Arbeit. Ebenso wie der Hinweis auf weiterführende Fragestellungen sind solche Anregungen grundsätzlich wissenschaftlichen Aufsätzen und Diskussionspapieren vorbehalten. In keinem Fall darf eine (Prüfungs-)Arbeit mit einer, die Beurteilung durch den Prüfer vorwegnehmenden Bewertung schließen.[1]

7.2.2 Stil

Der persönliche Stil charakterisiert einen literarischen Autor und ist zugleich Voraussetzung für dessen Erfolg und Individualität. Wissenschaftliche Texte aber dienen der Darstellung, Vermittlung und kritischen Diskussion eines Sachproblems. „Wissenschaftliches Schreiben" ist daher auch ein eigenes Lehr- und Forschungsgebiet (dazu u. a. *Werder*, 2005; *Göttert*, 2002; *Esselborn-Krumbiegel*, 2010).

> **Hinweis: Wer unscharf schreibt…**
> Auf die sprachliche Ausarbeitung sollte geachtet werden, denn:
> Es entsteht leicht der Verdacht,
> Wer unscharf schreibt, hat auch unklar gedacht.

Für weitere Details muss auf sprachkundliche Werke verwiesen werden (dazu *Sanders*, 2002; *Reiners*, 2004; *Krämer*, 2009; *Kühtz*, 2011); eine Auflistung auch nur der abschreckendsten Stilfehler soll der Beurteilung durch Spezialisten vorbehalten bleiben. Einige sehr verbreitete stilistische **Stolpersteine** seien dennoch kurz erwähnt:

---

[1] Zur Bewertung von Prüfungsleistungen vgl. Kapitel 10.4, S. 266–268.

- Jede Wissenschaft kennt und liebt ihre eigenen **Fachausdrücke** und **Abkürzungen**. Verwendung und Umfang aber müssen auf das Ziel und den **Leserkreis** einer Arbeit abgestimmt werden; themenspezifische Abkürzungen sollten sparsam angewendet und müssen ausnahmslos in einem Abkürzungsverzeichnis erklärt werden.[1]
- **Fremdwörter**, fremdsprachliche Ausdrücke und **Modewörter** können – zurückhaltend angewendet und richtig benutzt – zum „Salz in der Suppe" werden. Wie wenig Salz aber eine Suppe verträgt, belegt folgendes Beispiel: „Dies bedeutet kein Plädoyer für einen monoton parataktischen, in ein Stakkato kurzer Hauptsätze zerhackten Stil" (*Poenicke*, 1988, S. 116).
- **Symbole**, **Vergleiche** und **Bilder** müssen stimmig, verständlich und nachvollziehbar sein, sonst entsteht unfreiwillige Komik oder sogar eine unzutreffende Information: „Ein Text, in dem jeder Buchstabe gleich häufig auftreten würde, wäre konfus wie ein Teller Buchstabennudelsuppe" (*Seiffert*, 1976, S. 49).
- **Umgangssprachliche Wendungen** und salopper Ton (Jargon, Chatstil) sind keine Mittel erwünschter stilistischer Vereinfachung, sondern lassen regelmäßig die erforderliche Sachlichkeit und den gebotenen wissenschaftlichen Ernst vermissen.
- **Phrasenhafte Umschreibungen** und **Plattheiten** sind ebenso zu vermeiden wie jeder Versuch, sich selbst Mut zuzuschreiben, indem verstärkende Adverbien oder (zudem häufig falsche) Superlative statt überzeugende Argumente verwendet werden: „Einzig richtiges Modell", „unglaublich falscher Ansatz" „leicht ersichtlich", „optimalste (!) Alternative".
- Adverbien wie ‚natürlich' oder ‚selbstverständlich' verbieten sich in jeder Arbeit, „wohl, fast, irgendwie, an und für sich, gewissermaßen" sind **Angstwörter**, die nur inhaltliche Unsicherheiten des Verfassers verdecken sollen. Eine Gedankenlücke sollte nicht mit dem **Leimwort** ‚nun' ausgefüllt, ein Satzübergang nicht mit ‚übrigens' verschlechtert werden (vgl. auch *Kornmeier*, 2010, S. 215–217).

---

[1] Vgl. unten Kapitel 8.3.3, S. 212 f.

7 Manuskript

- **Rechtschreibung, Grammatik** und **Zeichensetzung** müssen dem DUDEN entsprechen;[1] für englische Texte ist „The Shorter English Dictionary" (englisch) bzw. „Webster's Collegiate Dictionary" (amerikanisch: http://www.m-w.com) zu empfehlen. Alle **wörtlichen Zitate** sowie bibliografischen Angaben müssen in der **Schreibweise des Originals** belassen bzw. in diese zurückgeführt werden, soweit ein digitales Korrekturprogramm entsprechende Änderungsvorschläge automatisch umgesetzt hat.[2] Darüber hinaus können Rechtschreibprogramme auch gezielt zur Fehlersuche eingesetzt werden: So kann z. B. zum Abschluss einer steuerrechtlichen Arbeit überprüft werden, ob ausnahmslos (zutreffend) „Einkommensteuer" geschrieben wurde; potenzielle Fehler (Einkommen**ss**teuer) können gesucht und automatisch korrigiert werden (Suchen/Ersetzen-Kombination).
- Falsche oder sinnentstellende **Zeichensetzung** (Interpunktion) führt nicht selten zu inhaltlichen Mängeln und damit auch zu materiellen Konsequenzen bei der Bewertung einer Arbeit:[3]

Klar formulieren

Wissenschaftlich schreiben heißt nicht, möglichst kompliziert und verschachtelt schreiben. Gerade schwierige Sachverhalte müssen besonders **klar und gut strukturiert** erklärt werden. Kurze Sätze mit einer einzigen Aussage sind besser als lange Phrasen, in denen die eigentliche Aussage kaum gefunden werden kann. Grundsatz: **Ein Satz, ein Gedanke.** Und: Die Hauptsache gehört in den Hauptsatz, Ergänzungen in den Nebensatz.

Der durchschnittliche Leser verliert nach ungefähr zehn Worten den roten Faden; längere Sätze müssen zweimal

---

[1] S. *DUDEN*, Rechtschreibung, 2009; integriert in der Software „Dudenkorrektor"; seit 05-2011 kostenfreier Check http://www.duden.de/suchen/dudenonline

[2] Hilfen unter http://www.duden.de; http://wissen.de; http://www.canoo.net

[3] Hilfe bietet die *Sprachberatungsstelle* Mannheim der Dudenredaktion, 68167 Mannheim, Tel. 0 90 01/87 00 98 (Deutschland: 1,86 EUR/min.); 09 00/84 41 44 (Österreich: 1,80 EUR/min.); 09 00/38 33 60 (Schweiz: 3,13 CHF/min.); das *Grammatisches Telefon* der *TU Aachen*, Tel. 02 41/8 09 60 74, http://www.isk.rwht-aachen.de/166.html. Hilfe zur Eindämmung des „Denglisch" bieten Fachleute per E-Mail: Sprachberatung@stiftungds.de, sowie der Stilcheck http://www.floskelscanner.de

gelesen werden, um deren Sinn erfassen zu können. Die beste Kontrolle ist das laute Lesen abgeschlossener Kapitel. Geht dem Leser dabei die Luft aus, oder verliert er bereits beim Zuhören seines eigenen Vortrags den Überblick, sind die Sätze zu lang und möglicherweise auch zu kompliziert.

Ein Manuskript ist in jedem Stadium seiner Entstehung so oft wie möglich an Hand eines Papierausdrucks, nicht über den Bildschirm, durchzulesen; diese Lektüre sollte mit zeitlichem Abstand erfolgen (vgl. *Pospiech*, 2012, S. 188–194; *Franck*, 2011, S. 178; *Kornmeier*, 2010, S. 253). Arbeitsorganisatorisch bietet sich dafür die erste Stunde des jeweils nächsten Arbeitstages an: zu diesem Zeitpunkt ist der Mut zu neuen Formulierungen und die Hoffnung auf bessere Ideen am größten; auch fallen die Korrekturarbeiten sowie das Streichen von, am Vortag mühsam erarbeiteten, Passagen leichter. Es finden sich zu diesem Zeitpunkt erfahrungsgemäß auch auf Anhieb bessere Formulierungen: Planen Sie genügend zeit für die Überarbeitung ein, Experten empfehlen dafür zwischen 40 % und 50 % ihrer gesamten Schreibzeit (*Scheuermann*, 2012, S. 47).

> **Expertentipps**
>
> Jedes Manuskript gewinnt durch Kürzungen und Streichungen, „doppelt Gesagtes ist in der Regel nicht besser gesagt, sondern schlechter" (*Kliemann*, 1973, S. 140).
>
> „If in rereading your writing out loud, you blush to hear an over-fancy sentence or a jargony word, change it" (*McCloskey*, 2000, p. 68).
>
> Zur Kontrolle von Ausdruck und Stil sollten alle Textteile laut gelesen oder auf ein digitales Diktiergerät (App: *Dragon Dictation*) gesprochen werden. „Klingt" der Text in jeder Passage verständlich, kann er so stehen bleiben:
> > Was sich schlecht spricht, liest sich auch schlecht!

7.2.3 Perspektive und geschlechtergerechte Sprache

Ein umstrittenes Formulierungsproblem in jeder wissenschaftlichen Arbeit ist Art und Form der Einbeziehung des Verfassers, die Perspektive, aus der heraus die Ausführungen dargelegt werden.   **Ich oder wir**

In wissenschaftlichen Arbeiten die, wie die meisten Prüfungsarbeiten, von nur **einem Verfasser** geschrieben werden, sollte ausschließlich (soweit überhaupt erforderlich) die direkte **„Ich"-Form** benutzt werden (vgl. dazu auch *Deininger*, 2005, S. 45; ablehnend *Brink*, 2007, S. 191; *Pospiech*, 2012, S. 162 f.). Eine zurückhaltende Verwendung dieses Selbstbezuges ist indes geboten: Der Leser eines solchen Textes geht davon aus, mit der Lektüre die Überlegungen und Meinung des Verfassers aufzunehmen, soweit kein anders lautender Hinweis, insbesondere in Form eines Zitates, gegeben wird. Das anonyme „man" ist ebenso zu vermeiden wie der „pluralis majestatis" („Wir, Wilhelm von Gottes Gnaden") bzw. der „pluralis modestiae" (Scheinbescheidenheit: „Wir kommen zu dem Schluss").

Autor oder Team Die einzige **Ausnahme** bilden echte – und als Verfasser entsprechend ausgewiesene – **Autorengemeinschaften**. Das ärztliche „wir" („Wir nehmen jetzt die Tablette und gehen dann schlafen") unter gouvernantenhafter Einbeziehung des Lesers wirkt – wie ich meine – eher abschreckend; Umschreibungen wie „nach Ansicht des Verfassers" stammen aus einer Zeit, in der ein Schriftkundiger die Meinung des Wissenschaftlers zu Papier und Feder gebracht hat.

 Zu empfehlen ist, dass die zahlreichen (und besseren) Möglichkeiten, die gewählte Perspektive unaufdringlicher zu vermitteln, verwendet werden („hierzu ist festzuhalten", „dem wäre noch hinzuzufügen", „mit Nachdruck muss der Auffassung widersprochen werden" u. a.). In engagierten Arbeiten und zur Unterstreichung der eigenen (z. B. abweichenden) Meinung ist dagegen der Ich-Bezug im Sinne einer Bekräftigung der Argumentation angebracht, wenn nicht sogar geboten.

> **Klassikertipp und die Moderne**
>
> „Nur die Lumpe sind bescheiden, Brave freuen sich der That"
> (*Goethe*, zit. nach *Sachsen*, 1887, S. 143).
>
> „Stay in charge of your own writing;
> remember you're the owner"
> (*Bolker*, 1998, p. 26).

Die Bemühungen um eine gleichberechtigte Behandlung von Männern und Frauen haben zur verbalen **Zweigeschlechtlichkeit** von Funktionsbezeichnungen geführt: StudentInnen, ManagerInnen bzw. Kommilitonen/-innen oder (in Langform) Abiturientinnen und Abiturienten. Vorbild dazu ist die Amtssprache, die diesbezüglich ein hohes Maß an Perfektion erlangt hat.

Satzbau und Wortwahl in einer wissenschaftlichen Arbeit sollen aber knapp und präzise sein. Geschlechtergerechte Begriffe haben nach *meiner* Meinung, ebenso wie die zwanghafte Neutralisierung (z. B. mann/frau), wenig mit erreichter Gleichberechtigung, viel aber mit **schlechtem Stil** zu tun. Aus diesem Grund sind auch Entschuldigungen (z. B. im Vorwort), warum auf genderberücksichtigende Begriffe verzichtet wird, unnötig. Guter Stil und die Lesbarkeit eines Textes entscheiden über die Qualität einer Arbeit – dies wissen Frauen wie Männer gleichermaßen (ebenso u. a. *Krämer*, 2009, S. 113 f.).

7.3 Zitate

> **Achtung: Plagiat**
>
> „Wer einen fremden Text wörtlich oder inhaltlich übernimmt und ihn als seinen eigenen ausgibt, betrügt den Leser und macht sich des Plagiats schuldig. Man sollte vermuten, dass so etwas nur ganz selten vorkäme. … Erstaunlicherweise sind jedoch zahlreiche Seminararbeiten … voller Plagiate, manche von ihnen sogar ein einziges Plagiat, ohne dass ihren Verfassern dies klar geworden wäre" (*Standop/Meyer*, 2008, S. 193).

Die Qualität, insbesondere das Maß an Originalität und Eigenleistung, einer wissenschaftlichen Arbeit kann zu einem gewichtigen Teil anhand der „Arbeit unter dem (Zitier-)Strich" (*Wittmann*, 1982, S. 385) beurteilt werden. Die genaue Kenntnis und sorgfältige Berücksichtigung der unterschiedlichen **Zitatformen** ist eine „conditio sine qua non" (lat.: ein zwingendes Erfordernis); auch die Vorschriften der §§ 51, 63 UrhG verlangen einen ordnungsgemäßen **Quellenbeleg**.

Zitat oder Plagiat

Pflichtzitate

Ungeachtet dieser technischen Notwendigkeit finden sich zahlreiche pauschale „Empfehlungen" zu Umfang und Ausmaß der in einer wissenschaftlichen Arbeit zu zitierenden Literatur (*Kliemann*, 1973, S. 144; *Standop/Meyer*, 2008, S. 35; *Esselborn-Krumbiegel*, 2004, S. 87: „Ein Übermaß an Zitaten [schadet] der Arbeit eher"). Solche Empfehlungen sind **gefährlich**, da sie **Plagiate** geradezu **provozieren**: **Umfang** und Ausmaß der **Zitate** werden alleine bestimmt durch die **verarbeitete** und im Text verwendete **Literatur**. Diese und nur diese Literatur muss – ohne jede Ausnahme – zitiert werden. Jede Auswahl daraus ist ebenso unzulässig wie die Anführung auch nur einer nicht verarbeiteten Quelle oder Schrift.

Zitierfähig sind alle Quellen und Sekundärmaterialien, die in irgendeiner Form – wenn auch, wie z. B. bei Hochschulschriften, in gewissem Maß beschränkt – **veröffentlicht** worden sind; dieses Erfordernis stellt sicher, dass für wissenschaftliche Zwecke nur solches Material verwendet wird, das nachvollziehbar und damit auch **kontrollierbar** ist.

Keine Zitate

Die Autoren der, nach dieser Vorgabe wissenschaftlich **nicht zitierfähigen** Unterlagen, wie z. B. von Seminar- oder Masterarbeiten sowie Vorlesungsmanuskripten, sind aber kein „Freiwild", deren Forschungsergebnisse jeder wissenschaftlich Arbeitende ohne Nachweis verwenden darf: Werden derartige Arbeiten **ausnahmsweise** herangezogen und eingebracht, muss die Verwendung eines solchen Textes ebenso wie bei **mündlichen Auskünften** von Fachleuten oder sonstigen Informationsquellen (Interviews) unter Nennung des **Urhebers** und gegebenenfalls dessen **Adresse** (für eventuelle Nachfragen) in einer Anmerkung angegeben werden. Soweit es sich dabei um **Quellen** handelt, müssen diese vollständig in einem entsprechenden Verzeichnis aufgeführt werden.[1]

Nicht zitierwürdig sind Publikumszeitschriften (Die Bäckerblume, Brigitte, Apotheken-Umschau u. a.) und vergleichbare Publikationen (vgl. bereits *Fonck*, 1908, S. 137 f.; zuletzt *Krämer*, 2009, S. 142). Die Grenze zwischen derartigen Druckerzeugnissen und den zitierfähigen und zitierpflichtigen Veröffentlichungen ist fließend: So können z. B. aus aktuellem Anlass auch Berichte aus Magazinen (Focus, Der Spie-

---

[1] Dazu Kapitel 8.5.4, S. 235 f.

gel, Die Zeit u. a.) geboten sein, auch wenn diese Zeitschriften überwiegend Allgemeinwissen enthalten.

Nicht zitiert werden muss in einer wissenschaftlichen Arbeit darüber hinaus Allgemeinwissen, das jedem Konversationslexikon entnommen werden kann; dies gilt auch für einschlägige Fachausdrücke und allgemeine Begriffe aus Fachlexika sowie einfache mathematische Formeln.

7.3.1 Technik

Grundsätzlich lassen sich als traditionelle Zitiertechniken der Vollbeleg und der Kurzbeleg unterscheiden.

7.3.1.1 Vollbeleg

In einer Arbeit, die über kein eigenes Literaturverzeichnis verfügt, muss jeder im Text verwendete und verarbeitete, d.h. zitierte Titel bei seiner erstmaligen Erwähnung mit allen bibliografischen Daten sowie der, der zitierten Passage entsprechenden Fundstelle (Seitenangabe) in einer Fußnote angeführt werden. Die Fußnoten werden dabei in der gesamten Arbeit durchnummeriert. Bei wiederholter Zitierung desselben Titels ist nur mehr der Nachname, ggf. zusätzlich der (abgekürzte) Vorname und die Fußnotenziffer des Erstbeleges in Klammern anzuführen. Ist eine eindeutige Zuordnung innerhalb einer Fußnote nicht möglich, da derselbe Verfasser in dieser mit verschiedenen Titeln zitiert wird, muss ein Stichwort aus jedem Titel in den Zitatangaben dem Namen hinzugefügt werden.

> **Beispiele: Vollbeleg**
>
> [1] Vgl. *Ballwieser, Wolfgang* IFRS – Rechnungslegung – Konzept, Regeln und Wirkungen, 2., überarb. und erw. Aufl., München: Vahlen, 2009, S. 7–26; *Ballwieser, Wolfgang,* Unternehmensbewertung: Prozeß, Methoden und Probleme, 3. Aufl., Stuttgart: Schäffer-Poeschel, 2011, S. 8–11; *Chmielewicz, Klaus,* Forschungskonzeptionen der Wirtschaftswissenschaft, 3., unveränd. Aufl., Stuttgart: Poeschel, 1994, S. 212–222; *Coenenberg, Adolf G.* u. a., Empirische Bilanzforschung in Deutschland, in: DBW 38 (1978), S. 495–507.
> [2] Vgl. *Ballwieser, W.,* Rechnungslegung (FN 1), S. 22–24; *Coenenberg, A. G.* u. a. (FN 1), S. 497 f.
> [3] Vgl. *Ballwieser, W.,* Unternehmensbewertung (FN 1), S. 100 f.; *Chmielewicz, K.* (FN 1), S. 72–75.

Soweit auf ein Literaturverzeichnis verzichtet wird (oder werden muss), werden – statt der hier vorgeschlagenen Zitierweise – nach dem ersten Vollbeleg anstelle des Fußnotenverweises verschiedene **Abkürzungen** verwendet: Hier findet das „a. a. O." (= am angegebenen Ort) im Anschluss an die Verfasserangabe oder das vornehmere „l. c." (loco citato, lat.) oder „op. cit." (opere citato, lat.) – jeweils mit oder ohne Seitenangabe – **Verwendung**.

Diese alternativen Verweismethoden sind entweder (zusammen mit dem Fußnotenhinweis) **überflüssig** oder aber (ohne Hinweise) eine **Zumutung** für jeden Leser, da es ihm überlassen bleibt, nach dem Erstbeleg im voranstehenden Text zu fahnden. Ein vergleichbares **Ärgernis** stellen **verkürzte Verweise** auf derselben Textseite dar, die den Leser zwingen, einen mäandernden Fußnotenwurm hinauflesen zu müssen, um die erwünschte Information zu erlangen: So lässt ein vermeintlich eigenständiger Fußnotenverweis im Text den Leser von „ibid" über „ebenda, S. 15" zu *„Drukarczyk, J.,* a. a. O., S. 23" eventuell noch aufgelockert durch *„Drukarczyk, J.,* a. a. O., passim (lat.: da und dort)" eine Reise durch die Fußnoten antreten, bis er die gesuchte, vollständige bibliografische Angabe nach diesem Fußnoten-Marsch erhält.

Ein Zitat – ein Nachweis

Obwohl mit allen diesen sinnlosen Abkürzungen **keine** bedeutende **Platzersparnis**, aber für den Leser eine erheblich **geringere Information** (und jede Menge Ärger) erreicht wird, sind sie noch nicht ausgestorben. Eine **mehrfache Zitierung** eines Verfassers bzw. **einer** bestimmten **Schrift** auf derselben Seite im eigenen Text, die durch solche Verweise deutlich wird, sollte aber vorrangig als ein Hinweis oder sogar Alarm verstanden werden, den Text und die gebotene Ausgewogenheit der Darstellung zu überprüfen.

Wird ein **ganzer Absatz** sinngemäß aus dem Gedankengut eines Autors übernommen, dann steht der Fundstellennachweis am Ende dieser Passage und nicht hinter jedem einzelnen Satz; einleitend muss in diesem (selten zu wählendem) Fall dann aber der Zitierte namentlich genannt werden. Ist im eigenen Text aber eine **Aneinanderreihung** unterschiedlicher **Aussagen** eines Autors geboten, sind eine mehrfache Zitierung und gesonderte Fußnotennachweise zwingend erforderlich; eine solche Zitaten-Abfolge sollte aber inhaltlich immer überprüft und (besser) umformuliert werden (a. M.

7.3 Zitate

Grunwald/Spitta, 2008, S. 33). Als Ärgernis mit langer Tradition sollten die vorstehend dargestellten **Verweisformen** aus der wissenschaftlichen Literatur **verschwinden**.

> **Beispiel: Erwähnung im Text**
>
> Text:
> … In diesem Zusammenhang sind die Beiträge in der von *Erwin Dichtl* herausgegebenen Schrift „Schritte zum Europäischen Binnenmarkt"[1] lesenswert …
>
> Fußnote (Vollbeleg):
> [1] Vgl. *Dichtl, Erwin* (Hrsg.), Schritte zum Europäischen Binnenmarkt, 2. Aufl., München: dtv/Beck, 1992

Von den angesprochenen inhaltsleeren Zitatverkürzungen sind solche **Reduktionen** zu unterscheiden, die bezüglich der Vollständigkeit eines **Fußnotenverweises** dann vorgenommen werden, wenn einzelne Angaben davon im Text erwähnt werden: Wird – wie im vorangehenden Beispiel – der zitierte Autor im Text bereits namentlich erwähnt, dann kann auf die Wiederholung der Namensangabe im nachfolgenden (oder in einer Fußnote) ausgewiesenen Zitatnachweis verzichtet werden. Nachteil: Der (so verkürzte) Nachweis ist ohne Einbezug der Textstelle nicht verwertbar.

Verkürzung des Nachweises

7.3.1.2 Kurzbeleg

Der überwiegende Teil der wissenschaftlichen Literatur weist ein Verzeichnis der zitierten Literatur auf; wegen der platzintensiven Zitierweise nach der vorstehend erklärten Vollbeleg-Methode sehen auch Fachzeitschriften oft ein **gesondertes Literaturverzeichnis** für jeden Beitrag vor. Für Übungs- und Seminararbeiten ist ein Literaturverzeichnis in aller Regel erwünscht oder sogar selbstverständlich, für Bachelor-, Magister- und Doktorarbeiten ist es zwingend.

Zwingendes Literaturverzeichnis

Ein Literaturverzeichnis ist die notwendige **Voraussetzung** für jede Form einer **Kurzzitierweise**. Jedes Zitat kann unter dieser Voraussetzung in der dazugehörigen Fußnote bzw. nachfolgend im Text (in Klammern) – ungeachtet ob erstmals oder wiederholt – z. B. wie folgt belegt werden:

Name, Vorname (evtl. abgekürzt), Stichwort, Jahr, Zitatstelle (= Seiten- oder Randziffer-Angabe).

7 Manuskript

Im Literaturverzeichnis kann bei dieser Zitierweise dem voll ausgeschriebenen Zu- und Vornamen zunächst **Stichwort** und **Jahr** in **eckigen Klammern** vor der vollständigen Angabe der bibliografischen Daten folgen. Die mehrfache Verwendung desselben Stichwortes muss nur im Zusammenhang mit demselben Verfassernamen vermieden werden. Soweit mehrere Bände eines Werkes zitiert werden, müssen entweder verschiedene Stichworte gewählt oder entsprechende Bandangaben hinzugefügt werden.

Beispiele: Kurzbeleg

Fußnoten:

[1] Vgl. *Dichtl, E./Gerke, W./Kieser, A.*, Integrationsgedanke, 1987, S. 7; einen Überblick gibt *Dülfer, E.*, Phänomen, 1991.

[2] *Bleuel, J.*, Zitation, 2000, S. 5.

[3] *Freidank, C.-C./Velte, P.*, Rechnungslegung, 2007, S. 217–237.

[4] *Frese, E.*, Organisation, 2000, S. 231–234.

Literaturverzeichnis:

Bleuel, Jens [Zitation, 2000]: Zitation von Internet-Quellen, http://www.bleuel.com/ip-zit.htm (Zugriff 2011-04-22)

Dichtl, Erwin/Gerke, Wolfgang/Kieser, Alfred (Hrsg.) [Integrationsgedanke, 1987]: Der Integrationsgedanke in der Betriebswirtschaftslehre, Wiesbaden: Gabler

Dülfer, Eberhard (Hrsg.) [Phänomen, 1991]: Organisationskultur: Phänomen-Philosophie-Technologie, 2., überarb. und erw. Aufl., Stuttgart: Schäffer-Poeschel

Freidank, Carl-Christian/Velte, Patrick [Rechnungslegung, 2007]: Rechnungslegung und Rechnungslegungspolitik, Stuttgart: Schäffer-Poeschel

Frese, Erich [Organisation, 2000]: Grundlagen der Organisation: Konzept-Prinzipien-Strukturen, 8., überarb. Aufl., Wiesbaden: Gabler

7.3 Zitate

> **Beispiele: Kurzbeleg**
>
> **Weitere Vereinfachungen
> (Fettdruck und einmalige Jahresangabe):**
>
> *Dülfer, E.* (Hrsg.), 1991: Organisationkultur: **Phänomen** – Philosophie -Technologie, 2., überarb. und erw. Aufl., Stuttgart: Schäffer-Poeschel
>
> *Freidank, C.-C./Velte, P.,* 2007: **Rechnungslegung** und Rechnungslegungspolitik, Stuttgart: Schäffer-Poeschel
>
> *Frese, E.,* 2000: Grundlagen der **Organisation** : Konzept-Prinzipien-Strukturen, 8., überarb. Aufl., Wiesbaden: Gabler

Die **Variationen** zu Art und Umfang der Zitatnachweise in den Fußnoten sind zahlreich; so wird vorgeschlagen, dass (allein) dem Nachnamen des Verfassers nur das Jahr der Veröffentlichung mit der entsprechenden Seitenangabe folgen soll; mehrere Titel desselben Verfassers in einem Jahr sind dabei mit kleinen Buchstaben zu unterscheiden (z. B. *Frese,* 2000 a; *Frese,* 2000 b). Gegen diese, international verbreitete, weiterreichende Verkürzungen spricht, dass ein Leser anhand der Jahresangabe regelmäßig nicht in der Lage sein wird, einen ihm sogar bekannten Text (ohne Blick ins Literaturverzeichnis) zu erkennen. Die zuletzt erwähnte, sehr knappe Form des Einzelnachweises findet insbesondere in naturwissenschaftlichen Arbeiten Verwendung, bei denen sich die Zahl der entsprechenden Literaturhinweise in überschaubaren Grenzen halten.

> **Hinweis zur Zitierweise**
>
> Benutzen Sie die in Ihrer Arbeit die Zitierweise, die von ihrem Prüfer bevorzugt bzw. vorgeschrieben wird. Die zahlreichen Varianten (zulässiger) Zitierweisen lassen eine Exklusiv-Empfehlung nicht zu.
>
> Der Ratschlag, eine einmal gewählte Zitierweise aber konsequent und ohne jede Ausnahme in der gesamten Arbeit anzuwenden, sollte zwingend und ohne Zugeständnisse berücksichtigt werden.
>
> Die Idee, eine eigene Zitiertechnik zu entwickeln, sollte nicht weiter verfolgt werden: Die Chance, sich auf gefährliches Eis zu begeben, ist groß.

7.3.2 Position des Zitatnachweises

In wissenschaftlichen Arbeiten, die in Kontinental-Europa erstellt werden, finden sich die Zitatnachweise traditionell in Fußnoten oder Endnoten („**Chicago Style**"). Im angelsächsischen Sprachraum werden die entsprechenden Belege häufig in den Text integriert und folgen (in Klammern) unmittelbar der zitat- oder belegpflichtigen Stelle („**Harvard Style**"; vgl. *Voss*, 2011, S. 107 f.; *Balzert u. a.*, 2008, S. 115: Autor-Jahr-System).

Chicago vs. Harvard

Eine **Entscheidung** für die eine oder andere **Platzierung** der Zitatnachweise ist nur dann gefordert, wenn der Prüfer bzw. die jeweils einschlägige Prüfungsordnung keine diesbezüglichen Vorschrift enthält: In den letzten Jahren ist eine Tendenz zum „**Harvard Style**" auch deshalb festzustellen, weil die Nutzung englischer und US-amerikanischer Literatur über alle Fachgebiete die Regel ist, und die Abfassung von Bachelor-, Master- und Doktorarbeiten in englischer Sprache, auch wenn sie in deutschen Hochschulen eingereicht werden, keine Seltenheit mehr (dazu *Siepmann* u. a., 2011).

Die lesefreundliche und drucktechnisch ökonomische Zitatplatzierung im Text eignet sich aber nur für **Literaturarbeiten**, bei denen das verarbeitete Material begrenzt ist (ebenso *Krämer*, 2009, S. 147–150); auf die Verwendung von **Fußnoten** für Zitatnachweise wird dabei grundsätzlich **verzichtet**. Sobald Anmerkungen in Form von Zusatzinformationen, Erklärungen oder Seitenverweisen aber geboten oder erforderlich sind,[1] werden Fußnoten notwendig und es ergibt sich zwangsläufig eine **Gemengelage** von Zitatnachweisen im Text und (auch) in den Fußnoten.

Diese unschöne „Mischung" aus den beiden Nachweistechniken lässt sich nur durch einen radikalen Vorschlag vermeiden, wie ihn *Kornmeier* in seiner Anleitung zum wissenschaftlichen Schreiben als Tipp gibt: „Indem Sie die Harvard-Zitierweise verwenden (statt Fußnoten), hindern Sie sich in gewisser Weise selbst daran, all das, was 'ebenfalls irgendwie interessant ist', in Fußnoten auszulagern" (2010, S. 251).

---

[1] Vgl. dazu Kapitel 7.4, S. 185 f.

7.3 Zitate

In der **Realität** vieler wissenschaftlicher Arbeiter aber stellt sich die Frage nach dem Zitatnachweisposition durchaus und muss in jedem Fall beantwortet werden: Mein **Vorschlag** lautet – seit fast 30 Jahren unverändert – wie folgt: Wer eine **Seminararbeit** oder hinsichtlich des Umfangs sehr beschränkte andere wissenschaftliche Ausarbeitung zu verfassen hat, kommt mit dem „**Harvard Style**" in der puristischen Form, also dem Name-Jahr-Seite-Nachweis in Klammern im laufenden Text gut zu Recht.

Zitatnachweis im Text

Wer aber eine **umfassendere Arbeit** mit einer stark differenzierenden Argumentation und dazu erforderlichen Anmerkungen beabsichtigt (oder dies entsprechend gefordert wird), der sollte durchgängig alle Zitatnachweise zusammen mit Zusatzinformationen, Erklärungen und Querverweisen in Fußnoten jeweils am Ende der betreffenden Seite einbringen, also dem „**Chicago Style**" anwenden.

Zitatnachweis in Fußnoten

Bei der Wahl zwischen Chicago- oder Harvard-Zitierweise ist darüber hinaus zu berücksichtigen, dass mit diesen Varianten nur über den Ort konkreter Zitatnachweise entschieden wird: Welche Ausgestaltung, welchen Umfang und welche Angaben für einen ordnungsmäßigen Zitatnachweis (in Kurzbelegform) erforderlich sind, kann und muss gesondert geregelt oder vom Verfasser (einheitlich für die ganze Arbeit) festgelegt werden. Die konkret ausgewählte Nachweis- bzw. Belegform erfordert regelmäßig auch eine entsprechend angepasste **Ausgestaltung** des **Literaturverzeichnisses**, damit die Kurzbelege in den Zitatnachweisen auch verwechslungsfrei und vollständig den dort bibliografierten Autoren zugeordnet werden können.

Abschließend sollen noch zwei wenig empfehlenswerte Zitiertechniken erwähnt werden: Zum einen wird in literatur- und naturwissenschaftlichen Arbeiten sowie kürzeren wissenschaftlichen Aufsätzen als Alternative die zitierte Literatur im Literaturverzeichnis nummeriert und im Text als Beleg nur mehr die Titel-Nummer und jeweilige Seitenzahl ausgewiesen (z. B. 47, 113). Zum Anderen findet sich in einer modernen Anleitung zum wissenschaftlichen Arbeiten die Variante, dass vier Buchstaben des Nachnamens mit den zwei letzten Jahresziffern des Erscheinungsjahrs des zitierten Textes kombiniert werden: Thei06 für Theisen, 2006 (vgl. *Baltzert u. a.*, 2008, S. 117–119).

Diesen **Karikaturen** einer ordnungsgemäßen Zitierung sollte keine Beachtung geschenkt werden. *Rossig/Prätsch* bezeichnen diese Formen als „völlig inakzeptabel", „nichtssagend, umständlich … und ein ‚Zerrbild' wissenschaftlicher Exaktheit und Deutlichkeit" (2010, S. 162). Nur für Arbeiten, für die diese ‚Abarten' oder ähnliche Varianten vorgeschrieben werden, ist ein Abweichen nicht zu empfehlen.

Zitierweisen in diesem Buch

Regel: Im gesamten Text – mit Ausnahme von Kapitel 8 – findet eine Variante des „Harvard Style" konsequent Anwendung: Zitatnachweise werden als Kurzbeleg unmittelbar nach dem direkten oder indirekten Zitat (mit vgl.) in Klammern angeführt (Nachname, Jahr, Seite). Das jeweilige Satzzeichen schließt jeden Satz einschließlich des Zitatnachweises ab.

Weiterführende Hinweise und Anmerkungen sowie Literaturhinweise in deren Zusammenhang werden in gleicher Weise als Kurzbeleg in Fußnoten eingebracht. Diese Mischung verlangt der Anleitungs- bzw. Lehrbuchcharakter dieses Textes.

Im Literaturverzeichnis am Ende des Buches werden alle in der Anleitung zitierten Arbeiten in der Form aufgeführt, so wie sie dem gewählten „Harvard Style" entsprechen müssen.

Ausnahme: Nur in Kapitel 8 wird eine traditionelle Variante des „Chicago Style" (Zitatnachweis als Kurzbeleg ausschließlich in den Fußnoten mit: Nachname, abgekürzter Vorname, Stichwort, Jahr, Seite) verwendet, wie ich sie in den Vorauflagen dieses Buches empfohlen habe („Theisen klassisch").

Jeder Nutzer meiner Anleitung **hat die Wahl**: Zitieren wie in Kapitel 8 **oder** wie in allen anderen Kapiteln. Konsequent angewendet, bringen beide Wege den gewünschten Erfolg – garantiert!

7.3.3 Formen

Die jeweils gewählte **Zitiertechnik** muss in einer Arbeit **konsequent** und ausnahmslos **durchgehalten** werden. Individuelle Zitiervorschläge, wie sie häufig u. a. in Handbüchern oder Kommentaren (auf der Titelblatt-Rückseite) gemacht werden, müssen daher immer auf ihre Vereinbarkeit mit dem in der eigenen Arbeit gewählten System überprüft werden. Unabhängig von der gewählten Variante ist jedoch in jedem Fall eine Differenzierung hinsichtlich der Zitatform erforderlich (s. *Darst. 12*).

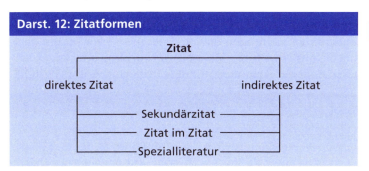

7.3.3.1 Direktes Zitat

Von einem direkten Zitat – oder Zitat im engeren (eigentlichen) Sinne – spricht man, wenn Ausführungen eines Dritten **wörtlich** in den eigenen Text übernommen werden. Derartige Übernahmen haben **buchstaben-** und **zeichengetreu** zu erfolgen.

Wörtliche Zitate

Jedes direkte Zitat muss **im Text** in **Anführungszeichen** gesetzt werden; der **Zitatvermerk** steht nach dem abschließenden Anführungszeichen. Die Fußnote beginnt nach der Ziffernangabe mit dem **Nachnamen** des zitierten Autors ohne hinweisende Vorbemerkung. In den folgenden Beispielen werden jeweils beide Zitiermethoden dargestellt.

Auszeichnung

Beispiel zum direkten Zitat

Text:
Die Befragung bestätigt, „dass die Mitbestimmung die Reaktionsgeschwindigkeit eines Unternehmens bei der Überwindung wirtschaftlicher Krisen nicht erhöht".[1]
Chicago-Fußnote mit Kurzbeleg:
[1] *Gaugler, E.*, Mitbestimmung, 1983, S. 201.
Harvard-Zitatnachweis im Text:
(*Gaugler*, 1983, S. 201)

Auslassungen in einem übernommenen Zitat (Ellipsen) werden durch zwei Punkte „.." (ein Wort) bzw. drei Punkte „..." (mehrere Worte/Sätze) angedeutet. Notwendige eigene **Zusätze** oder Ergänzungen (Interpolationen) des Zitierenden stehen dagegen in eckigen Klammern. Textauszüge bzw. -zusammenziehungen dürfen niemals so gefasst sein, dass die Gefahr einer (unzulässigen) Verkürzung oder sogar Verfälschung der Argumentation des zitierten Autors besteht.

Beispiel zur Auslassung

Originaltext von *W. Benjamin:*
„Wer an die Niederschrift eines größeren Werks zu gehen beabsichtigt, lasse sich's wohl sein und gewähre sich nach erledigtem Pensum alles, was die Fortführung nicht beeinträchtigt."[1]

Aus diesem Text lässt sich als sinnentstellendes Fehlzitat bzw. unzulässige Verkürzung z. B. formulieren:
„Wer an die Niederschrift eines größeren Werks zu gehen beabsichtigt, ... gewähre sich ... alles, was die Fortführung nicht beeinträchtigt."[1]

Chicago-Fußnote mit Kurzbeleg:
[1] *Benjamin, W.*, Einbahnstrasse, 1955, S. 46.

Harvard-Zitatnachweis im Text:
(*Benjamin*, 1955, S. 46)

Eigene Hervorhebungen – beispielsweise Unterstreichungen oder Sperrungen – müssen in **eckigen Klammern** als **Zusatz** im Zitat (**Interpolationen**) gekennzeichnet werden (z. B. [Hervorhebung nicht im Original]). Werden für solche **Interpolationen** sowie Kennzeichnungen keine eckigen Klammern verwendet werden, so ist dem entsprechenden **Zusatz** in runden Klammern ein **Autorennachweis** hinzuzufügen (z. B. (Hervorhebung nicht im Original, *M. R. T.*)).

Diese Differenzierung ist notwendig, damit in (runde) Klammern stehende Zitatbestandteile von Anmerkungen des Verfassers unterschieden werden können.

7.3 Zitate

Beispiel zur Hervorhebung

Originaltext:

Das Ziel der auf *J. Marschak* zurückgehenden Teamtheorie ist die simultane Ermittlung der optimalen Entscheidungs-, Informations- und Kommunikationsstruktur unter Abstraktion von allen psychologischen und soziologischen Charakteristika der Entscheidungsträger (1954). In der Teamtheorie wird das Problem der Entscheidungen in Unternehmungen wie folgt beschrieben: ...

Zitat:

„Das Ziel der ... Teamtheorie [*J. Marschak,* 1954] ist die simultane Ermittlung der optimalen [Sperrung nicht im Original] Entscheidungs-, Informations- und Kommunikationsstruktur unter Abstraktion von allen psychologischen und soziologischen Charakteristika der Entscheidungsträger".[1]

Oder (hilfsweise): „In der Teamtheorie wird das Problem der Entscheidungen in Unternehmungen wie folgt (umfassend, *M. R. T.*) beschrieben."[1]

Chicago-Fußnote mit Kurzbeleg:

[1] *Grochla, E.,* Unternehmungsorganisation, 1974, S. 22.

Harvard-Zitatnachweis im Text:

(*Grochla*, 1974, S. 22)

Bei Auslassungen zu Beginn und am Ende eines direkten Zitates stehen keine **Auslassungspunkte**; dies gilt auch, soweit ein Zitat in den eigenen Text eingebaut und dabei der Original-Anfang oder das Ende eines zitierten Satzes weggelassen wird. Innerhalb eines Zitates müssen Kürzungen zu Satzbeginn oder -ende entsprechend gekennzeichnet werden.

Textlücken auffüllen

Beispiel zur fehlerhaften Auslassung

Nach *J. Maschak's* Teamtheorie steht im Mittelpunkt „die simultane Ermittlung der optimalen Entscheidungs-, Informations- und Kommunikationsstruktur unter Abstraktion ... der Entscheidungsträger".[1]

Das vorstehende Beispiel enthält allerdings eine sinnentstellende **Zitatverkürzung**, da die entscheidende Einschränkung („unter Abstraktion ...") vom Zitierenden unzulässigerweise ausgelassen wurde.

Originaltexte nicht anpassen

Soweit durch den eigenen Satzbau bedingt **grammatikalische Änderungen** (Flexionen) in einem direkten Zitat vorgenommen werden müssen, stehen diese ebenfalls in **eckigen Klammern**. Sonstige Änderungen in der **Zeichensetzung** sind ebenso wie eine Korrektur veralteter Schreibweisen, Rechtschreibreform-bedingter Abweichungen oder orthografischer Fehler im Original **unzulässig**; derartige Eigenwilligkeiten des zitierten Textes können im eigenen Text mit einem [lat.: sic! = wirklich so!] oder [!] kenntlich gemacht werden; damit wird deutlich, dass der Zitierende die (übernommenen) Besonderheiten registriert hat; handelt es sich um systematische Abweichungen (z. B. Schweizer Rechtschreibung) sollte darauf einleitend in einer Fußnote hingewiesen werden.

Zulässige Änderungen

Am Anfang und am Ende eines Zitates können die Großbzw. Kleinschreibung und die Interpunktion dem eigenen Text angepasst werden. Soweit das direkte Zitat einen (oder mehrere) vollständige Sätze umfasst, gehört der abschließende Punkt oder Strichpunkt zum Zitat und damit vor das abschließende Anführungszeichen; in allen anderen Fällen schließt das Anführungszeichen das direkte Zitat, der Punkt gehört zum laufenden Text. Bei allen abgeschlossenen Sätzen steht die **Fußnotenziffer** als **letztes Zeichen** vor dem Beginn des nächsten Satzes.

Beispiel zu grammatikalischen Änderungen

Originaltext (nach alter Rechtschreibung verfasst):

„Der Verbraucher muß das Nutzungsversprechen einer Marke lernen, er muß lernen, worin im Vergleich zu konkurrierenden Produkten die bessere Leistung der Marke liegt."

Zitat:

H. Meffert/C. Burmann weisen darauf hin, dass „der Verbraucher … das Nutzungsversprechen einer Marke lernen"[1] muss und bestätigen ausdrücklich: „Er muß [!] lernen, worin … die bessere Leistung der Marke lieg[e]."[2]

Chicago-Fußnote mit Kurzbeleg:

[1] *Meffert, H./Burmann, C.*, Abnutzbarkeit, 1998, S. 88.
[2] *Meffert, H./Burmann, C.*, Abnutzbarkeit, 1998, S. 88.

Harvard-Zitatnachweis im Text:

(*Meffert/Burmann*, 1998, S. 88)

7.3 Zitate

Fremdsprachliche Zitate können im Text in der Originalsprache zitiert werden, soweit es sich um eine Schulsprache handelt und die Verwendung des Originaltextes Missverständnisse ausschließt bzw. den Charakter des Zitats unterstreicht; in einer Fußnote sollte eine deutsche Übersetzung (unter Angabe des Übersetzernamens) angeboten werden.

> **Beispiel zum fremdsprachlichen Zitat**
>
> Originaltext:
> „Als die drastische Kostenüberschreitung ... nicht mehr vermieden werden konnte, bekannte er sich zum Vorrang des Leistungs- vor dem Kostenziel: 'Projects like these don't have economics as their foundation. To me, the production of the event ... is the ultimate challenge'."[1]
>
> Fußnote nach der Vollbeleg-Methode:
>
> [1] *Grün, Oscar,* Die Olympischen Winterspiele 1980 in Lake Placid (USA), Wien: Wirtschaftsuniversität, 1988, S. 41 (mit einem Zitat von *Wiltebort, S.,* Petr Spurneys Olympian, in: Fortune, Jan. 14th, 1980, p. 85).
>
> Chicago-Fußnote mit Kurzbeleg:
>
> [1] *Grün, O.,* Winterspiele, 1988, S. 41 (mit einem Zitat von *Wiltebort, S.,* Olympian, 1980, p. 85).
>
> Harvard-Zitatnachweis im Text:
> (*Grün,* 1998, S. 41, mit einem Zitat von *Wiltebort,* 1980, p. 85)

Soweit aber eine **Übersetzung** nicht zugleich **Interpretation** – und damit subjektive Veränderung – des Textes bedeutet, dem Zitat also mehr inhaltliche als sprachliche Bedeutung zukommt, sollte die deutsche Übersetzung im Text und das Original in der Fußnote angeführt werden. Fremdsprachige Zitate eignen sich nicht als Beleg der kosmopolitischen Einstellung des Verfassers (ebenso *Möllers,* 2010, S. 135). Liegt von einem Buch sowohl die (fremdsprachige) Originalversion als auch eine – vom Verfasser autorisierte – deutsche Übersetzung vor, können die Werke alternativ verwendet werden; zu berücksichtigen ist dabei aber, dass die Originalversion immer die aktuellere, letzte Auflage bzw. Fassung ist. In diesen Fällen sollte im Original überprüft werden, ob das Zitat Bestand hat.

Für Länge und Häufigkeit direkter Zitate gilt das zu diesem Abschnitt einleitend Gesagte.[1] Längere wörtliche Zitate können mit einfachem Zeilenabstand geschrieben und um 1 cm vom linken Textrand eingezogen werden, um damit zusätzlich optisch eine Abhebung vom laufenden Text zu erreichen.

7.3.3.2 Indirektes Zitat

Sinngemäße Zitate

In Abgrenzung zum direkten Zitat bezeichnet man jede Form einer textlichen Anlehnung, sinngemäßen Wiedergabe oder auch nur stützenden Argumentation unter **Verwendung fremder** Gedanken und **Ausführungen** als **indirektes** (sinngemäßes) **Zitat** (Paraphrase). Ungeachtet der Notwendigkeit, dass der eigene Text vollständig selber formuliert werden muss, berechtigt dies nicht zum Verschweigen der „geistigen Väter" der einzelnen Gedanken und Ansätze.

Jede eigene Ausführung, soweit diese (auch) auf **Überlegungen Dritter** beruht, ist in Form eines indirekten Zitats zu **belegen**. Da es die Zielsetzung jeder Seminar-, Bachelor- oder Masterarbeit ist, die Fähigkeit zur Arbeit mit Literatur- und Quellenmaterial unter Beweis zu stellen, besteht auch kein Anlass, die Grundlagen und Quellen der eigenen Überlegungen nicht ausnahmslos offenzulegen.

Einleitender Hinweis

Indirekte Zitate stehen niemals in Anführungszeichen. Sie werden im Text nur durch einen **Fußnotenvermerk** gekennzeichnet; die Fußnote selbst muss mit einem „Vgl." (= Vergleiche) oder „S." (= Siehe) beginnen. Durch diese Einleitung wird in der Fußnote das indirekte Zitat vom direkten Zitat unterschieden. Bei indirekten Zitaten, denen eine Sekundärliteraturstelle vergleichend (!) gegenübergestellt werden soll, ist „Vgl.", bei einem hinweisenden bzw. weiterführenden Vermerk entsprechend „S." zu verwenden.

Das indirekte Zitat selbst muss aber nicht im Konjunktiv I oder II („indirekte Rede") verfasst werden, der richtig platzierte Zitatnachweis belegt den Fremdbezug.

> **Expertentipp**
>
> „Nach den zahlreichen Plagiatsaffären dürfte auch der letzte Forscher erfasst haben, dass Fußnoten nicht als Zierrat gedacht sind" (*Preuss*, 2013, S. 4).

---

[1] Vgl. oben S. 169 f.

> **Beispiel zum indirekten Zitat**
>
> Eigener Text:
>
> In einer *DBW*-Sammelrezension zum Thema „Controlling" arbeiten *T. Günther/M. Niepel* einige grundsätzliche Kritikpunkte zu der untersuchten Controlling-Literatur heraus. Das im Folgenden zur Beurteilung der ausgewählten Werke verwendete Schema baut auf diesem Ansatz auf.[1]
>
> Die Unternehmenspublizität ist in den letzten Jahren in weiten Bereichen der theoretischen wie praxisbezogenen Diskussion über die Verbesserung der Information der Unternehmen- und Konzernumwelt in den Mittelpunkt des Interesses gerückt.[2]
>
> Chicago-Fußnote mit Kurzbeleg:
>
> [1] Vgl. dazu *Günther, T./Niepel, M.,* Controlling, 2000, S. 228 f.
> [2] S. dazu die umfassende Darstellung von *Haller, A./Raffournier, B./Walton, P.,* Unternehmenspublizität, 2000, S. 112–136 m. w. N.
>
> Harvard-Zitatnachweis im Text (statt Fussnotenziffer):
>
> (vgl. *Günther/Niepel,* 2000, S. 228 f.) **bzw.**
>
> (s. dazu die umfassende Darstellung von *Haller/Raffournier/Walton,* 2000, S. 112–136)

In jedem Fall müssen für den Leser – und in einem Referat für den Zuhörer – **Anfang** und **Ende** auch eines längeren indirekten Zitates klar **erkennbar** sein. Der **Fußnotenvermerk** im Text (bzw. der Zitatbeleg in Klammern) steht deshalb immer am **Ende** des jeweiligen **Satzes** oder Abschnittes nach dem schließenden Satzzeichen, **nicht bei der Überschrift** oder der Namensangabe des (sinngemäß) zitierten Autors; bezieht sich der Zitathinweis auf ein einzelnes Wort oder eine Wortgruppe, steht ausnahmsweise – wie beim direkten Zitat – der Vermerk im Text in unmittelbarem Anschluss und noch vor einem nachfolgenden Satzzeichen.

Sollen einem wörtlichen (direkten) Zitatnachweis in derselben Fußnote weitere Fundstellen mit vergleichbaren oder weiterführenden Ausführungen anderer Autoren angefügt werden, so bleibt es bei einer Fußnotenziffer im Text; in dem Fußnotentext ist unmittelbar nach der (direkten) Zitatquelle mit Semikolon und „vgl." oder „s." fortzufahren.

> **Beispiel zur Angabe weiterer Fundstellen**
>
> Chicago-Fußnote mit Kurzbeleg:
>
> ¹ *Heinhold, M.*, Buchführung, 2010, S. 7; vgl. dazu auch *Hopt, K./Rudolph, B./Baum, H.*, Börsenreform, 1997, S. 934 f.
>
> Harvard-Zitatnachweis im Text:
>
> (*Heinhold*, 2010, S. 7; vgl. dazu auch *Hopt/Rudolph/Baum*, 1997, S. 934 f.).

Folgen einem indirekten Zitatnachweis weitere vergleichbare oder gegensätzliche Literaturmeinungen, sind diese mit „ebenso", „exemplarisch" oder „auch" bzw. „anderer Meinung (a. M.)" oder „anders aber", „dagegen" nach einem Semikolon anzuschließen.

> **Beispiel zur Angabe gegensätzlicher Fundstellen**
>
> Chicago-Fußnote mit Kurzbeleg:
>
> ¹ Vgl. *Heymann, H.-H./Seiwert, L. J./Theisen, M. R.*, Mitbestimmungsmanagement, 1983, S. 170; dazu auch *Hommelhoff, P.*, Konzernleitungspflicht, 1988, S. 194–202; a. M. *Horváth, P.*, Controlling, 2002, S. 2–7.
>
> Harvard-Zitatnachweis im Text:
>
> (Vgl. *Heymann/Seiwert/Theisen*, 1983, S. 170; dazu auch *Hommelhoff*, 1988, S. 194–202; a. M. *Horváth*, 2002, S. 2–7).

Sollen **mehrere Nachweise** zu einer Frage oder Meinung angegeben werden, kann es geboten sein, **chronologisch** vorzugehen, um mögliche (Zitat-)Abhängigkeiten in der Literatur kenntlich zu machen. Regelmäßig ist dann mit der ältesten Literaturstelle zu beginnen, wobei bei der Verwendung späterer Auflagen das Erscheinungsjahr der ersten Auflage eines Titels beachtlich ist; in diesen Fällen müssen Vorauflagen kontrolliert werden, damit ermittelt werden kann, wer ursprünglich welchen Autor zitiert bzw. verwertet hat. Aus Gründen der Aktualität kann jedoch auch die jüngste Fundstelle vorangestellt werden, soweit damit nicht der Eindruck einer (falschen) Urheberschaft für bereits früher von anderen Autoren veröffentlichte Erkenntnisse erweckt wird.

Werden Fundstellen zitiert, die ihrerseits umfassende Nachweise zu einem Thema oder Problem enthalten, darf die dort angeführte Literatur nicht als „Sekundärzitat" übernommen (genauer gesagt: abgeschrieben) werden; sind diese weiteren Hinweise auch für die eigenen Ausführungen und deren Leser interessant, muss ein entsprechender Hinweis gegeben werden (m. w. N. = mit weiteren Nachweisen).

> **Beispiel zur Angabe weiterführender Fundstellen**
>
> Chicago-Fußnote mit Kurzbeleg:
>
> [1] Vgl. *Küpper, H.-U.*, Controlling, 2008, S. 310–315, und *Küpper, H.-U./Weber, J.*, Grundbegriffe, 1995, S. 80–87, jeweils m. w. N.
>
> Harvard-Zitatnachweis im Text:
>
> (vgl. *Küpper*, 2008, S. 310–315, und *Küpper/Weber*, 1995, S. 80–87, jeweils m. w. N.).

7.3.3.3 Sekundärzitat

Unabhängig davon, ob das erforderliche Material nach dem (hier vorgeschlagenen) systematischen, dem pragmatischen oder einem gemischten Verfahren ermittelt wurde, nimmt gleichzeitig damit auch die Zahl der indirekt ermittelten Fundstellen und Zitate sehr schnell zu.

Die Fülle des Materials, die begrenzte Zeit sowie der Glaube an die (mit der eigenen Vorgehensweise vergleichbare?) Redlichkeit wissenschaftlicher Autoren verleiten dann zu Zitaten aus zweiter bzw. -zigster Hand, die ich „Gebrauchtzitate" nenne. Dieser Ausdruck wird in Anlehnung an den Gebrauchtwagen hier eingeführt, weil ein solches Zitat dessen Zuverlässigkeit teilt: Es kann funktionieren, häufiger wird man allerdings gründlich enttäuscht.

Gebrauchte Zitate

Jedes Zitat, das nicht unmittelbar selbst recherchiert wurde, sowie jeder Verweis, muss anhand des jeweiligen Originals überprüft werden; dabei sind Veränderungen durch einen Auflagenwechsel ebenso zu beachten wie die Möglichkeit, dass auch schon im „Original" ein „Gebrauchtzitat" vorliegt. In diesem Fall müssen alle zwischenzeitlichen Verarbeiter ausgeschaltet und der „geistige Vater" gesucht werden.

Zitate prüfen

Dieser Weg über zahlreiche Fußnotennachweise in den verschiedensten Verarbeitungsstufen ist mühsam, sichert aber allein das korrekte Zitat. Nicht selten erweist sich am

Ende dabei ein scheinbar geeignetes, aber mehrfach bereits gebrauchtes Zitat nach dem Originaltext als für die eigene Arbeit unbrauchbar.

> **Expertentipp**
>
> Das wissenschaftlich abgesicherte, **plagiatfreie Zitat** hat nur eine Fundstelle, den Originaltext bzw. die Originalquelle. **Fehlzitate** – zum Teil in der zweiten oder dritten Generation bis zur Unkenntlichkeit abgewandelt – gehören zur Erfahrung jedes wissenschaftlich Arbeitenden:
>
> „Es ist erstaunlich, wie viele Zitate immer wieder falsch übernommen werden, da niemand sich die Mühe gemacht hat, die Richtigkeit zu überprüfen" (*Kliemann*, 1973, S. 27).

Kann im Einzelfall (!) trotz (intensiver) eigener Nachforschungen der Originaltext aber nicht eingesehen – bzw. in Kopie besorgt oder online überprüft – werden, ist ein **Sekundärzitat** unvermeidbar. Diese Tatsache ist aber – je nach Zitiertechnik – in der entsprechenden Fußnote (Vollbeleg-Methode) bzw. im Literaturverzeichnis (Kurzbeleg-Methode) als solche gesondert auszuweisen.

> **Beispiele zum Sekundärzitat**
>
> [1] Vgl. *Kieser, A./Walgenbach, P.*, Organisation, 4. Aufl., Stuttgart: Poeschel, 2003, S. 337 f. (zit. nach *Köhler, R.*, Profit Center im Marketing, in: *Ludwig G. Poth/Gudrun S. Poth* (Hrsg.), Marketing, Loseblatt-Sammlung Neuwied: Luchterhand, 46. Lieferung, 2004, Kz. 54 Anm. 53).
>
> Chicago-Fußnote mit Kurzbeleg:
>
> [1] Vgl. *Kieser, A./Walgenbach, P.*, Organisation, 2003, S. 337 f.
>
> Harvard-Zitatnachweis im Text:
>
> (vgl. *Kieser/Walgenbach*, 2003, S. 337 f.).
>
> Literaturverzeichnis:
>
> *Kieser, Alfred/Walgenbach, Peter* [Organisation, 2003]: Organisation, 4. Aufl., Stuttgart: Poeschel (zit. nach *Köhler, R.*, Profit, 2004), **und**
>
> *Köhler, Richard* [Profit, 2004]: Profit Center im Marketing, in: *Ludwig G. Poth/Gudrun S. Poth* (Hrsg.), Marketing, Neuwied: Luchterhand

7.3.3.4 Zitat im Zitat

Im direkten Zitat werden wörtliche Zitate, die der angeführte Verfasser seinerseits zitiert hat, in einfache (halbe) Anführungsstriche gesetzt („...'), um sie als **Zitat im Zitat** zu kennzeichnen. In der Fußnote ist auf die somit indirekt zitierte Quelle zusätzlich hinzuweisen. — **Zitiertes Zitat**

Beispiel zum Zitat im Zitat

Eigener Text:

Nach der Auffassung von *W. Kroeber-Riel/G. Meyer-Hentschel* sind es insbesondere zwei Bedingungen, mit denen sich „die Konsumentenforschung und die zur Zeit entstehende ‚Psychologie der Macht' ... sehr eingehend beschäftigt haben."[1]

Fußnote nach der Vollbeleg-Methode:

[1] *Kroeber-Riel, Wolfgang/Meyer-Hentschel, Gundolf*, Werbung : Steuerung des Konsumentenverhaltens, Würzburg: Physica, 1982, S. 41 (mit einem Zitat von *Perlmuter, L. C./Monty, R. A.*, Choice and Perceived Control, Hillsdale, 1979).

Chicago-Fußnote mit Kurzbeleg:

[1] *Kroeber-Riel, W./Meyer-Hentschel, G.*, Werbung, 1982, S. 41 (mit einem Zitat von *Perlmuter, L. C./Monty, R. A.*, Control, 1979).

Harvard-Zitatnachweis im Text:

(Kroeber-Riel/Meyer-Hentschel, 1982, S. 41, mit einem Zitat von *Perlmuter/Monty*, 1979).

Ausführungen eines zitierten Verfassers, die bei diesem bereits in Anführungszeichen stehen, die aber dort kein wörtliches Zitat, sondern nur einen besonderen Begriff kennzeichnen, sind im Rahmen des eigenen direkten Zitates ebenfalls mit einfachen Anführungsstrichen aufzunehmen.

7 Manuskript

> **Beispiel zum Zitat in Anführungsstrichen**
>
> Originaltext:
>
> Mit dem Begriff Konflikt wurden eher Schlagworte wie „Erziehung zum Konflikt", „Systemveränderung", „Klassenkampf" und gewaltsame Auseinandersetzungen assoziiert.
>
> Eigener Text:
>
> *W. Krüger* weist zu Recht darauf hin, dass in der Unternehmungspraxis früher „mit dem Begriff Konflikt.. eher Schlagworte wie ‚Erziehung zum Konflikt', ‚Systemveränderung', ‚Klassenkampf' und gewaltsame Auseinandersetzungen assoziiert [wurden]."[1]
>
> Fußnote nach der Vollbeleg-Methode:
>
> [1] *Krüger, Wilfried,* Theorie unternehmungsbezogener Konflikte, in: ZfB 51 (1981), S. 910.
>
> Chicago-Fußnote mit Kurzbeleg:
>
> [1] *Krüger, W.,* Theorie, 1981, S. 910.
>
> Harvard-Zitatnachweis im Text:
>
> (*Krüger*, 1981, S. 910).

Direkte Zitate im eigenen indirekten Zitat sind durch einen einleitenden Hinweis auf die sinngemäße Übernahme der folgenden Passage zu **kennzeichnen**; zusätzlich müssen sie aber als wörtliches Zitat mit einem gesonderten Fußnotennachweis ausgewiesen werden.

> **Expertentipp**
>
> „Wörtliche Zitate sollten nur verwendet werden, falls es auf den genauen Wortlaut der Formulierung ankommt, ansonsten sind sie verpönt" (*Brink*, 2007, S. 217).

7.3 Zitate

Beispiel zum direkten Zitat im eigenen indirekten Zitat

Eigener Text:

Zu der Kritik an den Grundsätzen ordnungsmäßiger Buchführung sollen die Haupteinwände von *Ulrich Leffson* wiedergegeben werden, der in der vierten Auflage seiner „Grundsätze ordnungsmäßiger Buchführung" (1976) die Formulierung in § 38 HGB für „recht glücklich"[1], dennoch aber im Ergebnis für zu abstrakt gewählt hält. Er sieht deshalb insbesondere die Betriebswirtschaftslehre als sachkundige Instanz zur Konkretisierung dieser unbestimmten Rechtsinhalte berufen.[2]

Fußnote nach der Vollbeleg-Methode:

[1] *Leffson, Ulrich,* Die Grundsätze ordnungsmäßiger Buchführung, 4. Aufl., Düsseldorf: IdW-Verlag, 1976, S. 26; vgl. dazu aber auch die späteren Änderungen in der 7. Auflage, 1987, S. 28–38, 143–145.

[2] Vgl. *Leffson, U.,* Grundsätze, 1987 (FN 1), S. 25–41.

Chicago-Fußnote mit Kurzbeleg:

[1] *Leffson, U.,* Grundsätze, 1976, S. 26; vgl. dazu aber auch die Änderungen in *Leffson, U.,* Grundsätze, 1987, S. 28–38, 143–145.

[2] Vgl. *Leffson, U.,* Grundsätze, 1987, S. 25–41.

Harvard-Zitatnachweis im Text:

(*Leffson*, 1976, S. 26; vgl. dazu aber die späteren Änderungen 1987, S. 28–38, 143–145) bzw. (*Leffson*, 1987, S. 25–41).

7.3.3.5 Spezialliteratur

Eine Reihe wissenschaftlicher Themenstellungen erfordern einen interdisziplinären Ansatz. Insbesondere aus dem Bereich der Rechtswissenschaften müssen häufig Literatur, Gesetzestexte und Kommentare herangezogen und verarbeitet werden. Sowohl bei der Zitierung von Gesetzestexten (die ihrer Art nach den Quellen zuzurechnen sind) als auch von entsprechenden Gesetzeskommentaren (die zum Sekundärmaterial gehören) sind Besonderheiten zu beachten.[1]

Gesetzestexte und Paragraphen werden, soweit sie in direkter Form – also in Anführungszeichen – in den eigenen Text

---

[1] Zur teilweise abweichenden juristischen Zitierweise s. *Putzke*, 2010, S. 45–58; *Schimmel*, 2011, S. 69 f., 226, und *Möllers*, 2010, S. 131–146.

eingebracht werden **wie direkte Literaturzitate** ausgewiesen. Ist eine gesetzliche Vorschrift zum Verständnis erforderlich, sollte sie im Text unmittelbar zitiert, nur in Ausnahmefällen in Form eines Paragraphenhinweises in Klammern nachgestellt werden.

> **Beispiel zum Zitat aus Gesetzestexten**
>
> Eigener Text:
>
> Das Einkommensteuergesetz (EStG) verlangt von Gewerbetreibenden, „die auf Grund gesetzlicher Vorschriften verpflichtet sind, Bücher zu führen und regelmäßig Abschlüsse zu machen, oder die ohne eine solche Verpflichtung Bücher führen und regelmäßig Abschlüsse machen"[1], das Betriebsvermögen nach handelsrechtlichen Grundsätzen auszuweisen.
>
> Fußnote nach der Vollbeleg-Methode:
>
> [1] § 5 Abs. 1 Satz 1 EStG; zum persönlichen und sachlichen Anwendungsbereich *Schmidt, Ludwig*, Einkommensteuergesetz, 31. Aufl., München: Beck, 2012, § 5 Anm. 3.
>
> Chicago-Fußnote mit Kurzbeleg:
>
> [1] § 5 Abs. 1 Satz 1 EStG; zum persönlichen und sachlichen Anwendungsbereich *Schmidt*, 2012, § 5 Anm. 3.
>
> Harvard-Zitatnachweis im Text:
>
> (§ 5 Abs. 1 Satz 1 EStG; zum persönlichen und sachlichen Anwendungsbereich *Schmidt*, 2012, § 5 Anm. 3).

Im Fußnotentext müssen, abweichend von der sinngemäßen Zitierung einer Textstelle mit vorangestelltem „Vgl.", Paragraphen – außerhalb eines direkten Zitats – mit einem hinweisenden „S." (= Siehe) zitiert werden: Von Juristen wird zu Recht darauf hingewiesen, dass es bei Gesetzestexten nichts „zu vergleichen" gibt, vielmehr ausnahmslos auf solche Vorschriften nur verwiesen werden kann.

Paragraphenangaben können nach (mindestens) zwei Methoden geschrieben werden; eine einmal gewählte Methode muss im gesamten Text **einheitlich** benutzt werden:

§ 9 Abs. 2 S. 1 Nr. 3 GWB

oder: § 9 II 1 Nr. 3 GWB (Nr. bzw. Ziffer müssen angeführt werden)

In verschiedenen nationalen bzw. internationalen Normen spricht man statt von Paragraphen von Artikeln (Art., z. B. Grundgesetz), Section (Sec.), Rule oder Abschnitten (Abschn.). Untergliedert werden die meisten dieser Texte in Absätze (Abs.), Sätze (S.), Halbsätze (Hs.), Nummern (Nr.) oder Ziffern (Ziff.) sowie Buchstaben (Buchst. oder lit). Mehreren Paragraphen desselben Gesetzes, auf die in einem Nachweis verwiesen wird, ist das Doppel-Paragraphenzeichen voranzustellen (z. B. §§ 26, 27 MitbestG); bei mehreren Artikeln wird Artt. verwendet. Jedem Paragraphennachweis muss die Kurzbezeichnung des zitierten Gesetzes folgen. Eine Ausnahme dazu besteht nur für solche Texte, in denen ein Gesetzestext durchgängig zitiert wird; in einem solchen Fall kann auf ihn am Ende des Abkürzungsverzeichnis hingewiesen werden (z. B. „Paragraphenverweise ohne Gesetzesangabe sind solche des Aktiengesetzes 1965").

Gesetzestexte und vergleichbares amtliches Schrifttum sind ausnahmslos nach der (gedruckten oder elektronischen) amtlichen Quelle und nicht nach einer Gesetzessammlung (wie z. B. *Schönfelder, H.,* Deutsche Gesetze) oder sonstigen (Sekundär-)Veröffentlichungen zu zitieren. Bei der erstmaligen Erwähnung eines Gesetzes im Text oder einer Fußnote ist der vollständigen amtlichen Bezeichnung in Klammern die im Folgenden verwendete Kurzbezeichnung und/oder Abkürzung hinzuzufügen. Der vollständige bibliografische Nachweis der verwendeten Texte erfolgt im Quellenverzeichnis.

> **Beispiel zum Verweis auf Gesetzestexte**
>
> Eigener Text:
>
> Von der Haftung für fehlerhafte Produkte nach dem Produkthaftungsgesetz[1] sind landwirtschaftliche Naturprodukte ausgenommen.
>
> Chicago-Fußnote mit Kurzbeleg:
>
> [1] Gesetz über die Haftung für fehlerhafte Produkte (Produkthaftungsgesetz – ProdHaftG) vom 15. 12. 1989.
>
> Harvard-Zitatnachweis im Text:
>
> (Gesetz über die Haftung für fehlerhafte Produkte (Produkthaftungsgesetz – ProdHaftG) vom 15. 12. 1989).

Alle zitierten **Gesetze** und Rechtsverordnungen müssen mit Angabe des Tages der **Ausfertigung** und der letzten bzw. verwendeten **Fassung** im Quellenverzeichnis aufgelistet werden. Soweit zwischenzeitlich nicht nur die Änderung einzelner Vorschriften, sondern eine vollständig neue Fassung eines Gesetzes veröffentlicht worden ist, kann auf die (zusätzliche) Zitierung der ursprünglichen Fassung verzichtet werden.

Die Zitierweise und der Aufbau von Gesetzes- und Rechtsprechungsnachweisen wird an anderer Stelle erklärt.[1] Abweichend von der Erfassung im Rechtsprechungsverzeichnis kann bei Urteilen im Fußnotennachweis auf die Angabe des Aktenzeichens (Az.) dann verzichtet werden, wenn eine eindeutige Zuordnung auf Grund der Datumsangabe möglich ist. Die Verwendung von **Gesetzeskommentaren** und kommentierten Gesetzessammlungen verlangt sowohl nach der Voll- als auch der Kurzbeleg-Methode eine abweichende Zitierweise.

Herausgeberwerke Umfassende Kommentare tragen meist den Namen mehrerer **Herausgeber**, zudem werden die einzelnen Kommentierungen regelmäßig von einer Reihe von (weiteren) **Bearbeitern** erstellt. Ein korrekter **Literaturnachweis** muss in diesen Fällen sowohl den Bearbeiter als auch die (oder den) Herausgeber des zitierten Kommentars **namentlich** erwähnen, wobei nur jeweils bis zu drei Namen berücksichtigt werden; bei Loseblatt-Sammlungen muss zusätzlich zum Erscheinungsjahr (bzw. den Erscheinungsjahren) des Gesamtwerkes auch der **Stand** der verwendeten Sammlung (Stand: 30.08.2013) bzw. die Ordnungszahl der Lieferung (19. Lfg. August 2011) angegeben werden.

---

[1] Vgl. Kapitel 4.4.1, S. 70 und 4.4.2, S. 71.

> **Beispiel zum Zitat von Gesetzeskommentaren**
>
> Eigener Text:
>
> *Als Reallast* bezeichnet man die Belastung eines Grundstückes, wenn an denjenigen, zu dessen Gunsten die Belastung erfolgt, wiederkehrende Leistungen aus dem Grundstück zu entrichten sind.
>
> Chicago-Fußnote mit Kurzbeleg:
>
> [1] S. § 1105 BGB; dazu *Joost, D.*, Münchener Kommentar, 2009, § 1105 RdNr. 8–30.
>
> Harvard-Zitatnachweis im Text:
>
> (s. § 1105 BGB; dazu *Joost*, 2009, § 1105 RdNr. 8–30).
>
> Literaturverzeichnis:
>
> *Joost, Detlev* (Bearb.), §§ 1105–1112 BGB, in: *Franz Jürgen Säcker/Roland Rixecker* (Hrsg.): Münchener Kommentar zum Bürgerlichen Gesetzbuch, Bd. 6, 5. Aufl., München: Beck, 2009.
>
> und
>
> *Säcker, Franz Jürgen/Rixecker, Roland* (Hrsg.): Münchener Kommentar zum Bürgerlichen Gesetzbuch (MünchKomm), 5. Aufl., München: Beck, 2009.

In der juristischen Fachliteratur werden die verschiedensten Zitierformen vorgeschlagen; so wird häufig empfohlen, dass ein Kommentar zusammen mit dem jeweiligen Bearbeiter zitiert werden soll (hier: MünchKomm – *Joost*; vgl. dazu *Tettinger/Mann*, 2009, S. 172–190; *Bergmann/Schröder*, 2010, S. 6–12). Grundsätzlich sollte aber – von den angeführten Einschränkungen abgesehen – auch diesbezüglich die für die eigene Arbeit gewählte Zitiertechnik und -form konsequent durchgehalten werden; entsprechende Zitiervorschläge Dritter sind deshalb auf ihre Vereinbarkeit mit dem eigenen System zu überprüfen.

7.4 Anmerkungen

Als Anmerkungen werden alle **Fußnoten** – bzw. Teile von Fußnoten – bezeichnet, die **keine** (direkten oder indirekten) **Zitatnachweise** enthalten (vgl. dazu auch *Eco*, 2010, S. 200–213). Für eine wissenschaftliche Arbeit kann man folgende weitergehende Differenzierung treffen (s. *Darst. 13*).

Darst. 13: Anmerkungsarten

Wichtigstes Merkmal jeder Anmerkung ist, dass sie inhaltlich zwar eine **Ergänzung** zum Text darstellt, **nicht** aber zum Verständnis des Textes **zwingend erforderlich** sein darf. Alle Anmerkungen müssen in ganzen Sätzen formuliert werden.

Ergänzungen **Zusatzinformationen** umfassen beispielhafte Aufzählungen, alternative Formulierungen und Definitionen, Literaturempfehlungen bzw. -verweise, Zitate, die im Text stören, oder technische Ergänzungen, beispielsweise die Übersetzung eines fremdsprachigen Textes.

Erklärungen **Erklärungen** als Fußnoteninhalt beziehen sich zum Beispiel auf die (detaillierte) Ableitung einer im Text angeführten Formel, die jedoch ebenfalls zum Verständnis **nicht** zwingend **erforderlich** sein darf. In dieser Form können auch Ausführungen zum Text abgegeben werden, die dort den Gedanken- bzw. Argumentationsfluss stören würden.

Verweise **Querverweise** auf ergänzende bzw. thematisch verwandte Themenbereiche an anderer Stelle in der eigenen Arbeit erleichtern eine selektive Lektüre und unterstützen das Bemühen des Lesers, das Gesamtkonzept des Verfassers zu verstehen. Entsprechende Vor- und Rückverweise belegen den Zusammenhang und können helfen, übergeordnete Gedanken zu erkennen. Querverweise sollten aber neben den Ordnungsziffern des betreffenden Textteiles grundsätzlich auch die **Seitenangabe** enthalten; bei Textvariationen während der Bearbeitung übernimmt deren Anpassung das PC-Programm. Zahlreiche Querverweise auf nachgelagerte Teile des Textes zeugen allerdings – ebenso wie ein „Querverweisungssalat" – nicht von einem systematischen Aufbau der Arbeit. Sie sollten für den Verfasser Anlass zur Überarbeitung seiner Gliederung und seiner Ausführungen sein.

Klassikertipps

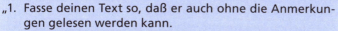

„1. Fasse deinen Text so, daß er auch ohne die Anmerkungen gelesen werden kann.
2. Vergiß nicht, daß es auch Parenthesen im Texte gibt und Exkurse am Schlusse des Buchs, welche Anmerkungen ersetzen können.
3. Sei sehr sparsam mit Anmerkungen und wisse, daß du deinem Leser Rechenschaft geben mußt für jede unnütze Anmerkung; er will in deinen Anmerkungen ein Schatzhaus sehen, aber keine Rumpelkammer.
4. Halte dich nicht für zu vornehm, um Anmerkungen zu machen, und wisse, daß du niemals so berühmt bist, um dir Beweise ersparen zu können.
5. Schreibe keine Anmerkungen, weil du in der Darstellung etwas vergessen hast; schreibe überhaupt die Anmerkungen nicht nachträglich.
6. Schreibe nichts in die Anmerkung, was den Text in Frage stellt, und schreibe auch nichts hinein, was wichtiger ist als der Text.
7. Betrachte die Anmerkungen nicht als Katakomben, in denen du deine Voruntersuchungen beisetzest, sondern entschließe dich zur Feuerbestattung.
8. Mache die Anmerkungen nicht ohne Not zum Kampfplatz; tust du es, so stelle deinen Gegner so günstig auf wie dich selbst.
9. Versuche es, die Kunst zu lernen, durch Anmerkungen die lineare Form der Darstellung zu ergänzen, Akkorde anzuschlagen und Obertöne zu bringen; aber spiele kein Instrument, das du nicht verstehst, und spiele dieses Instrument nur, wenn es nötig ist.
10. Stelle die Anmerkungen stets dort hin, wohin sie gehören, also nicht an den Schluß des Buchs – es sei denn, daß du eine Rede drucken läßt – ….“ (*Harnack*, 1906, S. 161 f.).

7.5 Darstellungen

7.5.1 Bedeutung

Eine Graphik oder **Tabelle** erklärt oft mehr als tausend Worte. Die Gefahr, ein „gehobenes Bilderbuch" zu schaffen, ist gering: Die Notwendigkeit, das optisch aufbereitete **Material** auch – und zwar vorrangig – im Text **erklären** zu müssen, stellt sicher, dass der Verfasser nicht nur etwas darzustellen, sondern auch etwas zu sagen hat. Die ausschließliche Information über eine optische Darstellung oder Tabelle ohne jede Erklärung und Bezugnahme im Text ist nur in wissenschaftlichen Dokumentationen sowie Materialbänden bzw. Statistischen Jahrbüchern zulässig.

 Jede Darstellung muss für sich verständlich sein; die Endredaktion muss sicherstellen, dass auch nach mehrmaligem Überarbeiten die Aussagen im Text noch mit denen in den Darstellungen und Tabellen übereinstimmen.

> **Expertentipp**
>
> „Eine akademische Abschlussarbeit soll kein Lehrbuch sein, aber die ein oder andere optische Krücke schadet selten und wird von den Lesern oft dankbar angenommen" (*Krämer*, 2009, S. 74 f.).

Darstellungen gehören zum Text

Grundsätzlich gilt für jede Darstellung, dass sie – wegen des erforderlichen Zusammenhanges – im Text bei den entsprechenden Ausführungen einzubringen ist. Erklärende bzw. verdeutlichende Darstellungen sind immer ein unmittelbarer Textbestandteil, sie gehören deshalb auch nicht in eine Fußnote oder einen Anhang.[1] Eine Ausnahme dazu bilden nur solche Darstellungen, die aus technischen Gründen (z. B. Überformate) in einem Anhang oder einer Anlage untergebracht werden müssen. Wurde eine zusammenfassende Darstellung (z. B. Tabelle) bereits in den Text eingebracht, kann weiteres Material dazu ebenfalls in einen Anhang aufgenommen werden.

Ausnahme: Anhang

Soweit Darstellungen im Anhang zu finden sind, sollten sie so gestaltet sein, dass eine zum Text parallele Lektüre der dort enthaltenen Informationen möglich ist; Doppelseiten im Anhang können deshalb als Falttafeln eingebunden werden, sie sind dann nur rechtsseitig zu bedrucken.

Im Text ist jeweils ein Fußnotennachweis anzubringen und in der dazugehörigen Fußnote auf den Anhang zu verweisen.

> **Beispiel zum Verweis auf Darstellungen im Anhang**
>
> [1] Zur Bauherrenstatistik s. *Darstellung* A2 in Anhang I, S. 67.

---

[1] Zu Definition, Inhalt und Umfang eines Anhangs vgl. Kapitel 7.6.2, S. 194 f.

7.5 Darstellungen

Alle Darstellungen im Text sind – unabhängig davon, ob es sich um Tabellen, Schaubilder oder Diagramme handelt – laufend zu nummerieren und in ein **Darstellungsverzeichnis** aufzunehmen.[1] Jede Darstellung muss eine **Unterschrift** und – soweit fremde oder eigene Quellen verwendet werden – einen **Quellenvermerk** haben: „Eigene Darstellung" soweit sie vom Verfasser stammt (a. M. *Balzert u. a.*, 2010, S. 113), oder Name des Graphikers. Alle Bestandteile und **Symbole** sowie der verwendete **Maßstab** (oder die Einheit) müssen unmittelbar bei der Darstellung **erklärt** werden; eine Ausnahme bilden Abkürzungen und Symbole, die im Abkürzungs- bzw. Symbolverzeichnis erläutert werden.

Nachweis

Anmerkungen in einer Darstellung müssen zeilenweise von links nach rechts und von oben nach unten mit **unverwechselbaren** Symbolen gekennzeichnet (*, + +, evtl. auch a, b, c) und ebenfalls unmittelbar unterhalb der Darstellung angebracht werden; damit wird eine Verwechslung sowohl mit den Text-Fußnoten als auch mit technischen Formeln (z. B. Potenzierung, Indexierung) vermieden.

Eigene Symbole

Im Text sollte immer die Nummer der zitierten Darstellung genannt werden; Formulierungen wie „in der folgenden Darstellung" können bei Umstellungen des Textes zu Orientierungsschwierigkeiten führen.

Checkliste: Überzeugende Grafiken

- „Gibt die Unterschrift Auskunft über die Fragen: was? wo? wann? Sind überflüssige Worte eliminiert?
- Sind alle Angaben und Zeichen gut zu unterscheiden bzw. durch die Erklärung am Ende der Darstellung vollständig zu identifizieren?
- Ist die Quellenangabe vorhanden und vollständig?
- Ist die Beschriftung auch bei einer notwendigen Verkleinerung gut lesbar?
- Sind die Maßstäbe bzw. Proportionen so gewählt, daß jede bewußt oder unbewußt verzerrende Wiedergabe ausgeschlossen ist?
- Sind nicht zu viele, überflüssige Details enthalten?
- Ist der dargestellte Sachverhalt nicht trivial?
- Erfüllt die Darstellung die Erfordernisse der Vollständigkeit, Genauigkeit und Anschaulichkeit (*Riedwyl*, 1987, S. 11)?"

---

[1] Vgl. Kapitel 8.3.2, S. 211 sowie oben S. 13.

7.5.2 Gestaltung

Im Interesse einer eindrucksvollen, d.h. aussagestarken Darstellung sollten alternative Gestaltungsformen kritisch abgewogen werden (vgl. dazu auch *Krämer*, 2009, S. 73–97; *Day*, p. 64–78; *Heister/Weßler-Poßberg*, 2007, S. 101–116). Die wichtigsten Darstellungsformen sind **Schaubilder**, **Diagramme**, **Ablaufpläne** und **Tabellen**.

Formen Für jede einzelne Darstellungsform existieren wiederum zahlreiche Varianten: So kann beispielsweise ein Diagramm in der Form eines Stab-, Balken-, Kreis-, Karto-, Linien-, Flächen- oder Flussdiagramms gezeichnet werden (s. *Darst. 14*).

Bild erklärt den Text Generelle Empfehlungen zu Art und Gestaltung jeweils geeigneter Darstellungen sind nicht möglich. Die aufzubereitenden Daten bzw. Statistiken schließen aber häufig die Verwendung einer Reihe von Darstellungsformen aus. Soll z. B. der zeitliche Verlauf einer Entwicklung oder eine gegenseitige Abhängigkeit erklärt werden, so ist tendenziell eine graphische Aufbereitung geboten. Ist Zahlenmaterial für den Leser unmittelbar zum Textverständnis erforderlich, oder soll dies zur entsprechenden Interpretation genutzt werden, empfiehlt sich die Datenaufbereitung in Form einer Tabelle; auf eine mehrfache, wenn auch unterschiedliche Darstellung desselben Sachverhaltes sollte verzichtet werden (*Krämer*, 2009, und *Schnur*, 2005, S. 36–44).

Expertentipp

- Jede Grafik muss für sich alleine verständlich sein
- Alle Grafiken müssen einfach und übersichtlich gestaltet sein
- Keine Darstellung darf zu viele Details enthalten
- Grafiken sollten keine trivialen Sachverhalte vermitteln
- Darstellungen dürfen Information nicht verzerren (*Riedwyl*, 1979, S. 9 f.).

Darst. 14: Diagramm-Formen

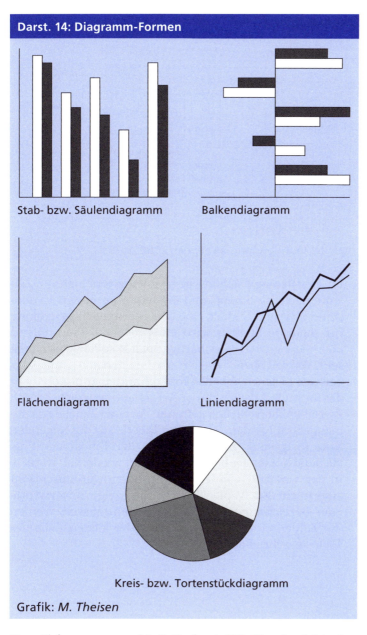

Stab- bzw. Säulendiagramm Balkendiagramm

Flächendiagramm Liniendiagramm

Kreis- bzw. Tortenstückdiagramm

Grafik: *M. Theisen*

Zur Abfassung von (statistischen) Tabellen besteht eine DIN-Norm, deren wichtigste Ausführungen sich sinngemäß wie folgt zusammenfassen lassen (s. dazu auch *Darst. 15*).

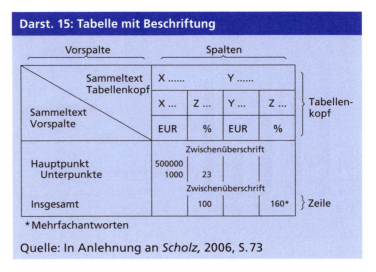

Darst. 15: Tabelle mit Beschriftung

*Mehrfachantworten

Quelle: In Anlehnung an *Scholz*, 2006, S. 73

- Im **Tabellenkopf** stehen – gegebenenfalls in mehrere Zeilen eingeteilt – knapp und eindeutig formuliert Gegenstand, Zeit und Einheit; eine übergeordnete Bezeichnung für mehrere Spalten wird entsprechend übergreifend über diese gesetzt. Gleichartige Spalten sollten gleich breit sein. Vergleichbare Tabellen erhalten in der gesamten Arbeit den gleichen Tabellenkopf, unmittelbar hintereinander folgende Tabellen dieser Art sollten – möglichst durch Zwischenüberschriften getrennt – in einer Tabelle zusammengefasst werden. Wird eine Tabelle auf der folgenden Seite fortgesetzt, müssen sowohl der Tabellenkopf als auch die Vorspaltenbeschriftung dort wiederholt werden.
- In der **Vorspalte** werden Untergliederungen durch Einzüge (nicht durch Spiegelstriche) angezeigt. Soweit Worte oder Bezeichnungen getrennt werden müssen, werden die Zahlenreihen jeweils in Höhe der letzten Zeile des Textes geschrieben.

- **Lücken** im Zahlenteil einer Tabelle, insbesondere in den einzelnen Tabellenfeldern werden mit folgenden Symbolen ausgefüllt:
  - \- = nichts
  - 0 = mehr als nichts, aber weniger als die Hälfte der kleinsten benutzten Maßeinheit
  - . = Angaben aus sachlichen Gründen nicht möglich/ unbekannt
  - ... = Angaben sind noch nicht verfügbar
  - / = Angaben nicht sicher genug
- Tabellen müssen so angeordnet werden, dass ihre Spalten parallel zum linken Seitenrand verlaufen. Bei Tabellen, die quer eingefügt werden, steht der **Tabellenfuß** mit Quellenangabe immer **am rechten Seitenrand**.

Der Einsatz graphischer Elemente ist auf die Verbesserung der Anschaulichkeit und Klarheit der eigenen Aussagen zu beschränken; Graphiken dürfen niemals zur Ablenkung, Verschleierung oder gar als „Platzfüller" genutzt werden.

7.6 Text-Ergänzungen

7.6.1 Exkurs

Exkurse sind Ausführungen, die aus der themenspezifischen **Argumentation hinausführen**. Sie ergänzen als erklärende, zusätzliche – aber eben nicht notwendige – Information den Text; dieser Funktion nach können sie (theoretisch) an jeder Stelle eines Textes eingefügt werden. Ihrer besonderen Position wird in der Gliederung dadurch Rechnung getragen, dass ein Exkurs dem jeweiligen Kapitel oder Abschnitt gleichgeordnet mit eigener (laufender) Ordnungsziffer angeschlossen wird. Zur Kennzeichnung wird er mit dem Hinweis „Exkurs" eingeleitet. Diese Abgrenzung zeigt an, dass die folgenden Ausführungen, die definitionsgemäß aus dem Thema bzw. Gedankengang herausführen, bei der Lektüre übersprungen werden können.

Exkurse lenken ab

Mit Exkursen sollte äußerst **sparsam** umgegangen werden, denn sonst entsteht leicht der Eindruck, der Verfasser habe mehr neben bzw. außerhalb als zu seinem Thema zu sagen. Als **Stilmittel** kann der Exkurs jedoch insoweit genutzt werden, als er zwar neben den Kernausführungen, aber innerhalb des Textes steht: Damit kommt ihm – z. B. bei einer ersten kursorischen Textlektüre – größere Aufmerksamkeit zu als Anmerkungen in den Fußnoten oder einem Anhang. Ein Exkurs kann nur innerhalb des Textes und nicht etwa im Anhang stehen, denn dort – wo der Text abgeschlossen ist – kann er nicht aus dem Text führen (lat.: ex curso = aus dem Kurs, der Fahrt bzw. Bahn).

Text-bestandteil — Eine gesonderte Fußnoten- oder Seitenzählung für Exkurse ist mit der Eigenschaft als Textbestandteil unvereinbar. Zur weiteren Unterscheidung kann aber – wie bei längeren wörtlichen (direkten) Zitaten – der Text eines Exkurses insgesamt mit einzeiligem Zeilenabstand geschrieben werden; auch der Einzug des gesamten Exkurstextes um ca. 1 cm ist nicht üblich.

7.6.2 Anhang

Die **Funktion** eines Anhanges in einer wissenschaftlichen Arbeit wird sehr häufig **missdeutet**, der Anhang selbst nicht selten **missbraucht**.

Soweit ein Anhang in die Arbeit eingebracht werden soll, steht er unmittelbar im Anschluss an den Text (a. M. *Scholz*, 2006, S. 57, unter Hinweis auf DIN 1422-4: 1986–08: Nach dem Literaturverzeichnis.). Die Seitenzählung läuft weiter. Darstellungen im Anhang werden durchgezählt, wobei sich eine eigene Kennzeichnung (z. B. A1, A2 …) empfiehlt, die vom Text zu unterscheiden ist. Jeder einzelne Bestandteil eines Anhangs kann zur Unterscheidung z. B. mit großen römischen Ziffern (I, II …) bezeichnet und einschließlich der (erforderlichen) Überschrift auch in das Inhaltsverzeichnis – außerhalb der Gliederungsordnung – aufgenommen. Zitat- und Quellenangaben im Anhang werden (wie im Text) entweder unterhalb eines Zitierstriches oder im laufenden Text (in Klammern) angeführt.

Anhang ist kein Schuttplatz — Inhaltlich darf in einem Anhang nur stehen, was nicht zwingend zum Verständnis des Textes erforderlich ist: Der **Text** einer Arbeit darf **nicht** unter anderem Vorzeichen – nämlich dem des Anhangs – **fortgesetzt** werden (a. M. *Jele*, 2003, S. 63; *Paetzel*, 2001, S. 116). Gegen diese Vorschrift wird immer wieder – insbesondere bei nach Seitenzahlen beschränkten Seminar-, Bachelor- oder Masterarbeiten – verstoßen; die in diesen Fällen vom Korrektor vorzunehmenden Kürzungen des Textes und des Anhanges auf den insgesamt zugelassenen Umfang geht bewertungsmäßig immer zu Lasten des Verfassers. Dieses Vorgehen ist aus der Verpflichtung zur Gleichbehandlung aller Mitbearbeiter geboten, die selber notwendige, aber möglicherweise falsche oder unzutreffende Kürzungen vorgenommen haben. Der Anhang darf auch nicht zum Abladeplatz für Materialien werden, die sich als nebensächlich erwiesen haben, oder über deren Wert sich der Verfasser kein abschließendes Urteil bilden konnte – oder wollte (so aber *Balzert u. a.*, 2008, S. 198).

Hauptinhalte eines Anhangs sind ergänzende Materialien und Dokumente, die weitere themenspezifische Informationen geben können, oder die dem Leser schwer oder nicht zugänglich sind. So können z. B. Briefe, unveröffentlichte Betriebsunterlagen, ausländische Dokumente und nicht mehr gespeichertes Material aus dem Internet sowie selber entwickelte DV-Programme aufgenommen werden. In empirisch angelegten Arbeiten können die verwendeten Fragebögen, soweit diese nicht (erklärungsbedürftige) Bestandteile des Textes sind, und die statistischen Daten (Grund- bzw. Untersuchungsgesamtheit u. a.) näher dargestellt bzw. aufgelistet werden.

Textergänzung keine Texterweiterung

> **Studentischer Erfahrungsbericht oder Empfehlung?**
>
> „Im Anschluß an die Bibliographie muß [!] nur noch ein Anhang her. Hierfür kopieren Sie aus jedem Buch Ihrer Literaturangaben jede dritte oder vierte Tabelle und streuen aktuelle Leitartikel verschiedener Tageszeitungen ein; auf den Gesamtzusammenhang kommt es an, wenn Sie nicht als Fachidiot dastehen wollen" (*Dross*, 1985, S. 87).

7.6.3 Glossar

Ein Glossar ist in den meisten wissenschaftlichen Arbeiten nicht erforderlich. In ihm werden wichtige Fachausdrücke mit einer kurzen, (möglichst) treffenden Erklärung bzw. Definition vorgestellt. Die Aufgabe eines Glossars ist es, dem Leser ein größeres Fachverständnis zu ermöglichen.[1] Eine

---

[1] Ein hilfreiches online-Beispiel für einen Glossar findet sich unter http://lotse.uni-muenster.de/glossar

7 Manuskript

derartige Auflistung darf den Verfasser aber nicht zu einer sorglosen Verwendung von Fachausdrücken und Fremdwörtern verleiten und entlastet ihn in keinem Fall von der erforderlichen stilistischen Sorgfalt.

7.6.4 Anlage

Beilagen und Darstellungen, die nicht (gegebenenfalls gefaltet) mit eingebunden werden können, sind in einer Einbandtasche im Buchdeckel oder einer gesonderten Mappe oder Rolle zur Beurteilung einzureichen; diese Einbringungsform eignet sich auch für CD- und DVD-Dokumentationen. Inhaltlich und formal gilt für diese, nur **technische Variante des Anhanges**, das unter Abschnitt 7.6.2 Ausgeführte.

Expertentipps

„Hüten Sie sich jedoch davor, den Anhang als ‚Müllhalde' für anderweitig nicht untergebrachte Textelemente zu verwechseln" (*Stickel-Wolf/Wolf*, 2011, S. 260).

„Benutzen Sie den Anhang nicht, um Eindruck zu schinden. ... Beschränken Sie sich auf das, was wirklich notwendig ist" (*Sesink*, 2012, S. 224).

„Verfrachten Sie überflüssiges [nicht] in den Anhang. Langweilen und verwirren Sie Ihre Leser nicht mit solchen Winkelzügen" (*Kornmeier*, 2010, S. 253).

7.6 Text-Ergänzungen

Checkliste	
Frage	**Hilfe**
Kenne ich die formalen Vorgaben für meine Manuskripterstellung?	S. 148 f.
Aus welchen Textbausteinen und Aufbauelementen besteht mein Text?	S. 150–154
‚Man', ‚ich' oder ‚wir' – wie bringe ich mich und meine Meinung ein?	S. 157 f.
Schütze ich mich durch richtiges Zitieren vor dem Plagiatverdacht?	S. 159–161
Welche Nachweismethode verwende ich für Literaturangaben, den Voll- oder den Kurzbeleg?	S. 161–168
Chicago- oder Harvard-Zitiermethode – Welche soll ich wählen?	S. 166 f.
Sind meine Zitatnachweise im Text oder in Fußnoten unterzubringen?	S. 163, 165
Verwende ich zu häufig direkte Zitate?	S. 169–174
Verwende ich insgesamt zu viele Zitate?	S. 159 f., 180
Was mache ich, wenn der Zitattext passt, aber der Satzbau nicht?	S. 172
Kenne ich die Bedeutung von Sekundärzitat und Zitat im Zitat?	S. 177–179
Bin ich konsistent bei der Formulierung von Fußnoten und Anmerkungen?	S. 185–187
Sollen Darstellungen und Tabellen den Text ergänzen oder erklären?	S. 187–189
Erwähne ich meine Darstellungen und Grafiken auch angemessen im Text?	S. 187–193
Verwende ich Exkurse und den Anhang als Abladeplatz?	S. 193–195

8 Ergebnisgestaltung

> **Hinweis zur Zitiertechnik in diesem Kapitel**
>
> In diesem Kapitel wird – abweichend von dem restlichen Text – nach der **Chicago-Methode mit Zitatnachweisen** und weiteren Anmerkungen in den Fußnoten gearbeitet; zudem wird dabei eine ausführliche Kurzbeleg-Technik verwendet (*Nachname*, abgekürzter *Vorname*, Stichwort, Jahr, Seite). Dieses Kapitel soll als Musterbeispiel für die Umsetzung des traditionellen Chicago Style dienen. Die inhaltlichen Ausführungen gelten für beide Nachweistechniken (Harvard und Chicago) gleichermaßen.

Wenn ein Manuskript inhaltlich abgeschlossen ist, ist die **Endfassung** zu erstellen, d. h. der entsprechende **Ausdruck** vorzubereiten. Wie im Zeit- und Terminplan vorgesehen,[1] kann mit abgeschlossenen Teilen dieser Endversion schon vor Anfertigung der letzten Korrekturen und Überarbeitungen angefangen werden.[2] Die Abschlussarbeiten beschränken sich insoweit auf die Gestaltung und das Layout der Endfassung. Für diese Arbeiten ist **Aufmerksamkeit und Zeit** erforderlich.

Zeitplan beachten

Grundsätzlich ist es möglich, mit der Formatierung bei der ersten Manuskriptseite zu beginnen. Dabei ist zu berücksichtigen, dass die unbegrenzten **Layout-Varianten** der Standardsoftware zu diesem frühen Zeitpunkt zur **Spielerei** und jede Menge **Zeiteinsatz** verleiten können: „Inhalt kommt vor Form" lautet aber die Arbeitsmaxime.

Nach Abschluss eines Manuskriptes sollten sowohl inhaltliche als auch umfassendere stilistische **Korrekturen unterbleiben**: In dieser Abschlussphase vorgenommene Änderungen führen erfahrungsgemäß zu einer Verschlechterung, da der Überblick nicht gewahrt und die Geschlossenheit der Ausführungen zu wenig beachtet werden. Dieser Ratschlag setzt allerdings voraus, dass vorher genügend Zeit vorhanden war (und genutzt worden ist), den Text als Ganzes inhaltlich und sprachlich zu optimieren.

---

[1] Vgl. Kapitel 2.4, S. 36 f.
[2] Zur Umsetzung aller hier empfohlenen Formvorschriften mit MS WORD™2010 s. http://www.bwl.uni-muenchen.de/personen/beurlprof/theisen/publikationen/wissarbeit.html

8.1 Schreibtechnik

8.1.1 Schriftbild

Layout Wissenschaftliche Qualifikationsarbeiten sind in gedruckter Fassung zu erstellen. Alle handelsüblichen Schreib- bzw. Office-Programme können für eine ordentliche und ansprechende äußere Form und Gestaltung (Layout) genutzt werden; sie sind in begrenztem Umfang auch ein **Bewertungskriterium**,[1] werden aber in jedem Fall als Ausdruck der angewendeten Sorgfalt betrachtet.

Klares Schriftbild Der gewählte **Schrifttyp** sollte ein leicht lesbares Schriftbild sicherstellen. **Serifen-Schriften** wie Garamond oder Palatino – wie in diesem Musterband – erleichtern mit den Abschlussstrichen an den Buchstabenenden das Lesen. **Serifenlose Schriften** wie Helvetica bzw. Arial (wie sie hier für die Beispiele und Seiten-Kolumnen verwendet werden) liefern auf dem Bildschirm ein klares Schriftbild, im gedruckten Text wirken sie technisch-nüchtern. Auf Abweichungen oder Variationen hinsichtlich des Buchstaben- oder Zeilenabstandes sollte verzichtet werden, prozentuale Reduktionen des Ausdrucks (z. B. auf 95 %) sind ein Verstoß gegen die Form- bzw. Umfangvorgaben. Als **Schriftgrößen** für den Text sind 12 Punkte, für die Fußnoten 10 Punkte üblich, soweit nicht anderes vorgeschrieben wird.

Vor dem Einsatz einer größeren **Schrifttypenvielfalt** muss gewarnt werden: Ein häufiger Wechsel im **Layout** lenkt ab und ermüdet den Leser. Eine vielfach gewählte, orientierende Schrift-Variante ist es, – wie in *meinem* gesamten Text – **Namensnennungen** im Text kursiv zu schreiben. Jede auswählte Hervorhebung oder Schrifttypvariation muss konsequent im gesamten Text berücksichtigt werden.

Der Textteil jeder Arbeit sollte in Blocksatz mit **eineinhalbfachem Zeilenabstand** auf weißes Papier gedruckt werden; ein zweiter Ausdruck sollte zeitgleich **angefertigt** werden, da dieser für Korrekturzwecke ebenso wie – bei dezentraler Verwahrung – bei Verlust einer Manuskriptseite bzw. der entsprechenden Datei wertvolle Dienste leisten kann.

---

[1] Zu den Bewertungskriterien vgl. Kapitel 10.4, S. 266 f.

8.1 Schreibtechnik

Bei Bachelor- und Masterarbeiten, insbesondere aber bei Dissertationen, sind diese Maßnahmen wegen der längeren Bearbeitungszeit jedoch als **Absicherung** gegen Diebstahl oder sonstigen **Verlust** regelmäßig nicht ausreichend. Hier sollten bereits erste abgeschlossene Manuskriptteile kapitelweise ausgedruckt und dezentral gelagert werden. Original und Doppel sind niemals gleichzeitig an einem Ort oder in einem Beförderungsmittel aufzubewahren. Diese **Vorsichtsmaßnahmen** gelten in noch erhöhtem Maße für elektronische Datenträger (alle Dateien sollten konsequent täglich gesichert und getrennt aufbewahrt) sowie für die Zusammenarbeit mit einem externen IT-Dienstleister. Eine Variante dezentraler Speicherung ist die arbeitstägliche/-wöchentliche Übersendung von Arbeitsteilen als E-Mail an einen Bekannten oder Freund, der insoweit die Funktion eines zeitlich befristeten, **externen Speichers** übernehmen kann.

Diebstahl und Verlust

Auf alle Fußnoten ist im Text durch – um einen Schritt bzw. drei Punkte hochgestellte – **Ziffer,** regelmäßig **nach einem Satzzeichen** (Komma, Strichpunkt, Punkt), hinzuweisen; eine Ausnahme bilden nur solche Fußnotenziffern, die ein einzelnes Wort, ein Teilzitat oder einen Ausdruck – nicht aber z. B. einen im Text zu einem Zitat angeführten Namen – zum Inhalt haben. Mehrere Fußnotenziffern an derselben Textstelle oder nach einem Zitat sind weder hilfreich noch nötig, da in einer Fußnote gleichzeitig auch mehr als ein Zitatnachweis sowie weitere Anmerkungen eingebracht werden können.

Vollständige Fußnoten

Die vorstehende Platzierungsregel gilt bei Anwendung der **Harvard-Methode** mit der **Modifikation,** dass regelmäßig der in Klammern gesetzte Zitatbeleg unmittelbar vor dem abschließenden Satzzeichen eingebracht wird. Hier ist ein weiteres Vorziehen des Klammernachweises – z. B. unmittelbar nach einem zitierten Begriff – auf dieselben Ausnahmen beschränkt, wie bei dem Setzen einer Fußnotenziffer vor dem Satzzeichen.

Die **Nummerierung** der Fußnoten kann – wie in *meiner* Anleitung – auf jeder Seite neu beginnen;[1] allerdings bevorzugen immer mehr Autoren (und auch Korrektoren) Fußnotennummerierungen, die über den ganzen Text (oder zumindest kapitelweise) durchgezählt werden. Eine solche text- oder **kapitelweite Nummerierung** kann die Orientierung im Text erleichtern, in umfangreicheren (Doktor-)Arbeiten „zerreißen" die, dann nicht selten drei- oder vierstelligen, Fußnotenziffern häufig das Druckbild.

 Der Fußnotentext ist unter dem **Zitierstrich**, der – wie in diesem Buch – über ein Drittel der Textbreite läuft, nach der hochgestellten Ziffer ohne Punkt und/oder Klammer und ohne Einzug jeweils mit **einfachem Zeilenabstand** – in 10 Punkten – zu schreiben; zwischen den einzelnen Fußnoten ist ein einfacher Zeilenabstand vorzusehen.

Jede **Fußnote** ist als **Satz** zu formulieren. Sie beginnt mit einem Großbuchstaben und endet mit einem Punkt; Abweichungen gelten für Internet-Adressen. Enthält eine Fußnote mehrere Nachweise über einen oder mehrere Autoren, so empfiehlt sich eine **chronologische Ordnung** in absteigender Reihenfolge, um mögliche Abhängigkeiten in der Bezugsliteratur kenntlich zu machen.

Genaue Seitenangaben Mehrere einzelne **Seitenangaben** in einem Nachweis sind hintereinander ohne Wiederholung des „S."-Hinweises in nummerisch aufsteigender Reihenfolge zu nennen; eine Ausnahme bilden Zitatstellen, die immer an die erste Stelle gesetzt werden und denen weitere Verweise ergänzend folgen. Läuft eine Zitatstelle über die angegebene Seite hinaus, ist dies mit einem nachgestellten ‚f.' (= folgende) zu kennzeichnen; Nachweise über **mehr als zwei Seiten** erfolgen durch die Angabe der **ersten und letzten Seite**; das vereinzelt verwendete 'ff.' ist als korrekter Nachweis zu unpräzise.

Technische Einzelheiten zu Literaturangaben in **fremder Sprache** werden üblicherweise in der Sprache des zitierten Autors (z. B. „p." = page) oder einheitlich unter Verwendung der deutschen Bezeichnungen angegeben.

---

[1] A. M. *Weber, D.*, Dummies, 2010, S. 132: Fortlaufende Nummerierung wird „fast immer gewählt". Zutreffend dagegen *Pukas, D.*, Lernmanagement, 2008, S. 245: „Die Fußnoten können für jede Manuskriptseite gesondert oder kapitelweise durchgezählt werden."

> **Beispiele: Zitatnachweis mit mehreren Seitenangaben**
>
> Chicago-Fußnote mit Kurzbeleg:
> ¹ Zu den Bilanzregeln vgl. *Leffson, U.*, Bilanzanalyse, 1977, S. 2 f., 15–18, 190 f.
> ² Zu Aktivierungswahlrechten vgl. *Moxter, A.*, Bilanzlehre, 1986, S. 68–73 sowie zu einzelnen Begriffen S. 20, 24, 44.
>
> Harvard-Zitatnachweis im Text:
> (Zu den Bilanzregeln vgl. *Leffson*, 1977, S. 2 f., 15–18, 190 f.).
> **bzw.**
> (Zu Aktivierungswahlrechten vgl. *Moxter*, 1986, S. 68–73 sowie zu einzelnen Begriffen S. 20, 24, 44).

Der bedruckte Teil einer DIN-A-4-Seite sollte mit Überschriften und allen Fußnoten-/Anmerkungstexten, aber ohne Seitenzahlangabe sowie lebenden Kolumnen die folgende Fläche nicht überschreiten: Vom linken Rand 4 cm, vom rechten Rand 2 cm, vom oberen Rand 4 cm und vom unteren Rand 2 cm Abstand. Bei Verwendung eines proportionalen, durchschnittlich dimensionierten Schrifttyps und eineinhalbfachem Zeilenabstand im Text entspricht diese Fläche etwa 37 Zeilen mit jeweils 60 Zeichen bzw. 2220 Zeichen/Seite; bei abweichenden Vorgaben sind andere Zeilenabstände und/oder Schrifttypen zu wählen.

Zum Abgleich mit einem vorgegebenen Gesamtumfang ist also nicht die bedruckte Fläche, sondern eine vergleichbare Zeichenanzahl pro Seite einschließlich Leerzeichen entscheidend. Nur so ist eine Kontrolle auch bei unterschiedlich formatierten Arbeiten möglich; ohnehin unzulässige optische Tricks (Verkleinerung/Vergrößerung) sind insoweit nutzlos.

Das „Überlaufen" von Teilen der Fußnoten (oder eines einzelnen Fußnotentextes) auf die nachfolgende Seite sollte vermieden werden; alle handelsüblichen Programme sehen ein entsprechendes Kommando („Fußnoten: Seitenende/Absätze nicht trennen") vor. Dennoch ist bei der Endredaktion darauf zu achten, dass im letzten Ausdruck jeder Fußnotenziffer im Text auf derselben Seite auch der dazugehörige, vollständige Fußnotentext folgt.

Formeln werden vom Text mit zweifachem Zeilenabstand abgesetzt und einheitlich um 1 cm eingerückt.[1] Bei einem Block von Gleichungen ist vorzusehen, dass alle Gleichheitszeichen untereinander stehen. Alle Formeln sind zu nummerieren, sie enden mit einem Punkt, Umformungen, Vereinfachungen und Ableitungen können mit kleinen lateinischen Buchstaben gekennzeichnet werden (z. B. 3 a, 3 b, 3 c …). Die Nummer für jede Formel steht in runden Klammern rechtsbündig in der jeweiligen (letzten) Zeile einer Formel.

Zahlen im Text werden bis einschließlich zwölf ausgeschrieben, ebenso die vollen Zehner, Hunderter usw.; eine Ausnahme bilden Gegenüberstellungen (z. B. 7 von 20 Gesellschaften) sowie technische Angaben (z. B. ca. 1 cm). Statt eines Bruchstriches steht im Text der Schrägstrich (z. B. 7/12, 3/4).

Beispiele: Formeln

$$(x+y)^3 = (x+y)(x+y)(x+y) \quad (3)$$
$$= x^3 + 3x^2y + 3xy^2 + y^3. \quad (3a)$$
$$f(x) = \ln(x+x^2)(\sin x) +$$
$$+ (\cos x)(x + x^2 + x^3 + x^4 + x^5). \quad (4)$$
$$\sum_{t=1}^{T} t = T(T+1)/2. \quad (5)$$

Formeln einheitlich verwenden

Folgende **einheitliche Schreibweise** wird empfohlen:[2]

- % statt vH
- Geradestehende Indizes für chemische Elemente und Zahlen, kursive Indizes für Buchstaben und physikalische Größen
- Million (Milliarde) ausschreiben, wenn keine ergänzende Angabe folgt
- 2012/13: ein Wirtschaftsjahr umfasst Teile von beiden Jahren, aber: im Durchschnitt der Jahre 1980-2010 und für den Zeitraum von 1996 bis 2016
- zwischen zwei Zahlen steht ein Doppelpunkt: „… betrug im Jahr 2006: 9 % der Gesamtbevölkerung."

---

[1] Instruktiv dazu *Krämer, W.*, Examensarbeit, 2009, S. 125–132; für technische Arbeiten *Grieb, W./Slemeyer, A.*, Schreibtipps, 2008, S. 35–40, 89–92.

[2] Die Gestaltung von Formeln regelt DIN 1338: 1996-08; WORD© 2010 besitzt einen Formel-Editor (Taste F2).

8.1.2 Überschriften und Einzüge

Alle Überschriften im Text müssen mit denen im Inhaltsverzeichnis wörtlich übereinstimmen; zusätzliche Überschriften alleine im Text sind unzulässig. Überschriften sind **knapp** und **substantivisch** zu formulieren, sie sollten **keine** (halben) **Sätze** oder Fragen sowie keinerlei **Satzzeichen** enthalten; nur in englischsprachigen Arbeiten beginnen alle Worte mit Großbuchstaben. Überschriften dürfen das Ergebnis des nachfolgenden Textes nicht vorwegnehmen, sondern sollen problemorientierte Schlagworte umfassen.

Klare Formulierung

> **Expertentipp**
>
> „Überschriften … sollten kurz und knackig, prägnant und trotzdem gehaltvoll sein. Oft sind sie aber kryptisch, gewunden, nebulös, oder ganz einfach zu lang."[1]

Wiederholungen bzw. einfache Zusammenfassungen einzelner Punkte in übergeordneten Kapitelüberschriften (z. B. 1. Macht und Autorität, untergliedert in: 1.1 Macht, 1.2 Autorität) sind ebenso zu **vermeiden** wie Leerformeln (z. B. Einleitung, Allgemeine Bemerkungen oder Besondere Probleme). Abschnittsüberschriften dürfen sich nicht mit dem Gesamttitel der Arbeit und auch nicht mit Überschriften von Unterabschnitten decken;[2] Ausnahmen dazu sind regelmäßig bei vergleichenden Untersuchungen zulässig.

Sämtliche Überschriften beginnen im Text **linksbündig** am Rand nach dem jeweiligen Ordnungspunkt aus der Gliederung. Dies gilt auch für den Fall, dass die Gliederung – wie in dieser Anleitung – nach dem Abstufungsprinzip aufgebaut ist. Die Schreibweise, Schriftgröße sowie gegebenenfalls Hervorhebung einzelner Überschriftkategorien sind eine Frage des Formgefühls. Eine nachgeordnete Überschrift kann ohne Zwischentext einer Überschrift folgen, bei gleichgeordneten Überschriften ist dies definitionsgemäß ausgeschlossen.

Lineare Anordnung

---

[1] *Krämer, W.*, Examensarbeit, 2009, S. 63.
[2] A. M. *Beinke, C. u. a.*, Seminararbeit, 2008, S. 37: „Die Summe aller Überschriften der Unterkapitel ergibt eine Kapitelüberschrift."

Zwischen den einzelnen Abschnitten und Absätzen eines Textes ist ein (in der ganzen Arbeit jeweils gleicher) **Abstand** vorzusehen, üblicherweise eine Leerzeile. Alle Überschriften sollten so platziert werden, dass sie immer näher zu dem nachfolgenden als dem vorangegangenen Textabschnitt stehen: Der Abstand zwischen der Überschrift und dem vorausgegangenen Text könnte also doppelt so groß (z. B. zwei Leerzeilen) wie der zwischen der Überschrift und dem nachfolgenden Text sein. Eine Seite darf nie mit einer Überschrift bzw. der ersten Zeile eines neuen Kapitels oder Absatzes enden, ebenso wie eine neue Seite nicht mit der letzten Zeile eines Absatzes beginnt.[1]

Einzüge am Abschnitts- bzw. Absatzbeginn bei der jeweils ersten Zeile sind nicht mehr üblich. Verlage verwenden bei ihren Druckerzeugnissen solche Einzüge an Stelle von Leerzeilen zwischen den Absätzen, um Papier zu sparen. Häufigere Einzüge, z. B. bei Aufzählungen, über eine Seite hinaus, sollten nach Möglichkeit vermieden werden, da ihre Zuordnung schwer erkennbar und die grafische Gestaltung auf der nachfolgenden Seite meist nicht überzeugend ist.

Umfassende wörtliche Zitate können im Text mit einfachem Zeilenabstand und zudem insgesamt mit einem Einzug von 1 cm platziert werden; die Anführungszeichen dürfen aber auch dann nicht weggelassen werden, da u. a. auch ausführlichere Beispiele und kleinere Exkurse mit Einzug geschrieben werden können.

S p e r r u n g e n , *Kursivschrift,* **Fettdruck** bzw. <u>Unterstreichungen</u> (Auszeichnungen) sollten sparsam eingesetzt werden, auch wenn die Schreibprogramme und deren Layout-Varianten dazu verleiten: die optische Wirkung solcher Hervorhebungen wird durch eine zu häufige Verwendung aufgehoben.[2] Eigennamen können im Text ebenso wie in den Fußnoten bzw. Zitatnachweisen *kursiv* oder in Großbuchstaben (im Druck als KAPITÄLCHEN bezeichnet) ausgestaltet

---

[1] Erste einzelne Zeilen zu Seitenbeginn heißen „Hurenkind", abschließende erste Zeilen sind „Schusterjungen". Dazu Verwirrendes bei *Kohler-Gehrig, E.,* Seminararbeit, 2008, S. 92: Derartige einsame Zeilen „sollten" vermieden werden, diese „rein optische[n] Gestaltungskriterien" können „vernachlässigt werden". Richtige Buchstaben im falschen Zeichensatz sind „Zwiebelfische".

[2] Ebenso *Poenicke, K.,* Arbeiten, 1988, S. 126.

werden; weitere Hervorhebungen, wie senkrechte Balken, Umrahmungen oder Schlagwortpunkte, finden sich in Lehrbüchern oder Anleitungen, um eine höhere Aufmerksamkeit sicherzustellen: sie stören bei der kontinuierlichen Lektüre eines wissenschaftlichen Textes.

8.1.3 Seitenzählung

Die Seitenzählung (Paginierung) mit **arabischen Ziffern** beginnt mit der ersten Seite und läuft bis zur letzten Seite einer Arbeit; in älteren Arbeiten werden das Titelblatt sowie die Verzeichnisse vor dem Text und die Vortexte zur Unterscheidung zum Text mit **römischen Ziffern** durchgezählt.[1] Die konkrete Seitenangabe beginnt in jedem Fall erst auf der zweiten bzw. – falls diese frei bleibt – dritten Seite nach dem Titelblatt.

Seiten durchzählen

Die **Seitenzahlen** stehen bei Prüfungsarbeiten in der „optischen Mitte" einer Seite auf halber Höhe des oberen Randes jeden Blattes zwischen zwei Strichen; die „optische Mitte" liegt bei der empfohlenen Blattaufteilung ca. 1 cm rechts von der geometrischen Mitte einer Seite. Bei durchgehend einseitiger Beschriftung der Seiten zählen die (leeren) Rückseiten („Vakate") nicht mit; bei Dissertationen in vervielfältigter Form sowie Büchern – wie *meiner* Anleitung – werden solche **Vakate** aber in die Seitenzählung einbezogen, die rechte Buchseite trägt deshalb immer eine ungerade Seitenzahl. Bei (Buch-)Publikationen ist es üblich, die Seitenzahlen an dem linken bzw. rechten oberen Seitenrand anzuführen; zur inhaltlichen Orientierung und Kapitelunterscheidung können zusätzlich – wie ebenfalls in dieser Anleitung – Stichworte aus den einzelnen Kapiteln („lebende Kolumnen") aufgenommen werden.

---

[1] Vgl. *Krämer W.*, Examensarbeit, 2009, S. 180; differenzierend *Balzert u.a.*, Arbeiten, 2008, S. 184 f.: „Eigentlich unnötig". Die Zählung der meist später erstellten Vortexte im Buchdruck war durch die gesonderte Nummerierung mit römische Ziffern von der Textpaginierung unabhängig; zur Überprüfung des (vorgegebenen) Seitenumfangs wird eine getrennte Paginierung auch heute für Prüfungsarbeiten noch empfohlen, u.a. von *Sesink, W.*, Arbeiten, 2012, S. 271.

8.2 Titelblätter

Als **Titelei** bezeichnet man bei einem gedruckten Buch die Gesamtheit der Seiten mit den Titelangaben. Hier sollen nur die Titel- bzw. Deckblätter einer universitären Prüfungsarbeit behandelt werden.

Jede Übungs- oder Seminararbeit muss ein **Deckblatt** aufweisen, das mindestens folgende **Angaben** enthält:[1]

- Universitäts- und Fakultäts-/Instituts-/Department-/Seminarbezeichnung
- Prüfungszeit (laufendes Semester: SS 2014 bzw. WS 2014/15)
- Art bzw. Funktion der Arbeit (Thesenpapier, Seminararbeit u. a.)
- Wort- und buchstabengetreue Wiedergabe des Thema
- Namensangabe des Dozenten, Veranstaltungsleiters oder Prüfers mit akademischen Graden und Position (z. B. Prof. Dr. XY, Direktor des Instituts für Betriebswirtschaft), nicht aber des (auch) konsultierten Assistenten
- Name, Vorname des Verfassers (Vorgelegt von: …)
- Matrikel-Nummer bzw. Personen-Kennziffer
- Studienadresse (mit Telefonangabe, E-Mail-Adresse)
- Fachrichtung und Fachsemesterzahl des Verfassers in der Prüfungszeit
- Termin der Abgabe bzw. der Einreichung (nicht des Prüfungstages)

Adresse und E-Mail nicht vergessen

Alle diese **Angaben** sind **erforderlich**, um eine Arbeit sowohl inhaltlich als auch formal-prüfungstechnisch richtig einordnen und behandeln zu können. Zu beachten ist, dass eine **Adresse** angegeben wird, unter der der Verfasser in der Korrektur- und Prüfungszeit für Rückfragen und Terminvereinbarungen zur Verfügung steht; ist er in dieser Zeit weder telefonisch noch elektronisch erreichbar, sollte ein entsprechender Vermerk (Telefon/E-Mail: -) gemacht werden, um dem Prüfer eine (nicht erfolgreiche) Kontaktdatensuche zu ersparen.

---

[1] Vgl. hierzu Musterblätter u. a. bei *Rossig, W. E./Prätsch, J.*, Arbeiten, 2010, S. 199 f.; *Sesink, W.*, Arbeiten, 2012, S. 336–338.

Die Textgestaltung des Titel- bzw. Deckblattes von Bachelor- und Magisterarbeiten, Masterthesis und Dissertationen sowie weitere formale Anforderungen werden in der Regel von den Prüfungsämtern bzw. zuständigen Behörden vorgeschrieben; **Merkblätter** sind **einzuholen** bzw. online einzusehen, soweit nicht entsprechende Musterseiten der jeweiligen (digitalen) Prüfungsordnung beigefügt sind.

Auf die Vollständigkeit und Korrektheit der Titelangaben sowie deren optische Gestaltung sollte geachtet werden; das **Deckblatt ist Verpackung und Werbeanzeige** gleichermaßen, es ist das „Gesicht" jeder Prüfungsarbeit: „Der Titel der Arbeit sollte gegenüber allen anderen Bestandteilen dominieren. [Er] … sollte daher durch einen größeren Schriftgrad und durch Fettdruck hervorgehoben werden."[1]

8.3 Verzeichnisse vor dem Text

Verzeichnisse sind die **Schlüssel** zu jeder wissenschaftlichen Arbeit. Für verschiedene Bestandteile eines Textes können Verzeichnisse anzufertigen sein (s. *Darst. 16*). Die Verzeichnisse, die für den Überblick oder das Textverständnis zwingend erforderlich sind, stehen vor dem Text. Verzeichnisse, die Nachweise und Belege zum Inhalt haben, folgen dem Text.[2]

Wegweiser

Zwingende Bestandteile jeder wissenschaftlichen Arbeit sind ein **Inhaltsverzeichnis** vor dem Text und ein **Literaturverzeichnis** nach dem Text. Die Notwendigkeit weiterer Verzeichnisse ist vom Aufbau und Inhalt einer Arbeit abhängig. Soweit auch nur eine Darstellung, Abkürzung oder Quelle bzw. ein Urteil in der Arbeit verwendet und (daher) zitiert wird, sollte ein entsprechendes (zusätzliches) Verzeichnis angelegt werden; Verzeichnisse von geringem Umfang müssen aber nicht auf gesonderten Seiten erstellt werden.

Pflichtteile

---

[1] *Stickel-Wolf, C./Wolf, J.*, Arbeiten, 2011, S. 247.
[2] Vgl. dazu Kapitel 8.5, S. 218–238.

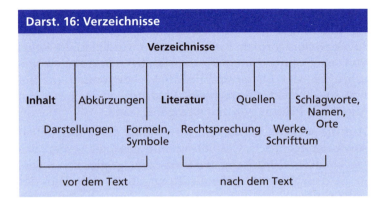

Darst. 16: Verzeichnisse

8.3.1 Inhalt

Seitenangaben nicht vergessen

Das **Inhaltsverzeichnis** spiegelt den Aufbau eines Werks wider. Es muss **alle Bestandteile** einer Arbeit **und deren Position** im Text nachweisen, die durch eine Seitenzahl ausgewiesen wird; ein Inhaltsverzeichnis ohne Seitenangaben ist unbrauchbar. Die Gliederung des Textes bildet das Kernstück, alle Vortexte, der Anhang und sämtliche Verzeichnisse müssen ausnahmslos im Inhaltsverzeichnis erfasst werden: Aus diesem Grunde sollte ein Inhaltsverzeichnis **unmittelbar nach dem Titelblatt** stehen.[1]

Alle Überschriften und Abschnittstitel müssen im Inhaltsverzeichnis und der Arbeit identisch sein, d. h. **jeder** einzelne **Gliederungspunkt** muss im Text der Arbeit **wortgleich aufgeführt werden**; umgekehrt darf der Text keine Gliederungspunkte aufweisen, die nicht auch in das Inhaltsverzeichnis Eingang gefunden haben.[2] Die Arbeitsteile außerhalb des Textes führen keine Ordnungsziffer und sind ausnahmslos linksbündig in das Inhaltsverzeichnis aufzunehmen. Die Gliederungspunkte des Textes selbst können in der Darstel-

---

[1] Vgl. *Raßbach, H.*, Formalien, 2003, S. 192. Dazu (zutreffend) *Eco, U.*, Abschlussarbeit, 2010, S. 260: „Manche Bücher … plazieren [das Inhaltsverzeichnis] nach dem Vorwort, und oft kommt nach dem Vorwort auch noch die Einleitung zur ersten Auflage … Barbarisch. Dümmer geht's nicht, mann [!] kann es genausogut gleich irgendwo in der Mitte bringen"; ausdrücklich (einer Vorauflage) zustimmend *Rossig, W. E./Prätsch, J.*, Arbeiten, 2010, S. 108 FN 50.

[2] A. M. offensichtlich *Eco, U.*, Abschlussarbeit, 2010, S. 149. Automatisch erstellte Inhaltsverzeichnisse z. B. mit Hilfe von WORD© 2010 vermeiden diese Fehlerquelle.

lung der Gliederung dem Linienprinzip oder dem Abstufungsprinzip folgen.[1] Wird die Abstufungsform gewählt, ist darauf zu achten, dass die einzelnen Ordnungspunkte ihrer Wertigkeit entsprechend eingestellt und jeweils bündig untereinander geschrieben werden.

Die korrekte Anlage des Inhaltsverzeichnisses bietet gleichzeitig eine **Kontrollmöglichkeit**, ob gleichgewichtige Punkte der jeweiligen Ordnungsstufe zugewiesen wurden und dabei der (Seiten-)Umfang auch – zumindest annähernd – vergleichbar ist. Enthalten einzelne, z. B. stark ausdifferenzierte Gliederungspunkte vergleichsweise sehr umfangreiche Ausführungen, so kann eine solche „Klumpenbildung" auf den ersten Blick erfasst und sollte nach Überprüfung beseitigt werden. Eine **unausgewogene Gliederung** ist häufig das optische Alarmzeichen für eine ungenaue oder sogar teilweise **falsche Gedankenführung**.[2] Die Kapiteleinteilung muss systemlogisch angelegt werden, so dass kein Punkt oder Unterpunkt ohne (mindestens) einen weiteren korrespondierenden gleichgeordneten Punkt steht („Wer A sagt, muss auch B sagen").

Der freie Raum zwischen dem letzten Wort in jeder Zeile kann in einem Inhaltsverzeichnis bis zur Seitenangabe horizontal mit Punkten aufgefüllt werden; dies erleichtert die Orientierung.

Bei Dissertationen (und Anleitungen wie dieser) kann dem Inhaltsverzeichnis (zusätzlich) eine gesonderte **Inhaltsübersicht** vorangestellt werden; diese enthält nur die Überschriften der Hauptkapitel, jeweils mit Seitennachweis. Eine solche Übersicht ermöglicht – auf einer Seite – anhand der Themenbereiche sowie des Umfanges der jeweiligen Ausführungen eine erste Abschätzung und Beurteilung der **Schwerpunkte einer Arbeit**.

Einstiegshilfe

8.3.2 Darstellungen

Werden Tabellen, Schaubilder und Diagramme – wie hier vorgeschlagen – unter der einheitlichen Bezeichnung „Darstellung" aufgeführt und im gesamten Text laufend nummeriert, so sind sie mit der vollständigen und wortgleichen

---

[1] S. Kapitel 6.1, S. 118–121.
[2] Vgl. Kapitel 7.2.1, S. 150–154.

Unterschrift sowie der (ersten) Seitenzahl in ein **Darstellungsverzeichnis** aufzunehmen; die verwendeten Einheiten (z. B. %, EUR), die gegebenenfalls in der Unterschrift angegeben werden, werden nicht in das Darstellungsverzeichnis aufgenommen.

Bei Differenzierung der Darstellungsformen, z. B. in Abbildungen einerseits und Tabellen andererseits, sollten getrennte Verzeichnisse angelegt werden. Mehrzeilige Bezeichnungen werden mit einfachem Zeilenabstand geschrieben, zwischen den einzelnen Darstellungstiteln ist ein zweifacher Zeilenabstand üblich.[1] Die Seitenangabe steht dann in Höhe der jeweils letzten Titelzeile.

8.3.3 Abkürzungen

Abkürzungen sind regelmäßig kein Beleg für Wissenschaftlichkeit, sondern häufig ein **Zeichen der Bequemlichkeit** und manchmal sogar einer ärgerlichen Arroganz des Verfassers. Ohne Einschränkung zulässig sind in jeder wissenschaftlichen Arbeit nur die im jeweils aktuellen DUDEN: Rechtschreibung als allgemeinverständlich angeführten Abkürzungen und Akronyme (Kurzworte: z. B. *USA*). Sie müssen weder allein noch zusammen mit erklärungsbedürftigen Abkürzungen in einem solchen Verzeichnis aufgeführt werden.

Alle Abkürzungen erfassen

Soweit themen- bzw. fachspezifisch-übliche Abkürzungen, die nicht im DUDEN verzeichnet sind, verwendet werden, müssen diese ausnahmslos, d. h. soweit sie mindestens einmal in der gesamten Arbeit benutzt werden, in einem dem Text vorangestellten **Abkürzungsverzeichnis** erklärt werden.[2] Daher sind im Rahmen der Endredaktion, neben dem Text und den Fußnoten, auch alle Verzeichnisse einschließlich des Literaturverzeichnisses auf erklärungsbedürftige Abkürzungen zu überprüfen; bei automatisch erstellten Verzeichnissen ist auf die vollständige Auszeichnung aller

---

[1] Zu weiteren Mustern vgl. *Gerhards, G.*, Seminararbeit, 1995, S. 118–120, sowie das (mustergültige) Darstellungsverzeichnis *meines* Buches ab S. 13.
[2] Zur Erklärung vgl. *Steinhauer, A.*, Abkürzungen, 2005; *Kirchner, H.*, Abkürzungen, 2008; *Friedl, G./Loebenstein, H.*, Abkürzungen, 2008; zu englischsprachigen Abkürzungen vgl. *Gibaldi, J.*, Handbook, 2003, p. 122–131. Dazu auch DIN 2340: 1987-12.

verwendeten Abkürzungen zu achten. Eine Ausnahme bilden Namensabkürzungen von Verlagen und Kurzworte in Titelangaben: als Eigennamen müssen sie nicht aufgenommen werden.

Eigene Abkürzungen zu bilden ist, soweit dies ausschließlich aus Gründen der Arbeitserleichterung erfolgt, **unzulässig**.[1] Werden in internen Textfassungen (zulässigerweise) Abkürzungen verwendet, lassen sich diese über die „Suchen/Ersetzen"-Funktion der Textverarbeitungsprogramme in der endgültigen Version zuverlässig beseitigen.[2] Eine Ausnahme hierzu bilden Abkürzungen, die in der Form, in der sie in der Sekundärliteratur vorgefunden werden, in der eigenen Arbeit nicht eindeutig verwendbar sind; in diesem Sinne abweichende Abkürzungen sind unmittelbar im Text bei deren ersten Verwendung zu erklären (z. B. DB = Deutsche Bundespost (DUDEN) = ? Deutsche Bank = ? Der Betrieb [Zeitschrift]). Abgekürzte Worte enden mit Punkt (z. B. „bearb."), abgekürzte Begriffe (z. B. BGBl) und Abkürzungen mit Großbuchstaben ohne Punkt.

Zeitschriftentitel, Gesetzesbezeichnungen oder Kommentar-Abkürzungen, die (nur) im Literaturverzeichnis und/oder in den Fußnotentexten verwendet werden, sind im Abkürzungsverzeichnis zu erklären und mit einem weiterführenden Hinweis zu versehen. Zahlreiche **Beispiele** hierzu enthält das **Abkürzungsverzeichnis** meiner Anleitung.[3]

Die in **Darstellungen** oder einem **Anhang** verwendeten Abkürzungen müssen in einer Legende unmittelbar am Ende der Darstellung bzw. des Anhangs erläutert werden; sind solche Abkürzungen nicht noch an einer weiteren Stelle in der Arbeit angeführt, brauchen sie nicht in das Abkürzungsverzeichnis aufgenommen werden.

Wird ein Abkürzungsverzeichnis manuell erstellt, können die verwendeten Abkürzungen anhand eines Ausdrucks mit Hilfe eines Markierstifts gekennzeichnet werden. Als Vorlage kann dazu die Kopie des Abkürzungsverzeichnis-

---

[1] A. M. offensichtlich *Poenicke, K.*, Arbeiten, 1988, S. 111, 137 f., der Abkürzungen für zulässig hält, „wenn die erzielte Raumersparnis nicht mit einer erheblichen [!] Einbuße an Klarheit und Lesbarkeit bezahlt werden muß" (S. 137).
[2] Ebenso *Burchardt, M.*, Studieren, 2006, S. 161 FN 107.
[3] Vgl. dazu oben S. 15–17.

ses aus einer themenverwandten Dissertation oder Monografie verwendet werden: In der eigenen Arbeit ebenfalls (gleichlautend?) eingebrachte Abkürzungen werden abgehakt, zusätzliche ergänzt und abschließend die überzähligen Abkürzungen in der so angepassten Vorlage gestrichen. Kann eine automatische Erstellung erfolgen – und wird diese Technik auch hinreichend beherrscht – sollte man sich bereits bei der Textabfassung auf die Auszeichnung der potenziellen Abkürzungen (mit-)konzentrieren.

8.3.4 Symbole

Organisatorisch können alle mathematisch-technischen Formelzeichen und Symbole als eine Variante der Abkürzungen bezeichnet werden, die in quantitativ angelegten Arbeiten Verwendung finden;[1] soweit diese allgemeinverständliche Zeichen (z. B. Σ, m^2) übersteigen, müssen sie in einem gesonderten **Formel-** bzw. **Symbolverzeichnis** erklärt werden; erfahrungsgemäß stiften ähnliche Symbole häufig Verwirrung bei der Textlektüre. Sehr hilfreich kann in einem solchen Verzeichnis daher der zusätzliche **Hinweis** sein, auf welcher Seite der Arbeit ein Symbol oder eine Formel erstmals Verwendung findet.

Symbole einheitlich verwenden

Finden **Symbole** aus **fremden Quellen** Verwendung, so sind diese, unter Wahrung der inhaltlichen Übereinstimmung, mit den in der eigenen Arbeit verwendeten abzugleichen; dies gilt nicht für wörtliche Zitate, bei denen jede Veränderung unzulässig ist.

Soweit in quantitativen Arbeiten viele Symbole und technische Abkürzungen benutzt werden, bietet es sich an, zu Beginn der Arbeit eine (elektronische) **Symboldatei** anzulegen, die der Orientierung dient und eine einheitliche Verwendung der Symbole in der gesamten Arbeit sicherstellt; bei Erstellung der Endfassung kann diese Datei zudem in das erforderliche Symbolverzeichnis umgesetzt werden.

---

[1] Vgl. dazu *Ebel, H. F./Bliefert, C./Greulich, W.,* Schreiben, 2006, mit Hinweis auf DIN 1304-1: 1994-03 sowie DIN 1338: 1996-08, DIN 1338/Bbl 1: 1996-04 und DIN 1338/Bbl 2: 1996-04.

8.4 Vortexte

Als Vortexte werden alle Ausführungen außerhalb der bibliografischen Daten und der Verzeichnisse bezeichnet, die dem **Text** einer Arbeit **vorangestellt** sind (s. *Darst. 17*).

Darst. 17: Vortexte

Vortexte

Motto, Sprichwort — Widmung — Geleitwort — Vorwort

Allen Vortexten ist gemeinsam, dass sie **kein Bestandteil des Textes** sind, regelmäßig aber in einem – zum Teil sehr informativen – Zusammenhang mit dem Inhalt und/oder Verfasser einer Arbeit stehen (sollten). Erfordernis bzw. Üblichkeit einzelner Vortexte ist von Art und Umfang der Prüfungsarbeit abhängig.

8.4.1 Motto, Sprichwort

Der Ausweis eines Mottos, eines Sprichworts oder der Ausspruch einer Persönlichkeit erscheint nur in Doktorarbeiten oder (Lehr-)Büchern angebracht. Die Auswahl eines solchen Zitats muss sorgfältig vorgenommen werden. Insbesondere eignet sich ein solches Zitat nicht zur Dokumentation der Belesenheit oder Allgemeinbildung des Verfassers: Zitatesammlungen und Aphorismen-Dateien stellen jedem, der danach sucht, genügend Material zur Verfügung.[1] Die Bedeutung eines solchen Ausspruches liegt allein in dessen themen- und/oder verfasserbezogenen Trefflichkeit. Ein Motto kann zum einleitenden „Credo" (lat.: ich glaube) des Verfassers genutzt werden, ohne dass es weiterer klärender Worte bedarf.

Motto muss passen

> **Expertentipp**
> Lieber kein einleitendes Zitat oder Motto, als ein unzutreffendes!

---

[1] Zitate, Sprichwörter und Bauernregeln zu über 9000 Themen unter: http://www.zdown.de. Zum „Zitate-Pasting" vgl. *Graff, B.*, Imperativ, 2000.

8.4.2 Widmung

Notwendiger Dank — Als Widmung wird in Dissertationen und Büchern eine gedruckte Zueignung bezeichnet. Häufig soll damit Unterstützern oder Ratgebern gedankt, meistens aber nur persönlichen Bedürfnissen Rechnung getragen werden.[1] Für beide Zwecke ist aber eine solche Widmung m. E. gleichermaßen ungeeignet: Für den Hinweis auf die Personen und Institutionen, die die Arbeit in sachlicher Hinsicht gefördert haben, sowie den entsprechenden Dank des Verfassers ist das Vorwort der richtige Platz, das eine Orts-, Datums- und Namensangabe trägt.

Direkter oder indirekter Dank an den/die Partner/in, Familie, die Eltern oder Freunde kann treffend formuliert – und persönlich – durch eine handschriftliche Widmung im jeweils zugeeigneten Exemplar ausgesprochen werden. Nur eine so individuell ausgebrachte Zueignung kann dem Charakter der (aktuellen) Beziehung gerecht werden – in gedruckter Form kann sie in wissenschaftlichen Arbeiten wenig überzeugen; sie kann – zumindest in extremen Fällen – vielmehr geeignet sein, die Sachbezogenheit des Verfassers oder seiner Ausführungen in Frage zu stellen.

> **Hinweis und Erfahrungsbericht zur Widmung**
>
> Und zu bedenken ist: Eine gedruckte Widmung kann nicht gemäß § 530 BGB – wie bei persönlichen Geschenken – wegen groben Undanks widerrufen werden:
>
> „Last but not least danke ich Ellen Erdmann … Dieses Buch hätte gut ohne sie geschrieben werden können; es wäre nur eher fertig geworden."[2]

8.4.3 Geleitwort

Empfehlung — Ein Geleitwort wird nicht vom Verfasser, sondern vom Herausgeber der Buchreihe, dem Doktorvater, einer anerkannten Fachautorität oder einer in sonstiger Weise geeigneten Persönlichkeit geschrieben. Ein solches Geleitwort – in der

---

[1] Zur Problematik persönlicher Zueignungen vgl. umfassend und erkenntnisreich *Genette, G.*, Paratexte, 2001, S. 115–140.
[2] *Lenger, F.*, Kleinbürgertum, 1986, S. 11, zit. nach *Plamper, J.*, Danke, 2008.

Regel nicht mehr als zwei Seiten – umfasst inhaltlich entweder die Zuordnung der Arbeit in einen größeren Reihen- oder Fachzusammenhang oder aber eine kurze wertende bzw. empfehlende **Stellungnahme** zu Gehalt und Bedeutung der Arbeit; es schließt mit der Orts-, Datums- und Namensangabe des Autors.

8.4.4 Vorwort

In einem Vorwort – als sehr kurze Variante auch **Vorbemerkung** genannt – kann der **Verfasser** auf den Anlass und die **Bedeutung** der von ihm vorgelegten Schrift und deren Stellung in der wissenschaftlichen Diskussion eingehen. Darüber hinaus ist auf die sachliche und/oder finanzielle **Unterstützung** durch Dritte (z. B. Unternehmungen oder Stiftungen) sowie Umfang und Quelle der erteilten **Abdruckerlaubnisse** hinzuweisen und einer diesbezüglichen Dankesschuld Rechnung zu tragen.[1]   **Hinweise**

Soweit vertrauliche Daten verwendet werden, können in diesem Zusammenhang auch erforderliche **Sperrvermerke** gemacht werden; damit kann z. B. der Hinweis gegeben werden, dass wegen der Verwertung vertraulicher Daten der Öffentlichkeit der Einblick in den Text bis zum Ablauf einer bestimmten Frist zu verwehren ist. Art und Umfang der persönlichen **Mitarbeit** von und Unterstützung durch weitere Personen sind zu erwähnen; dabei ist auf eine klare Abgrenzung zur Mitautorenschaft zu achten. Ein Vorwort schließt mit der Orts- und Datumsangabe sowie dem Vor- und Zunamen des Verfassers (ohne akademische Titel).   **Mitwirkende beachten**

Vorworte und Vorbemerkungen sind in Prüfungsarbeiten wie der Bachelor-, Master- oder Magisterarbeit unangebracht, da diese Arbeiten sich (zumindest zunächst) nur an den Prüfer wenden. Ein Dank an den Prüfer, oder den die Arbeit betreuenden Dozenten, wird anbiedernd erscheinen: Er kann sogar als Versuch missverstanden werden, das Prüfer-Urteil beeinflussen zu wollen.[2]

---

[1] Vgl. dazu *mein* Vorwort zu dieser sowie der 1. Auflage, S. 19–21. Zur Bedeutung eines Vorwortes im Spiegel der Auflagen eines Grundlagenwerks zur Betriebswirtschaftslehre vgl. *Theisen, M. R.,* Vorwort, 2004.
[2] Zu den häufig verklausulierten Formulierungen in Forschungsberichten und deren tatsächlichem Aussagegehalt s. *Graham jr., C. D.,* Wendungen, 1994.

8.5 Verzeichnisse nach dem Text

8.5.1 Gedruckte Literatur

Vollständig und fehlerfrei

Bei der Erstellung des **Literaturverzeichnisses** werden immer wieder Fehler gemacht, obwohl das Literaturverzeichnis ein **zwingender Bestandteil** jeder wissenschaftlichen Arbeit ist.[1] Um das Bild vom Verzeichnis als Schlüssel noch einmal aufzugreifen: Wie fehlende oder zusätzliche Zähne im Bart eines Schlüssels, so können fehlende bzw. falsche Angaben im Literaturverzeichnis das Erschließen einer Arbeit beeinträchtigen.

Ein erstes Problem stellt sich mit der **Bezeichnung**: Begriffe wie Bibliografie, Literaturübersicht, Literaturhinweise, Schrifttumsverzeichnis, verarbeitete bzw. ausgewählte Literatur, Quellenverzeichnis oder Werkverzeichnis werden, trotz ihrer erheblichen inhaltlichen Unterschiede, häufig und insoweit irreleitend synonym verwendet.

Dem pragmatischen Ansatz dieser Anleitung folgend, soll hier **ausschließlich** die Bezeichnung **Literaturverzeichnis** verwendet und empfohlen werden.

> **Definition: Literaturverzeichnis**
>
> Ein Literaturverzeichnis ist die vollständige Zusammenstellung **aller** in einer wissenschaftlichen Arbeit **verarbeiteten** literarischen Sekundärmaterialien, welche in irgendeiner Form **nachweislich** (d.h. im Text, einer Fußnote, dem Vorwort, dem Anhang oder an einer sonstigen Stelle) in der Arbeit **berücksichtigt** und **zitiert** worden sind; darüber hinaus darf keine weitere Literatur Eingang in das Literaturverzeichnis finden.

Das Literaturverzeichnis hat **nur einen Platz**: Es steht im Anschluss an den Text (einschließlich eines Anhangs) einer Arbeit.[2] Getrennte Literaturverzeichnisse (nicht Literaturübersichten oder -empfehlungen), die am Ende eines Kapitels

---

[1] A. M. *Rost, F.*, Arbeitstechniken, 1997, S. 215: „Das ist übertrieben, denn vom Literaturverzeichnis allein ist die wissenschaftliche Leistung nicht abhängig."

[2] A. M. noch *Gerhards, G.*, Seminararbeit, 1991, S. 18: „Die Platzierung …, wie dies THEISEN … empfiehlt, ist geradezu logisch unverständlich und ist kategorisch abzulehnen."

8.5 Verzeichnisse nach dem Text

versteckt werden, sind eine Zumutung: Der Leser zahlt den Buchpreis nicht für das Suchen, sondern für den Inhalt.[1]

Das Literaturverzeichnis kann – je nach Umfang der Quellenmaterialien – inhaltlich um die verarbeiteten und zitierten Quellen erweitert werden; es ist dann als „Literatur- und Quellenverzeichnis" zu bezeichnen. In (umfangreicheren) Masterarbeiten sowie Dissertationen empfiehlt sich aber in diesen Fällen ein gesondertes **Quellenverzeichnis**.

Literatur und Quellen, die nur für die Bearbeitung eines Themas herangezogen, aber in der eigenen Arbeit nicht berücksichtigt wurden, dürfen in keinem Fall in ein derartiges Literatur- und Quellenverzeichnis (= Verzeichnis der **zitierten** Literatur und Quellen) aufgenommen werden.[2]

Nur zitierte Literatur erfassen

Die einzelnen **Titelangaben** im Literaturverzeichnis werden mit einfachem Zeilenabstand, der Text wird mit einem **Einzug** von ca. 1 cm ab der zweiten Zeile geschrieben. Zwischen den einzelnen Literaturangaben wird ebenfalls ein einfacher, zwischen den einzelnen Buchstaben des Alphabets ein eineinhalbfacher Zeilenabstand („Durchschuss") freigelassen. Alle Angaben im Literaturverzeichnis schließen ohne Punkt ab.

Jeder in einer Arbeit nachweislich berücksichtigte Titel ist mit **allen bibliografischen** Angaben in alphabetischer Reihenfolge in das Literaturverzeichnis aufzunehmen.[3] Soweit ein **Literaturverwaltungsprogramm** verwendet wird, bedingt nur die sorgfältige und vollständige Titelaufnahme (automatisch) auch ein fehlerfreies und komplettes Literaturverzeichnis.

Eine **Differenzierung** nach Literaturgattungen (z. B. Monografien, Sammelwerke, Aufsätze) ist mit der (hier verwendeten) Kurzbeleg-Zitiermethode technisch nicht vereinbar, denn damit würde sich die am Kurztitel orientierte Suche regelmäßig über alle Literaturkategorien im Literaturverzeichnis erstrecken müssen.[4]

---

[1] Die gleiche Kritik gilt für die Unsitte, Fußnoten auf ähnliche Weise zu beerdigen; *F. Kerschner* (Arbeitstechnik, 2006, S. 240) weist zu Recht darauf hin, dass Fußnoten keine „End- oder Zwischennoten" sind.
[2] Schwer nachvollziehbar erscheint der diesbezüglich (falsche und irreführende) Ratschlag von *Fragnière, J.-P.*, Diplomarbeit, 2003, S. 108: „Nehmen Sie nur … auf, was Sie gelesen oder benutzt, mindestens aber durchgeblättert haben."
[3] Vgl. Kapitel 6.2.1, S. 122–132.
[4] Ebenso *Rossig, W. E./Prätsch, J.*, Arbeiten, 2010, S. 120.

Einige (unterschiedliche) technische Details für die Anlage eines Literaturverzeichnisses sollen nachfolgend, nach der Art der verarbeiteten Literatur differenziert, erklärt werden. In den dazu ausgewählten Beispielen wird zudem nochmals auf die Besonderheiten der zu wählenden Zitiertechnik eingegangen.[1]

8.5.1.1 Bücher

Jeder selbstständige Titel ist mit allen bibliografischen Daten zu erfassen:

> Chicago Style:
> *Name, Vorname(n)* (Kurztitel, Jahr): Titel, Auflage, Erscheinungsort(e): Verlag(e), Erscheinungsjahr
> Harvard Style:
> *Name, Vorname(n)* (Jahr): Titel, Auflage, Erscheinungsort(e): Verlag(e), Erscheinungsjahr
> bzw. bei bis zu drei Autoren:[1]
> *Name, Vorname(n)/Name, Vorname(n)/Name, Vorname(n)* (Jahr) bzw. (Kurztitel, Jahr): . .

> **Beispiele: Monographien**
>
> *Meyer, Anton* (Dienstleistungs-Marketing, 1998): Dienstleistungs-Marketing, 8. Aufl., München: FGM Verlag, 1998
> *Müller-Stewens, Günter* (Suchfeldanalysen, 1990): Strategische Suchfeldanalysen, 2. Aufl., Wiesbaden: Gabler, 1990 (1. Aufl. unter *G. Müller*)
> bzw.
> *Picot, Arnold/Dietl, Helmut/Franck, Egon* (2008): Organisation, 5., akt. und überarb. Aufl., Stuttgart: Schäffer-Poeschel, 2008

Zwingende Angaben Mehr als drei Autoren werden – ebenso wie mehr als drei Verlagsnamen oder -orte – nicht aufgeführt. Nach den bibliothekarischen Regeln werden solche Schriften unter dem Sachtitel in den Katalog aufgenommen; der erste Verfassername folgt dabei, mit dem Zusatz „u.a.", nach einem Schrägstrich dem Sachtitel. Wie bereits für die Verfasserda-

---

[1] Vgl. Kapitel 7.3.1, S. 161–166 sowie S. 227.

tei empfohlen, sollten diese Titel in einem alphabetischen Literaturverzeichnis mit dem **Namen des ersten Autors** sowie dem Zusatz „u. a." oder „et al." (lat.: et alii = und andere) aufgeführt werden.

Mehrere Titel eines Verfassers werden chronologisch – mit dem ältesten Titel beginnend – nacheinander aufgeführt; an Stelle des wiederholten Verfassernamens kann nach der erstmaligen Nennung ein linksbündiger kurzer waagrechter Strich mit anschließendem Doppelpunkt vor die Titelangabe gesetzt werden. Diese Vereinfachung kann bei digital erstellten Verzeichnissen erst nach der alphabetischen Sortierung vorgenommen werden; die mehrfache Namensnennung ist daher zunächst zwingend erforderlich. Angaben wie „ders." bzw. „dies." (= derselbe bzw. dieselben) sind wenig informativ und verhindern optisch die Zuordnung eines Titels zu dem gesuchten Verfassernamen. Wechselt innerhalb einer Auflistung mehrerer Titel desselben Verfassers die Seite (Seitenumbruch), muss der Verfassername beim ersten Titel auf einer (neuen) Seite nochmals vollständig angegeben werden (s. nachstehendes Beispiel mit Seitenumbruch).

> **Beispiel: Mehrere Titel eines Verfassers**
>
> Harvard Style:
>
> *Säcker, Franz Jürgen* (1977): Anpassung von Satzungen und Geschäftsordnungen an das Mitbestimmungsgesetz 1976, Düsseldorf: Handelsblatt, 1977
>
> – (1979): Informationsrechte der Betriebs- und Aufsichtsratsmitglieder und Geheimnissphäre des Unternehmens, Heidelberg : Recht und Wirtschaft, 1979
>
> – /*Joost, Detlev* (1980): Betriebszugehörigkeit als Rechtsproblem im Betriebsverfassungs- und Mitbestimmungsrecht, Königstein: Hanstein, 1980

Hier **Seitenumbruch**, neue Seite:

> *Säcker, Franz Jürgen/Theisen, Manuel R.* (1980): Die statutarische Regelung der inneren Ordnung des Aufsichtsrats in der mitbestimmten GmbH nach dem MitbestG 1976, in: AG 25 (1980), S. 29–45
>
> – /*Zander, Ernst* (Hrsg.) (1981): Mitbestimmung und Effizienz, Stuttgart: Schäffer, 1981

Mehrere Titel eines Verfassers, die **im selben Jahr** veröffentlicht worden sind, können entweder ebenfalls in chronologischer Abfolge (bei Zeitschriftenaufsätzen nach der Seiten- bzw. Heftzählung abschätzbar) oder der alphabetischen Reihenfolge des Sachtitels folgend eingeordnet werden.

Arbeiten eines Autors mit **mehreren Koautoren** erscheinen im Literaturverzeichnis erst nach den Titeln, die er alleine verfasst hat. Unter Berücksichtigung der chronologischen Abfolge innerhalb der Gruppierungen sind dabei erst die Werke, die zusammen mit einem, dann die, welche mit zwei bzw. mehreren Autoren verfasst wurden, anzuzeigen. Bestehen Koautorenschaften mit verschiedenen Personen, so ist innerhalb der Reihe der Koautoren wiederum alphabetisch vorzugehen. Wechselt z. B. nur der dritte (Ko-)Autor, so gilt für diesen auch die alphabetische Reihung.

Autor und Herausgeber zitieren

Soweit ein Buch – wie der Titel *Säcker/Zander* in dem vorstehenden Beispiel – unter dem (den) Herausgeber(n) erscheint, tritt (treten) dieser (diese) mit dem Zusatz „(Hrsg.)" an die Stelle der Autorenangabe. Soweit aber **Autor und Herausgeber** für einen **Titel** – nicht aber eine Instituts- oder Schriftenreihe – angegeben werden, müssen die bibliografischen Daten beider Personen in die jeweilige Literaturangabe aufgenommen werden (Beispiel unten *Scheffler* und *Schneider*):

Name, Vorname(n) (Jahr): Titel, hrsg. von *Vorname(n) Name*, Bandtitel, Aufl., Erscheinungsort(e): Verlag(e), Erscheinungsjahr

Bei mehreren Autoren und/oder Herausgebern gelten die angeführten Regeln für den Mehrautorenfall entsprechend. Soweit an die Stelle natürlicher Personen Körperschaften, Institutionen, Behörden oder Unternehmungen treten, sind diese, entsprechend der bibliografischen Aufnahme in der Verfasserdatei, alphabetisch im Literaturverzeichnis anzuführen.

Schriften ohne Verfasserangabe erscheinen im Alphabet unter „o. V." (= ohne Verfasserangabe); mehrere Titel ohne Verfasserangabe sind chronologisch in aufsteigender Reihenfolge – beginnend mit dem ältesten Titel – aufzulisten.

> **Beispiele**
>
> Harvard Style:
>
> *o. V.* (1906?): Mit dem Literaturverzeichnis auf Du und Du, Regensburg: Selbstverlag, o. J. [1906?]
>
> *Sachverständigenrat zur Begutachtung der gesamtwirtschaftlichen Entwicklung* (Hrsg.) (2000): Wirtschaftspolitik unter Reformdruck, Stuttgart: Schäffer-Poeschel, 2000
>
> *Scheffler, Eberhard* (1998): Finanzielles Konzernmanagement: Ansätze und Empfehlungen aus betriebswirtschaftlicher Sicht, in: *Manuel R. Theisen* (Hrsg.), Der Konzern im Umbruch, Stuttgart: Schäffer-Poeschel, 1998, S. 233–247
>
> *Siemens AG* (Hrsg.) (2000/2001/2002): Geschäftsbericht 1999/00, 2000/01, 2001/02, München [Druckort]: Selbstverlag, 2000, 2001, 2002 [?]
>
> *Stiftung „Gesellschaft und Unternehmen"* (Hrsg.) (o. J.): Standort und Auftrag, Frankfurt [Druckort]: o. Verlag, o. J.

Bei **Übersetzungen** ist der Originaltitel als Ergänzung, der Übersetzer als zusätzliche bibliografische Angabe anzuführen:

Name, Vorname(n) (Jahr): Titel (Originaltitel, übersetzte Sprache), übers. von *Vorname(n) Name*, Bandtitel, Aufl., Erscheinungsort(e): Verlag(e), Erscheinungsjahr

Hochschulschriften (Dissertationen, Habilitationen) sollten, auch wenn sie als selbstständige Veröffentlichung eines Verlages erscheinen, einen entsprechenden Hinweis in Klammern führen (z. B. „zugl. Diss. rer. pol. LMU München 1998"). Bei unveröffentlichten oder nur vervielfältigten Arbeiten tritt an die Stelle der Verlagsangabe der Hochschulort mit dem Zusatz „unveröffentlicht" oder „vervielf." und dem Jahr der Ausstellung der Urkunde, das nicht mit dem Prüfungsjahr identisch sein muss (z. B. „Habil.-Schr. Univ. Saarbrücken 2005 [vervielf.]").

> **Beispiele: Übersetzungen und Hochschulschriften**
>
> Chicago Style:
> *Stigler, George J.* (Théorie, 1980): La Théorie des prix (The Theory of Price, franz.), übers. von *Mireille Rose*, Paris: Dunod, 1980
> *Stöckli Lachner, Yvette* (Desktop-Publishing, 1991): Wissensbasiertes Desktop-Publishing, Bern/Stuttgart: Haupt, 1991 (zugl. Diss. rer. pol. Univ. Bern 1990)

8.5.1.2 Sammelwerke und Festschriften

Handwörterbücher, juristische Kommentare und Festschriften werden – entsprechend den Angaben zu Abschnitt 8.5.1.1 – mit allen bibliografischen Daten unter dem Herausgeber bzw. den Autoren im Literaturverzeichnis erfasst.

Werden aus Sammelwerken einzelne Aufsätze, Beiträge oder Anmerkungen verarbeitet, muss – wie bereits bei der Anlage der Verfasserdatei erwähnt – **zusätzlich** zu der Angabe des gesamten Werkes (unter dem Namen des erstgenannten Verfassers oder Herausgebers) auch unter dem Namen des in der Arbeit konkret **zitierten Bearbeiters** oder **Verfassers** – der aber auch einer der Herausgeber sein kann – ein zweiter Literaturnachweis vorgenommen werden; dieser sollte immer zeitgleich aufgenommen werden, damit diese (notwendige) **Doppelung** nicht vergessen wird:

Name, Vorname(n) (des Bearbeiters) (Jahr): Titel des Beitrags, in: *Vorname(n) Name* (des/der Autor(en) oder der Herausgeber mit „Hrsg.") (Jahr), Stichwort (des Hrsg.-Werkes), Jahr, erste und letzte Seite (Spalte) bzw. §§-Angabe und/oder erster und letzter Anmerkungs- oder Randziffer

> **Beispiel: Sammelwerke und Festschriften**
>
> Chicago Style:
> *Schneider, Uwe H.* (Grundsätze, 1998): Grundsätze – oder Grundregeln ordnungsmäßiger Konzernfinanzierung?, in: *Manuel R. Theisen* (Hrsg.), Konzern im Umbruch, 1998, S. 259–274
> **und**
> *Theisen, Manuel R.* (Hrsg.) (Konzern, 1998): Der Konzern im Umbruch, Stuttgart: Schäffer-Poeschel, 1998

In allen Fällen, in denen aus einem Sammelwerk mindestens ein Beitrag zitiert wird, müssen also in das Literaturverzeichnis **zwei Nachweise** aufgenommen werden: Der konkret zitierte Beitrag mit einem Hinweis auf das gesamte Werk – wie im vorstehenden Beispiel – **und** das Sammelwerk unter dem (oder den) Herausgeber(n) jeweils mit den vollständigen bibliografischen Angaben. Eine Variante dazu kann sowohl bei Wahl des Chicago-Style- als auch des Harvard-Style-Verfahrens insoweit verwendet werden, als für den ersten Nachweis, also den konkreten Beitrag in einem Sammel- oder Herausgeberwerk, nur der verkürzte Nachweis (Theisen (1998) bzw. (Theisen, Konzern, 1998) verwendet wird. Damit findet die gewählte Belegmethode auch (noch) im Literaturverzeichnis konsequent Berücksichtigung; der Erstellung ist allerdings technisch erschwert.

Zitierweise berücksichtigen

8.5.1.3 Loseblatt-Sammlungen

Gesetzestexte und juristische Kommentare erscheinen häufig als Loseblatt-Sammlung; aktuelle Änderungen und Ergänzungen werden fortlaufend vorgenommen, so dass das Gesamtwerk nicht bei jeder Fortschreibung neu erworben werden muss. Derartige Loseblatt-Sammlungen werden als Gesamtwerk wie Sammelbände im Literaturverzeichnis erfasst. Zusätzlich muss jedoch das **Datum der letzten Nachlieferung** und die **Nummer** der benutzten (und zitierten) Sammlung (z. B. Stand: 01.09.2012, 35. Lfg. zur 4. Aufl.) angegeben werden; nur so kann nachvollzogen (und nachgeprüft) werden, welche Fassung der Loseblatt-Sammlung dem Verfasser vorlag.

Beispiel: Loseblattsammlungen

Chicago Style:

Wohlgemuth, Michael (Bearb.) (Anschaffungskosten, 1984/2011): Die Anschaffungskosten in der Handels- und Steuerbilanz, 3., überarb. Aufl., in: *Klaus von Wysocki u. a.* (Hrsg.), Handbuch des Jahresabschlusses, Stand: Oktober 2003 (25. Lfg.), Köln: O. Schmidt, 1984/2011, Abt. 1/9

und

Wysocki, Klaus von u. a. (Hrsg.) (Handbuch, 1984/2011): Handbuch des Jahresabschlusses, 4 Ordner, Stand: April 2011 (51. Lfg.), Köln: O. Schmidt, 1984/2011

Stand der Bearbeitung

Ein zusätzliches Problem ergibt sich bei der Berücksichtigung eines zitierten Beitrags unter dem Namen eines **Bearbeiters** im Literaturverzeichnis: Abweichend von der Angabe des Gesamtwerks muss dabei zwingend eine **Datumsangabe** für den zitierten Beitrag angegeben werden. Die Bearbeitung von Loseblatt-Sammlungen erfolgt kontinuierlich, so dass oft mehrere Jahre zwischen dem aktuellsten und dem ältesten Beitrag liegen. Ohne die Angabe des „Erkenntnisstandes" des zitierten Autors ist eine Einordnung und Beurteilung der Ausführungen nicht möglich.[1] Das nachfolgende Beispiel macht (zusätzlich nochmals) deutlich, dass es bei Sammel- und Herausgeberwerken z. T. zur Verdoppelung der Titelangaben kommt.

8.5.1.4 Zeitschriftenaufsätze

Zeitschriftenaufsätze werden wie Beiträge in Sammelbänden zitiert, an die Stelle des Herausgebers und des Buchtitels tritt – meist in abgekürzter Form – der Titel der Zeitschrift sowie die Angabe der ersten und letzten Seite des Aufsatzes. Die Angabe von Verlagsort und Verlag entfällt, zusätzlich muss – **nur wenn** die **Seiten** eines Jahrgangs **nicht durchgezählt** werden – die **Heft-Nummer**, das Erscheinungsdatum und gegebenenfalls auch die Art der Ausgabe (Nachtausgabe, Ausgabe M u. a.) angeführt werden, um eine eindeutige bibliografische Angabe sicherzustellen. Werden Beilagen oder Sonderveröffentlichungen aus Zeitschriften zitiert, ist darauf zu achten, dass diese identifiziert werden können; häufig fehlen hier Seitenangaben, gelegentlich wird die Nummer der (Haupt-)Ausgabe nicht benannt. Hat eine bestimmte Ausgabe einer Zeitschrift – z. B. als Sonderheft – ein Generalthema, so wird dies nach dem Namen der Zeitschrift eingefügt:

Name, Vorname(n) (Jahr): Titel des Aufsatzes, in: Name der Zeitschrift (abgekürzt), Jahrgang (Jahr), erste und letzte Seite

---

[1] Zutreffend *Geck, W. K.*, Kommentatoren, 1987, S. 870: „Der Leser kann … billigerweise Auskunft darüber erwarten, auf welchem Stand die zitierte Kommentierung ist"; a. M. *Bergmann, M./Schröder, C./Sturm, M.*, Zitieren, 2010, S. 58, die den „Gesamtstand" für ausreichend halten.

Für den Fall mehrerer Autoren bzw. fehlender Verfasserangaben ist so zu verfahren, wie unter a. dargelegt. Buchbesprechungen tragen folgende zusätzliche Angaben:

Name, Vorname(n) (Rezensent oder Rez.) (Jahr): „Vorname Name, Titel des besprochenen Buches (Erscheinungsort: Verlag, Jahr)", in: Name der Zeitschrift (abgekürzt), Jahrgang (Jahr), erste und letzte Seite

> **Beispiele: Zeitschriftenaufsätze**
>
> Harvard Style:
>
> *Theisen, Manuel R.* (2004): Zwölf Hürden für eine „gute Unternehmensüberwachung", in: BFuP 56 (2004), S. 480–492
>
> – (2008):, Tu felix austria – Glückliches Österreich?, in: Der Aufsichtsrat 5 (2008), S. 17
>
> – /*Raßhofer, Martin* (2007): Wie gut ist gute Corporate Governance, in: DB 60 (2007), S. 1317–1321
>
> bzw. als Rezensent:
>
> *Theisen, Manuel R.* (Rez.) (1995): „Friedrich Hoffmann (Hrsg.), Konzernhandbuch (Wiesbaden : Gabler, 1993)", in: ZfbF 47 (1995), S. 958–960

Bei allen Angaben im Literaturverzeichnis sind – wie in den Fußnotentexten – entsprechende **Klammerzusätze** für notwendige Ergänzungen (Interpolationen) zu verwenden:

> **Kennzeichnung: Text-Ergänzungen**
>
> (...)   = Ergänzungen aus dem Buch selbst
> [...]   = Ergänzungen aus anderen Quellen
> < ... > = Teile, die im Titel selbst in runden Klammern stehen

Im Literaturverzeichnis müssen in diesem Fall **alle Angaben** zur **bibliografischen Erfassung** eines Titels aufgenommen werden, vergleichbar wie bei dem ersten Nachweis eines Titels nach der Vollbeleg-Methode.[1] Um eine schnellere Zuordnung eines zitierten Titels zur dazugehörigen Angabe im Literaturverzeichnis zu erreichen, wird vorgeschlagen, der **Namensangabe** unmittelbar **folgend** in (runden) Kammern das **Erscheinungsjahr** hinzufügen.

---

[1] Vgl. Kapitel 7.3.1.1, S. 161 f.

Soweit, wie in *meiner* Anleitung nur in diesem Kapitel 8, nach dem Chicago Style unter Berücksichtigung eines erweiterten Kurzbelegs zitiert wird, ist die am meisten verwendete Variante das Stichwort vorab (zusammen mit dem Erscheinungsjahr) unmittelbar nach dem/den Autorennamen in (runde) Klammern zu setzen; die drucktechnisch einfachste Alternative ist es, im Literaturverzeichnis bei der Titelangabe das konkret verwendete Stichwort fett zu drucken.

Die in beiden Zitiervorschlägen wiederholte Angabe des Erscheinungsjahrs dient allein der erleichterten Suche nach einem zitierten Titel im Literaturverzeichnis und sollte daher nicht weggelassen werden:

Name, Vorname(n) (Stichwort, Jahr): Titel, Band, Aufl., Erscheinungsort(e): Verlag(e), Erscheinungsjahr

oder

Name, Vorname(n) (Jahr): Titel (dabei steht das ausgewählte Stichwort in Fettdruck), Band, Aufl., Erscheinungsort(e): Verlag(e), Erscheinungsjahr

---

Beispiele: Stichwort des Kurzbelegs

Chicago Style:

Werder, Axel von (Hrsg.) (Grundsätze, 1996): Grundsätze ordnungsmäßiger Unternehmensführung (GoF), Überwachung (GoÜ) und Abschlußprüfung (GoA), ZfbF-Sonderheft 36, Düsseldorf/Frankfurt: Handelsblatt, 1996

oder:

Wöhe, Günter (1997): Betriebswirtschaftliche **Steuerlehre**, Bd. II/2, 4. Aufl., München: Vahlen, 1997

8.5.2 *Elektronische Informationen*

Sämtliche Dokumente, die aus dem elektronischen Netz stammen, müssen, soweit sie in der eigenen Arbeit direkt oder indirekt verwendet werden, wie jedes andere Sekundärmaterial ordnungsgemäß zitiert und belegt werden. Alle aus dem Internet gewonnenen und verwendeten Informationen sind einheitlich zu erfassen und nachzuweisen. Der extremen Flüchtigkeit der virtuellen Materie ist es zu danken, dass regelmäßig weitere Differenzierungen und Angaben hinsichtlich des **Zustandes eines Internet-Dokuments** gemacht werden müssen.

Sämtliche Texte im Internet verfügen über eine einheitliche, logisch aufgebaute Adresse, den *Uniform Resource Locator* (URL), des jeweiligen Internet-Users, über den sie auch angesteuert werden können.[1] Der **Grundaufbau** dieser Adressen lautet:

protokoll://serveradresse/dokumentenpfad/dokument

Diesem Grundmuster entsprechend kann jedes Internet-Dokument eindeutig identifiziert werden. Die Serveradresse wird als **Domain** bezeichnet, der nach einem Punkt folgende Hinweis ist die Top Level-Domain (z. B. als Ländercode wie „.de", „.eu" oder als Organisationscode „.com", „.edu");[2] alle Unterdokumente lassen sich über diese Domain auf die gemeinsame Basis des jeweiligen Anbieters oder Betreibers zurückführen.

Ein URL beginnt mit „http", wenn das hierzu erforderliche Hypertext Transfer Protocol (HTTP = Übertragungsprotokoll des WWW-Dienstes) eingesetzt wird. Werden verschiedene Texte und Quellen so kombiniert, dass ihre Aktivierung zu weiteren (hinterlegten) Informationen führt, spricht man von **Hypertexten**, bei zusätzlichen multimedialen Dokumenten wie Bildern, Ton- oder Video-Aufzeichnungen von **Hypermedia**. Für das Erstellen spezieller WWW-Dokumente wurde die Seitenbeschreibungssprache *Hypertext Markup Language* (HTML) entwickelt.

Exakter URL

---

[1] Mit dem URL wird bis zur Zeichenfolge „://" die Art des Datenzugriffs bestimmt, es folgt bis zum nächsten Schrägstrich die Rechneradresse, dann die Verzeichnisstruktur und schließlich die konkrete Zieldatei.
[2] Eine Übersicht aller Top-Level-Domains: http://www.icann.org/; bei der deutschen Vergabestelle der Domains DENIC, Karlsruhe, http://www.nic.de, kann in Erfahrung gebracht werden, wer sich hinter einer bestimmten Domain verbirgt.

> **Beispiel: Uniform Resource Locator (URL)**
>
> http://www.bwl.uni-muenchen.de/personen/beurlprof/theisen/index.html
>
> **Das bedeutet**: Über das Protokoll „http" wird der WWW-Dienst angesteuert. Der angesteuerte Server wird von der *Ludwig-Maximilians-Universität München* betrieben; die Top Level-Domain „.de" steht für Deutschland. Die weiteren Angaben zeigen den Dokumentenpfad an, der über die Homepage der BWL-Fakultät zu dem untergeordneten Dokument „Personen" und weiter zu dem Index *meiner* Homepage führt; die verwendete Sprache wird mit „html" angegeben.

Grundsätzlich ist alles aus dem **Internet verarbeitete Material** entsprechend der, jeweils dabei zugrunde liegenden, oben erläuterten Literaturgattung (Bücher, Aufsätze, Urteile, Interviews u. a.) **zu zitieren**.[1] Insoweit ist das Internet nur eine Variante der Vermittlung wissenschaftlicher Texte, der mit der Nennung des URL sowie der Datierung der Angabe Rechnung getragen wird.

Soweit es alternativ zu einem Internetdokument aber auch eine gedruckte Fassung des zitierten Dokuments gibt, sollten solche Texte nach dieser und nur im Ausnahmefall in der Netzversion zitiert und bibliografiert werden; wer ganz sicher gehen möchte, dass der zitierte Text vom Korrektor oder Leser auch in jedem Fall gefunden wird, kann auch beide Zitatstellen angeben.

Mit den erforderlichen Nachweisen ist das Sekundärmaterial oder die zitierte **Internet-Quelle** in das Literatur- bzw. das Quellenverzeichnis aufzunehmen.[2]

Chicago Style:

Name, Vorname(n) (Stichwort, Jahr): Buchtitel, Auflage, Erscheinungsort(e): Verlag(e), Erscheinungsjahr, protokoll://serveradresse/dokumentenpfad/dokument (Version Nummer, Zugriffsdatum)

bzw.

---

[1] Informationen zum „Zitat im Internet" http://www.mediensprache.net/de/publishing/pubs/1/
[2] Zur Zitierung aus dem Internet vgl. *Burchardt, M.*, Studieren, 2006, S. 156–160; *Alberth, M. R.*, Gedanken, 1998; *Rossig, W. E./Prätsch, J.*, Arbeiten 2010, S. 11–31, 135–139.

Harvard Style:

Name, Vorname(n) (Jahr): Aufsatztitel, in: Name der Zeitschrift (abgekürzt), Jahrgang (Jahr), erste und letzte Seite, protokoll://serveradresse/dokumentenpfad/dokument (Version Nummer, Zugriffsdatum)

Dokumente, die **ausschließlich im Internet** gespeichert sind, müssen mit diesen speziellen zusätzlichen Nachweisen erfasst und bibliografiert werden. Ohne exakte Angabe des vollständigen URL können solche Exklusiv-Dokumente nicht ermittelt werden.

Online veröffentlichte wissenschaftliche Aufsätze werden mit einer DOI-Nummer (Digital Object Identifier) gekennzeichnet. Von besonderer Bedeutung können die **Datumsangabe** der Netzversion eines Textes sowie das – regelmäßig davon abweichende – **Zugriffsdatum** des Benutzers sein; die Zugriffszeit und Zeitzone (MEZ, GMT)[1] ist erforderlich, wenn **zeitsensible Angaben** wie Börsendaten zitiert werden:

Chicago Style:

Name, Vorname(n) (Stichwort, Jahr): Titel des Beitrags, Erscheinungsdatum der Publikation, Version-Nummer oder Datum, protokoll://serveradresse/dokumentenpfad/dokument (Zugriffsdatum und -zeit, Zeitzone) bzw. http://dx.doi.org/DOI-Nummer

bzw.

Harvard Style:

Name, Vorname(n) (Jahr): Titel des Beitrags, Erscheinungsdatum der Publikation, Version-Nummer oder Datum, protokoll://serveradresse/dokumentenpfad/dokument (Zugriffsdatum und -zeit, Zeitzone) bzw. http://dx.doi.org/DOI-Nummer

---

[1] Zutreffend *Alberth, M. R.*, Gedanken, 1998, S. 1371 f.

> **Beispiele: Internet-Quellen**
>
> Chicago Style:
> *SAP AG* (Hrsg.) (NetWeaver, 2011): SAP NetWeaver 7.0 Library including Enhancement Package 2 knowledge center (2011-03); http://help.sap.com/content/documentation/netweaver/index.htm (Zugriff 2011-04-22)
> bzw.
> Harvard Style:
> *Zimmermann, Bernd* (2011): Internet + WWW-Kurs (2011-02-15), http://www. www-kurs.de/download.htm (Zugriff 2011-04-21, 17:30 MEZ, lizenzpflichtig)

 Soweit persönliche wie institutionelle Verfasserangaben fehlen, tritt an deren Stelle jeweils die Titelzeile der Hypertextseite.[1] Die in Internetdokumenten häufig fehlenden Seitenangaben erschweren einen exakten Nachweis der **Zitatstelle** in den Fußnoten sowie bei einzelnen Beiträgen aus einem Gesamtdokument.[2] Zur besseren Orientierung – insbesondere in umfangreicheren, **nicht paginierten Dokumenten** – können die **Ordnungsziffern** der Gliederung für das (zitierte) Kapitel oder den entsprechenden Abschnitt angegeben werden. In jedem Fall ist darauf zu achten, dass die Zitatstelle eindeutig **identifiziert** werden kann.

Titelzeile der Hypertextseite, Beitragstitel, Erscheinungsdatum der Publikation, (Version-Nummer oder Datum), protokoll://serveradresse/dokumentenpfad/dokument (Erscheinungsdatum der Publikation), Abschnitt (oder Kapitel), (Zugriffsdatum)

Internetdokumente sichern Eine dauerhafte Archivierung des verwendeten Internet-Materials ist nicht sichergestellt. Grundsätzlich sollten daher, soweit nur wenige Internet-Dokumente zitiert werden, diese als Ausdruck in den Anhang der Arbeit aufgenommen werden; umfangreicheres Material wird in gesonderten Dokumentationen (Elektronische Dateien auf CD-ROM/DVD oder als Ausdruck in einem gesonderten Aktenordner) gespeichert und bereitgehalten.[3]

---

[1] Soweit nur die Initialen oder ein Autorenkürzel verwendet werden, sind diese auszuweisen.
[2] Vgl. *Krämer, W.*, Examensarbeit, 2009, S. 160 f.
[3] Zustimmend *Burchardt, M.*, Studieren, 2006, S. 160: „Nicht zu Unrecht"; ähnlich *Rossig W. E./Prätsch, J.*, Arbeiten, 2010, S. 135.

8.5 Verzeichnisse nach dem Text

Ein weiterer Dienst des Internet ist die elektronische Post (Electronic Mail = **E-Mail**). Diese Technik ist weltweit zu der dominierenden elektronischen Form des **Informationsaustausches** geworden, durch den Daten sowie Text-, Foto- und Tondokumente versendet werden; täglich werden derzeit 1,4 Milliarden solcher digitalen Briefe weltweit versendet. Durch Anfragen bei Experten oder Einzelrecherchen im Dialog kann Material entstehen bzw. generiert werden, das in der eigenen Arbeit verwendet wird. Eine Chance, entsprechende Diskussionen zu führen oder an einem elektronischem Forum (Chat) teilzunehmen, ermöglichen u. a. Mailing Lists, nicht öffentliche Foren, für die sich der Nutzer per E-Mail eintragen muss; das Senden und Empfangen dieser Beiträge erfolgt ausschließlich über den jeweiligen Dienst.

Für die Kennung des E-Mail-Dienstes besteht ein einheitlicher Aufbau: benutzer@serveradresse. Jede Form einer solchen ein- oder wechselseitigen Information ist die digitale Variante eines Briefes, Telefongespräches oder Interviews; für sie gelten die spezifischen Zitierweisen im Text und Nachweise im Literatur- bzw. Quellenverzeichnis.[1]

In das *World Wide Web* **(WWW)** können auch eigene Dokumente und Texte eingespeist werden. Diese Form der **Information** im Internet findet heute dominant zur Verbreitung neuer Erkenntnisse und Forschungsergebnisse, z. B. zum weltweiten wissenschaftlichen Austausch und zur Diskussion, Anwendung. Die Funktionstrennung zwischen Autor und Verleger wird aufgehoben. Soweit aber nur Vorversionen eines Beitrages – z. B. zur Diskussion – „ins Netz" gestellt werden, entsprechen solche Texte ihrer Gattung nach der „Grauen Literatur", die entsprechend zu zitieren und in das Literaturverzeichnis aufzunehmen ist.[2]

Bei allen **Internet-Kennungen**, die über eine Druckzeile hinausreichen und daher **getrennt** werden müssen, ist zu beachten, dass ohne ein Leerzeichen oder einen Freiraum (blank bzw. Spatium) die Zeile gewechselt wird; der übliche Trennungsstrich entfällt ebenso wie der Abschlusspunkt, um die Eindeutigkeit des URL bzw. der E-Mail-Adressen sicherzustellen.[3] Die Voraussetzung einer buchstaben-, punkt- und

---

[1] Vgl. Kapitel 7.3, S. 159 f.
[2] Vgl. Kapitel 6.2.1, S. 131.
[3] Ebenso *Rossig, W. E./Prätsch, J.*, Arbeiten, 2010, S. 136 f.

zeichengetreuen, **exakten Erfassung der Kennungen** für die Nutzung des Internets erfordert ein aufmerksames Dokumentieren und wiederholtes Überprüfen dieser Angaben.

8.5.3 Rechtsprechung

In wissenschaftlichen Arbeiten kann es erforderlich sein, die **Rechtsprechung** der nationalen und/oder internationalen Gerichte zu berücksichtigen und zu zitieren. Für dieses Material gilt erneut der Hinweis, jede Fundstelle **genauestens zu überprüfen**.

Nach *meiner* Erfahrung ist die Vollständigkeit und Richtigkeit eines Rechtsprechungsnachweises in der gesamten wissenschaftlichen Literatur eher ein Glücksfall. Dies hat zwei Gründe: Zum einen ist die Suche und Lektüre einzelner Urteile auch im elektronischen Informationszeitalter manchmal mühsam und zeitraubend, die Originaltexte stehen nicht immer in dem erforderlichen Umfang (Volltext) zur Verfügung. Zum anderen aber sind bei kaum einem anderen Sekundärmaterial die Bearbeiter – häufig mit juristischer Argumentations- und Denkweise wenig vertraut – verleitet, aus einem Urteil etwas heraus- bzw. in ein solches etwas hineinzulesen, was dort weder explizit noch sinngemäß niedergelegt bzw. ausgesprochen worden ist. Vererbt sich dann ein solches Zitat als „**Gebrauchtzitat**" über die nächsten Generationen wissenschaftlicher Arbeiten, so kann im Extremfall bald nicht einmal mehr der „Geist des Gerichtes" erahnt werden; das so erlangte Ergebnis ist dem der „Stillen Post" manchmal nicht unähnlich.

Urteilsangaben prüfen

Urteile können **nicht abgekürzt** zitiert, sondern müssen in jeder Fußnote immer vollständig mit ihrer (bzw. einer) Fundstelle angeführt werden; mit den gleichen Angaben werden sie in einem gesonderten **Rechtsprechungsverzeichnis** aufgelistet. Werden nur wenige Urteile zitiert, dann können sie chronologisch nach dem Datum der Entscheidung aufgeführt werden; bei Verwendung der Rechtsprechung verschiedener Gerichte kann nach den Funktionen, Standorten oder Instanzen der Gerichte differenziert werden. Urteile und Beschlüsse sind einheitlich zu erfassen:

Gerichtsbezeichnung (ggf. abgekürzt), Urteil (bzw. Beschluss) vom „Datum", Aktenzeichen, Fundstelle

> **Beispiel: Rechtsprechung**
> BVerfG, Beschl. v. 01.03.1979, 1 BvR 532/77, BVerfGE 50, 290–381 = DB 32 (1979), S. 593–605

Als Fundstelle sollte grundsätzlich die jeweilige **amtliche Sammlung** und nur hilfsweise (bzw. ergänzend) eine Fachzeitschrift, in der das zitierte Urteil abgedruckt ist, verwendet werden; letztere muss aber immer dann zitiert werden, wenn ein Abdruck des Urteils oder der Entscheidung (noch) nicht in einer der amtlichen Sammlungen erfolgt ist.

Sämtliche **Abkürzungen** müssen, soweit nicht allgemein verständlich, im Abkürzungsverzeichnis erklärt werden. Im Rechtsprechungsverzeichnis am Ende der Arbeit können – bei tabellarischer Darstellung in einer getrennten Spalte – zusätzlich die Zitatfundstellen im eigenen Text angegeben werden; eine gezielte Lektüre der zitierten Urteile im Textzusammenhang wird so vereinfacht.[1]

8.5.4 Quellen

Alle in der eigenen Arbeit nachweislich berücksichtigten Quellen sind entweder in chronologischer oder – häufig schwieriger – alphabetischer Reihenfolge in ein **Quellenverzeichnis** aufzunehmen (Diskografie, Videografie u. a.). Gesetzestexte sind mit allen bibliografischen Daten im Quellenverzeichnis zu erfassen;[2] neben der vollen sowie (zusätzlich) abgekürzten Gesetzesbezeichnung ist der Zeitpunkt der Veröffentlichung, der Fundort im jeweiligen Gesetzesblatt und das Datum der verwendeten Fassung anzuführen. **Unzulässig** ist die Zitierung eines Kommentars oder einer **Gesetzessammlung**, in der diese Texte (auch) zusammengestellt werden. Gesetzestexte und sonstige amtliche Veröffentlichungen müssen mit der **Original-Belegstelle** zitiert werden (Amtsblatt, Bundesgesetzblatt u. a.); ist die Verwendung anderer Publikationsformen nicht zu vermeiden, muss ein solches Sekundärzitat angezeigt werden (zit. nach: …).

---

[1] Vgl. dazu das Rechtsprechungsverzeichnis auf Seite 297 sowie *Möllers, T. M. J.*, Arbeitstechnik, 2010, S. 151 f.
[2] Vgl. Kapitel 8.5.4, S. 235 f., sowie das Quellenverzeichnis *meiner* Anleitung (S. 299); a. M. *Bergmann, M./Schröder, C./Sturm, M.*, Zitieren, 2010, S. 124.

Spezialtexte Patente und Normen zählen – in unbearbeiteter Form – zu den Quellen. Sie werden im Text, als Vollbeleg mit allen, als Kurzbeleg mit verkürzten technischen Daten zitiert, und sind im Quellenverzeichnis aufzuführen; soweit keine Verfasserangaben – wie z. B. bei Normen des DIN – vorliegen, kann die Auflistung entweder nach (aufsteigenden) Nummern bzw. Datenangaben oder aber unter „o. V." erfolgen.

Originalquellen Die Quellenangaben einzelner Darstellungen im Text sind nur in das Quellenverzeichnis aufzunehmen, soweit sie nicht ihrerseits aus zitiertem Sekundärmaterial übernommen werden; diese Fundstellen müssen im Literaturverzeichnis enthalten sein.

Eigene Quellen des Verfassers (Briefe, Gesprächsprotokolle u. a.) werden nur in Ausnahmefällen in das Quellenverzeichnis aufgenommen. **Mündliche Äußerungen** (Interviews, Telefongespräche, Radiosendungen u. a.) sind, soweit sie schriftlich bzw. elektronisch aufgezeichnet oder/und protokolliert wurden, im Quellenverzeichnis zu erfassen. An die Stelle des Sachtitels tritt der Vortragstitel, -ort und -datum sowie gegebenenfalls ein erklärender Zusatz.

Beispiele: Normen, Radiosendungen und andere Quellen

Chicago Style:

DIN 8589 (Spannen, 1985): Fertigungsverfahren Spanen: Einordnung, Unterteilung, Begriffe, Teil 12: Bandschleifen: Einordnung, Unterteilung, Begriffe, Ausgabe 1985-12

Theisen, Manuel R. (Trickser, 2011): Der falsche Dr.: Wie können sich Universitäten vor Tricksern und Täuschern schützen?, Hörfunk-Interview, SWR 2-Radio-Sendung Kontext vom 12.04.2011, 19.05–19.20 Uhr, Baden-Baden [Aufzeichnung, abrufbar unter: http://www.swr.de/swr2/programm/sendungen/kontext/-/id=4352076/nid=4352076/did=7729432/k26fqw/index.html]

Harvard Style:

Zentes, Joachim (1990): Marketing heute: Fluch oder Segen, Vortrag vom 20. Februar 1990, Essen : Marketing-Club [Manuskript, 22 S.]

Zentralarchiv Köln (1700): Bergbausachen, Grossheim, Nr. 20, 1700–1750

Zünd, André (2002):Konzerne heute, Interview vom 03. März 2002 in Zürich [Manuskript, 55 S.]

Alle Quellen werden wie Literaturangaben mit einfachem Zeilenabstand und ab der zweiten Zeile mit einem Einzug von 1 cm geschrieben, zwischen zwei Angaben ist ein einfacher Zeilenabstand vorzusehen; gewerbliche Schutzzeichen und Copyright-Vermerke (®, © u. a.) müssen zitiert werden.

8.5.5 Werke

Als **Werkverzeichnisse** werden, z. B. bei literaturwissenschaftlichen Arbeiten, **gesonderte Auflistungen** des Gesamtwerkes eines Schriftstellers bezeichnet. Diese Zusammenstellungen können sowohl eine eigenständige Leistung als auch nur ein – vom Literaturverzeichnis getrennter – Nachweis der von einem bestimmten Autor verarbeiteten Schriften sein. Vergleichbare Werkverzeichnisse werden gelegentlich auch zu historischen Themenstellungen erwartet.

8.5.6 Schlagworte, Namen und Orte

Weitere **Sachverzeichnisse** (Register) sind regelmäßig nur in Arbeiten erforderlich, die veröffentlicht werden. Solche Verzeichnisse können, je nach Themenstellung, sein:

- Schlagwortverzeichnis
- Namensverzeichnis
- Ortsverzeichnis

Eine Mischung dieser Einzelverzeichnisse kann als eine Art **Kreuzkatalog**[1] hergestellt werden; so werden häufig z. B. Schlagwort- und Namensverzeichnisse zu einem gemeinsamen (General-)Register zusammengefasst.

Hauptaufgabe eines Registers ist die Unterstützung des Lesers bei einer **zielgerichteten Recherche** zu einzelnen Fragestellungen. Aus diesem Grund sollte ein Register nicht nur den in **Stichworte** aufgelösten Inhalt einer Arbeit wiedergeben. Darüber hinaus ist es wichtig, **synonyme Begriffe** sowie **alternative Bezeichnungen** und **Definitionen** – auch gerade solche, die in der eigenen Arbeit nicht verwendet werden – als (zusätzliche) Schlagworte zu ermitteln: Nur so können **Querverweise** auf die entsprechenden Stichwörter und Fundstellen in der Arbeit ermittelt und damit ein Verharren des Registers in der Verfassersprache verhindert werden.

---

[1] Vgl. Kapitel 4.2.5, S. 66.

Die meisten **Textverarbeitungsprogramme** bieten die mechanische Erstellung eines Registers nach angegebenen Stichwörtern an; einige Spezialprogramme sind darüber hinaus in der Lage, auch übergreifende oder synonyme Schlagwörter zu ermitteln.

In jedem Fall ist die vorgeschlagene alphabetische Ordnung zu überprüfen, zudem, welche **Unterschlagworte** gegebenenfalls noch zusätzlich zu bilden bzw. umzugruppieren sind.

In einem **Namensregister** können entweder alle Eigennamen, die im eigenen **Text** (mindestens einmal) erwähnt werden, oder aber (zusätzlich) auch alle in den Fußnoten zitierten Verfassernamen zusammengestellt werden: Ein solches (gemischtes) Register eine gute Möglichkeit, die Verarbeitung der im Literaturverzeichnis aufgeführten Titel auch unmittelbar personen- und nicht nur sachbezogen überprüfen zu können.

Einfaches Register

Ein Register ist übersichtlicher, wenn es in zwei Spalten, mit einfachem Zeilenabstand und mit Einzügen, erstellt wird. In einer Vorbemerkung sollten die im Register gewählten Bezeichnungen und Angaben sowie dessen Aufbau und Struktur erklärt werden. Grundsätzlich sollten Seitenzahlen (ohne vorangestelltes „S.") und keine Kapitel- oder Gliederungspunkte als Fundstellenhinweise verwendet werden.

Zusätzliche Informationen

Durch **Fettdruck** oder *Kursivschrift* können besondere Schwerpunkte angedeutet, oder als zusätzliche Information – wie in *meiner* Anleitung – Beispiele und Texte unterschieden werden. Sind mehr als eine Seite des Textes für das jeweilige Stich- oder Schlagwort relevant, ist die Seitenangabe mit „f.", bei mehr als zwei Seiten aber mit den genauen Seitenangaben zu kennzeichnen; mehrere Nachweise erfolgen im Register ausschließlich in nummerisch-aufsteigender Reihenfolge.

8.6 Nachtexte

8.6.1 Nachwort

Für publizierte Arbeiten kann ein **Nachwort** angezeigt sein. In einer solchen, dem Text nachgestellten – meist kurzen – Bemerkung können Gedanken des Autors formuliert werden, die beispielsweise nur einen Teil der Leser ansprechen oder aber persönliche Zusammenhänge aufzeigen. Liegt zwischen der Erstellung des Textes und der Veröffentlichung ein erheblicher Zeitraum, kann hier auch – dem Vorwort vergleichbar – auf themenspezifische **Entwicklungen** in der Zwischenzeit oder weitere Forschungsergebnisse und Bemühungen des Verfassers hingewiesen werden. Darüber hinaus werden Nachworte gelegentlich dazu genutzt, um seitens des Verlages oder des Herausgebers in **späteren Auflagen** auf Veränderungen hinzuweisen oder einen Bearbeiterwechsel zu kommentieren.

8.6.2 Eidesstattliche Erklärung

Prüfungsleistungen wie die Bachelor-, Master- oder Magisterarbeit und alle Dissertationen müssen, nach den näheren Bestimmungen der jeweiligen **Prüfungsordnung**, einen besonderen **Vermerk** zum Abschluss der Arbeit aufweisen, mit dem – meist an Eides Statt – die selbstständige Anfertigung der vorgelegten Arbeit erklärt bzw. versichert wird; soweit sie keinen konkreten Bezug zu den §§ 156, 158, 161 Strafgesetzbuch (StGB) aufweisen soll, wird sie „Selbstständigkeitserklärung" genannt.

Diese Erklärung bzw. Versicherung ist in **jedem eingereichten Exemplar handschriftlich** – also nach dem Kopieren – mit Orts- und Datumsangabe zu versehen und mit Vor- und Nachnamen zu unterzeichnen. Die Erklärung wird nicht bei der Seitenzählung einbezogen und auch nicht in das Inhaltsverzeichnis aufgenommen. Wird eine Prüfungsleistung nur in digitaler Form (pdf-Datei, WORD©-Dokument) eingereicht, muss die Erklärung gesondert in Papierform eingereicht werden.[1] Soweit eine Formulierung nicht im Wortlaut vom zuständigen **Prüfungsamt** vorgeschrieben ist, kann der nachfolgende **Mustertext** verwendet werden.

---

[1] Vgl. dazu *Balzert, H. u.a.*, Arbeiten, 2008, S. 203, die allerdings die – rechtlich nicht wirksame – Alternative eines Erklärungszugangs per Fax vorsehen.

8 Ergebnisgestaltung

> **Mustertext: Eidesstattliche Erklärung**
>
> Ich erkläre hiermit an Eides Statt, dass ich die vorliegende Arbeit selbstständig und ohne Benutzung anderer als der angegebenen Hilfsmittel angefertigt habe; die aus fremden Quellen (einschließlich elektronischer Quellen und dem Internet) direkt oder indirekt übernommenen Gedanken sind ausnahmslos als solche kenntlich gemacht.
>
> Bei der Auswahl und Auswertung des Materials sowie bei der Herstellung des Manuskriptes habe ich Unterstützungsleistungen von folgenden Personen erhalten:
>
> 1. ...
> 2. ...
> 3. ...
>
> Weitere Personen waren an der geistigen Leistung der vorliegenden Arbeit nicht beteiligt. Insbesondere habe ich nicht die Hilfe eines Promotionsberaters in Anspruch genommen. Dritte haben von mir weder unmittelbar noch mittelbar Geld oder geldwerte Leistungen für Arbeiten erhalten, die im Zusammenhang mit dem Inhalt der vorgelegten Dissertation stehen.
>
> Die Arbeit wurde bisher weder im Inland noch im Ausland in gleicher oder ähnlicher Form einer anderen Prüfungsbehörde vorgelegt und auch noch nicht physisch oder elektronisch veröffentlicht.
>
> Ich bin mir bewusst, dass eine falsche Erklärung rechtliche Folgen haben wird.
>
> Ort, Datum   Unterschrift

Für eine Gruppenarbeit wird alternativ folgende Formulierung des ersten Absatzes der vorstehenden Erklärung vorgeschlagen:[1]

---

[1] Zu den Kriterien berechtigter Koautorenschaft und deren Bedeutung instruktiv *Bickelhaupt, H.*, Veröffentlichungen, 1988, S. 80–82.

8.6 Nachtexte

> **Mustertext: Eidesstattliche Erklärung bei Gruppenarbeit**
>
> Ich erkläre hiermit an Eides Statt, dass ich meinen Beitrag zur vorliegenden Gruppenarbeit (Kapitel …) selbstständig und ohne Benutzung anderer als der angegebenen Hilfsmittel angefertigt habe; das gleiche gilt für die von den auf dem Titelblatt der Arbeit genannten Autoren gemeinsam verfassten Teile (Kapitel …). Die aus fremden Quellen (einschließlich elektronischer Quellen und dem Internet) direkt oder indirekt übernommenen Gedanken sind ausnahmslos als solche kenntlich gemacht. …

Namentlich der dritte Absatz des vorgeschlagenen Mustertextes für eine eidesstattliche Erklärung hat in jüngerer Vergangenheit für die Betreuer und Korrektoren von Doktorarbeiten aller Fachrichtungen aktuelle Bedeutung erlangt: Eine seit langem sehr erfolgreich etablierte Branche, die der Händler mit der Ware „Geist" (**Promotionsberater**), ist in Zusammenhang mit spektakulären Betrugs- und Fälschungsfällen einer breiteren Öffentlichkeit bekannt geworden;[1] zudem wird deshalb auf verstärkt über die Grenzen und Risiken akademisch ausgerichteten „ghostwriting" (wieder) diskutiert.[2]

Die eidesstattliche Erklärung ist **keine reine Formsache**: sie ist die rechtlich **verbindliche Zusicherung**, dass alle für die eigene Arbeit verwendeten Materialien angegeben und in der vorgeschriebenen Form im Text entsprechend gekennzeichnet (zitiert) worden sind. Ein erheblicher Verstoß gegen diese Zitiervorschriften bedeutet aus juristischer Sicht den Bruch dieser eidesstattlichen Erklärung mit allen potenziellen rechtlichen Konsequenzen wie z. B. dem Entzug des akademischen Titels bzw. Abschlusses.[3]

---

[1] Vgl. dazu umfassend Kapitel 11, S. 271–278.
[2] Dazu u. a. *Schenkel, R.*, Gespenst, 2011; *Brand, C.*, Feder, 2011; *Frisse, J.*, Geisterhand, 2011; a. M. die „Diplomwerkstatt"-Betreiberin *Weber, D.*, Dummies, 2010, S. 35, 206: „… vertrete ich naturgemäß die Auffassung, dass es zulässige Betreuung auch gegen Entgelt geben kann."
[3] Zu den rechtlichen Aspekten wissenschaftlicher Qualifikationsarbeiten umfassend bereits *Slapnicar, K. W.*, Aspekte, 2003.

8.6.3 Lebenslauf

Die meisten Promotionsordnungen und einige Masterprüfungsordnungen schreiben vor, dass die Arbeit mit einem Lebenslauf des Verfassers (lat.: curriculum vitae, CV) schließen muss, der mit dem Text fest verbunden zu sein hat. In einem solchen Lebenslauf sind, neben den knapp gehaltenen **persönlichen Daten**, die für den wissenschaftlichen Werdegang des Verfassers wichtigsten Abschnitte (Ausbildung, abgelegte Prüfungen, Praktika) aufzuzeigen; der Lebenslauf kann dabei als Text oder Tabelle ausgestaltet werden. Er trägt keine Seitenzahl und ist handschriftlich zu unterzeichnen.

8.6 Nachtexte

Checkliste: Ergebnisgestaltung	
Frage	**Hilfe**
„Inhalt kommt vor Form" – habe ich alle Formvorschriften berücksichtigt?	S. 200–207
Verwende ich im Text und den Fußnoten die angemessenen Schrifttypen und -größen?	S. 200
Kennzeichne ich Zitate mit mehreren Seitenangaben richtig?	S. 203
Gehe ich richtig mit Zahlen und Formeln um?	S. 203 f.
Ist das Layout und die Textgestaltung meiner Arbeit angemessen?	S. 205–209
Enthält die Titelseite meiner Arbeit alle nötigen Angaben?	S. 208 f.
Habe ich an alle erforderlichen Verzeichnisse gedacht?	S. 210
Verwende ich Abkürzungen richtig?	S. 212–214
Verwende ich Motti, Sprichwörter und Danksagungen zutreffend?	S. 215 f.
Enthält mein Literaturverzeichnis alle zwingend erforderlichen Autoren- und Titelangaben?	S. 218–238
Zitiere ich Internetdokumente richtig?	S. 228–234
Kenne ich den Unterschied zwischen Sekundärmaterial, Quellen und Werken?	S. 235–237
Muss meine Arbeit mit einer Eidesstattlichen Erklärung oder Selbständigkeitserklärung abschließen?	S. 239–241

> *„A work of art is never completed,
> only abandoned."*
> Englische Volksweisheit

9 Druck und Veröffentlichung

9.1 Vervielfältigung

Prüfungsarbeiten sind in der geforderten Anzahl von Exemplaren beim Prüfer und/oder dem zuständigen Prüfungsamt einzureichen. Alle Arbeiten müssen auf weißem Normalpapier hergestellt werden; der Einsatz von Umweltschutzpapier ist auf Konzeptausdrucke und Vorfassungen zu beschränken. Von jeder Seite der Arbeit ist ein Ausdruck in **Originalgröße** (1 : 1) herzustellen (DIN-A-4), Verkleinerungen auf das halbe Format (DIN-A-5) dürfen nur von Tabellen oder sonstigen Darstellungen angefertigt werden; für weitere Teile (z. B. Fußnoten u. a.) oder die gesamte Arbeit sind Modifikationen des Ausdrucks regelmäßig nur mit Genehmigung durch das Prüfungsamt bzw. den Prüfer zulässig.

Keine Tricks

> **Hinweis zu Verkleinerungen**
>
> Pauschale Reduktionen des Seitenausdrucks (z. B. 93 %-Ausdruck) sind unzulässig; sie können, wenn damit (offensichtlich) eine Umgehung der Seitenvorgabe bzw. -beschränkung bei Prüfungsarbeiten erreicht wird, sogar zur Ablehnung der Leistung führen.

Bei allen Ausdrucken ist auf die **Vollständigkeit der Seiten** und die Lesbarkeit jedes einzelnen Exemplars zu achten. Vor der Bindung müssen alle Seiten einzeln überprüft und die Seitenzählung nochmals kontrolliert werden; nicht selten kommt es beim automatischen Sortieren zu Mehrfachkopien bzw. Leerseiten, die dann, als Dokument der Sorglosigkeit des Verfassers, eingebunden oder geheftet werden. Bei der Verwendung und Herstellung von Kopien ist zu berücksichtigen, dass die Aufteilungsverhältnisse auf jedem Blatt, insbesondere aber der rechte und linke Rand, wie im Original bemessen sind; der automatische Blatteinzug schafft gelegentlich Probleme (z. B. Schrägeinzug).

Die Kopien werden nach aufsteigenden Seitenzahlen zusammengelegt, **Darstellungen** (Schaubilder, Tabellen u. a.) müssen so angeordnet sein, dass ihre **Spalten parallel** zur Bindung verlaufen. Bei der Anordnung quer zur Bindung muss eine Tabelle nach Rechtsdrehung lesbar sein (siehe *Darst. 2*, S. 4).

Übungs- und Seminararbeiten können an der oberen linken Ecke geklammert oder in einem **Schnellhefter** abgelegt werden. Bachelor- wie Masterarbeiten und Dissertationen müssen meistens in geklebter oder gebundener Form eingereicht werden. Bei Arbeiten, die in einen kartonierten Klemmordner eingebracht oder mit Spiralbindung erstellt werden, ist sowohl ein späteren Austausch von Seiten als auch ein Seitenverlust nicht auszuschließen. Da aber bei Prüfungsarbeiten nach der Abgabe nach Möglichkeit jede Manipulation ausgeschlossen sein sollte, sind eine belastungsfähige **Klebebindung**, Fastback-Bindung oder ein Deckenband (Soft- oder Hardcover) üblich (ebenso *Weber*, 2010, S. 221). Der Einband selbst sollte funktionell gewählt und farbig nicht zu auffällig wie ausstattungsmäßig nicht zu aufwändig gestaltet sein. Geprägte Beschriftungen der Einbanddecke (oder Goldschnitt) sind unnötig, da jede Prüfungsarbeit statt des Titelblattes ein **Deckblatt** mit den prüfungstechnischen Angaben aufweisen muss.[1]

Funktionell und bescheiden

9.2 Druck

Buch- oder Computerdruck

Dissertationen sind nach den Bestimmungen einiger Promotionsordnungen (noch) in einer bestimmten Anzahl von Exemplaren herzustellen und beim Prüfungsamt abzugeben. Soweit elektronische Fassungen akzeptiert werden, sind die vollständigen Unterlagen auf Datenträger einzureichen.

Grundsätzlich kann der Doktorand, soweit eine Printversion erforderlich ist, zwischen dem **Dissertationsdruck**, dem **Computerdruck** und dem konventionellen **Buchdruck** wählen. Der Einspeisung von Dissertationen in **elektronische Datenbanken** hat die *Kultusministerkonferenz* zugestimmt:[2]

---

[1] S. Kapitel 8.2, S. 208.
[2] Dazu existiert die digitale Koordinierungsstelle DissOnline bei der *Deutschen Nationalbibliothek* unter: http://www.dissonline.de

Als elektronische Alternative zum Druck ist diese Variante inzwischen Standard; einige Universitäten erlauben (alternativ) eine Online-Publikation auf der eigenen Homepage.

Die *Deutsche Nationalbibliografie* bemüht sich um eine vollständige Erfassung aller als Netzpublikationen gespeicherten Dissertationen und Habilitationen.

Eine Kombination aus konventionellem Druck und elektronischer Speicherung stellt das **Book-on-Demand-Verfahren** (BoD) dar. Der Originaltext wird dabei wie eine Buchveröffentlichung aufbereitet, diese aber nur in elektronischer Form gespeichert. Wer an einem so „gelagerten" Buchtitel interessiert ist, der kann ihn über den Buchhandel beziehen (oft zu hohen Preisen) (dazu *Gockel*, 2010, S. 81–83).[1]

Buch auf Abruf

9.2.1 Dissertationsdruck

Als Dissertationsdruck wird ein Herstellungsverfahren bezeichnet, bei dem eine (meist verkleinerte, aber vollständige) Fassung des Originaltextes fotomechanisch reproduziert wird. Für diese Zwecke ist eine einwandfreie Vorlage, in der Regel ein Laserdruck erforderlich. Eine Alternative dazu bietet sich mit Hilfe vergleichbarer Layoutprogramme an: Soweit damit ein entsprechender doppelseitiger Ausdruck angefertigt werden kann, wird der Autor zum Drucker seiner eigenen Arbeit.

Beachtlich ist, dass bei einer (verkleinerten) DIN-A-5-Wiedergabe keine abweichenden Vorschriften für die Schreibtechnik und insbesondere das Schriftbild zu berücksichtigen sind. Da diese Verkleinerung linear erfolgt, ergeben sich auch keinerlei Verschiebungen hinsichtlich der Größenverhältnisse (z. B. des Zeilen- oder Randabstandes).

> **Expertentipp**
>
> Achten Sie bei selbst erstellten wie gescannten **Darstellungen** darauf, dass bei Verkleinerung die Angaben und Beschriftungen noch **lesbar** bleiben. Wenn Sie Maßstäbe verwenden, müssen Sie diese in Form von Referenzstrecken einzeichnen (z. B. ├───┤ = 1 cm).

---

[1] Kommerzielle Anbieter u. a. unter: http://www.bod.de; www.dissertation.de (ISBN-Vergabe und 10 Exemplare unter 500 EUR); www.grin.com; www.vdm-verlag.de

9 Druck und Veröffentlichung

Die Gesamtkosten für den Dissertationsdruck sind abhängig vom Umfang, der Zahl und Art der Darstellungen sowie weiteren technischen Einzelheiten (überformatige Tabellen, Anhänge, Falttafeln u. a.). Auf Grund der häufig erheblichen Kosten für die Herstellung einer Printversion (1000 bis 2000 EUR) sollten mehrere **Angebote** eingeholt werden.

Vertrag studieren Im Vertrag bzw. der Vereinbarung mit der Druckerei ist festzulegen, unter welchen **Bedingungen** und zu welchem Datum die Reproduktion begonnen werden soll, und welcher **Termin** für die Auslieferung **verbindlich** zugesagt wird.

Genehmigung einholen Ist der Druck nach den Prüfungsbestimmungen von einer **Druckerlaubnis** des Dekans der Fakultät oder eines Prüfungsamtes abhängig, darf auf keinen Fall vor Erteilung dieser Genehmigung mit dem Druck begonnen werden. Zum einen besteht die Möglichkeit, dass die Druckgenehmigung unter Änderungs- bzw. **Ergänzungsauflagen** erteilt wird. Zum anderen stellt die Vervielfältigung einer Prüfungsarbeit ohne Genehmigung einen Verstoß gegen die Prüfungsvorschriften dar und gefährdet damit den Abschluss.

9.2.2 Computerdruck

Eine Konsequenz des **PC-Einsatzes** bei wissenschaftlichen Arbeiten ist die Tatsache, dass der Druck der Texte eine Frage des persönlichen Anspruchs, der technischen Gegebenheiten und des Geldbeutels ist: Die Informationstechnik hat die Funktionen von Verlag und Druckerei an den Schreibtisch des wissenschaftlichen Arbeiters gebracht. Dabei steht die entsprechend gestaltete und formatierte Textversion der Arbeit auf CD-ROM bzw. als pdf-Datei im Mittelpunkt: Für den Ausdruck stehen folgende Techniken zur Verfügung (*Nicol/Albrecht*, 2010, S. 301–303):

- **Laserdrucker**

  Der mit der Technik eines Kopiergeräts arbeitende Drucker kann Schriften und Graphiken in Fotosatzqualität liefern. Der dokumentenechte Ausdruck ist auch farbig möglich, erfordert jedoch eine zusätzliche technische Ausrüstung. Gute Laserdrucker haben eine Ausgabeauflösung von 600 bis 2400 dpi (= dots per inch bzw. ppi = pixel-per-inch) und drucken immer eine ganze Seite in einem Druckvorgang (dazu *Gockel*, 2010, S. 58–60).

- **Tintenstrahldrucker**
  Der in der Anschaffung billigere, aber im Unterhalt teure Drucker sprüht Tinte auf das Papier und erreicht so in allen Farben bei Graphik und Schrift eine mittlere Qualität mit einer im Vergleich zum Laserdrucker deutlich geringeren Bildauflösung; die Ausdrucke sind nicht dokumentenecht und müssen (gegebenenfalls farbig) vervielfältigt werden. Bei Verwendung von teurem Spezialpapier lässt sich ein Druckbild in Fotoqualität erreichen.

Soweit die benötigte (oder gewünschte) Drucktechnik nicht am Arbeitsplatz zur Verfügung steht, können damit Druck- und Lichtsatzläden bzw. ein Copyshop beauftragt werden: In diesem Fall muss der gesamte Text entsprechend den Voraussetzungen und Erfordernissen für die jeweilige Wiedergabe (einheitlich) **formatiert** sein. Wird eine CD-ROM oder ein USB-Stick für die Weitergabe des elektronischen Manuskripts benutzt, sind folgende **Regeln** zu beachten:

- Die CD-ROM und die Dateien sind einheitlich zu formatieren und bezeichnen.
- Die Manuskript-Dateien sind mit Kopier-Befehl auf die CD-ROM zu brennen bzw. als pdf-Dokument (portable document format) zu speichern und dürfen nicht mehr verändert bzw. bearbeitet werden. Damit wird sicher gestellt, dass Ihre Datei in dem Layout abgespeichert (und später gedruckt) wird, das Sie festgelegt haben.
- Jede einzelne CD-ROM ist (wie der USB-Stick) mit Absender, Inhalt und Datum zu beschriften und bei postalischem Versand ausreichend geschützt zu verpacken.

Soweit hochwertige Ausdrucke hergestellt werden, können Reproduktionen davon unmittelbar, als Kopie oder unter Verwendung einer Fotosatzanlage erstellt und in Buchform veröffentlicht werden. In diesen Fällen sollte jedoch der Textersteller auch dem Layout und der graphischen Gestaltung erhöhte Aufmerksamkeit schenken: Wer eine professionelle Publikation erstellen will, kommt um die Aufgabe einer sorgfältigen **Layoutgestaltung** nicht herum.

9.2.3 Buchdruck

Wird für die Veröffentlichung einer Dissertationsschrift ein **Verlagsvertrag** abgeschlossen, steigen die Kosten für den Autor erheblich. In diesen Fällen genügt häufig bereits der Nachweis eines Verlagsvertrags zur Ausstellung der Promotionsurkunde soweit die **Druckgenehmigung** vorher erteilt und das Erscheinen der Arbeit – innerhalb von ein bis zwei Jahren – vereinbart worden ist.

Der Text der Dissertation wird dazu (in verkleinerter Form) fotomechanisch oder elektronisch in dem gewünschten Format produziert, erhält aber eine ISBN. Auch damit ist den Erfordernissen für die Aufnahme in die *Deutsche Nationalbibliografie* Rechnung getragen; gleichzeitig sind die Produktionskosten deutlich geringer als beim traditionellen Buchdruck. Diese Form der Veröffentlichung von Dissertationen ist sehr beliebt, da hier der vom (regelmäßig honorarlosen) Verfasser zu leistende **Druckkostenzuschuss** in den Grenzen von 2000 EUR bis 2500 EUR bleibt (Stand 2013).[1] Der Gesamtabsatz einer Dissertationsschrift liegt national in der Regel zwischen 50 und 100 Exemplaren.

Vertragdetails beachten Die Bedingungen und Konditionen eines Verlagsvertrags sind genau zu studieren bzw. auszuhandeln. Mit diesem Vertrag übernimmt der Verfasser nicht nur eine Reihe zusätzlicher, nicht vergüteter Pflichten wie z. B. die (mehrfache) Korrektur der Titelei und Druckfahnen. Gleichzeitig werden in einem solchen Vertrag auch die Pflichten des Verlags – neben der Herstellung und dem Vertrieb – insbesondere die Werbemaßnahmen und der Verkaufspreis festgelegt. Für den Fall, dass dem Verfasser ein prozentuales Honorar zugesagt wird, bestimmt der Verkaufspreis mittelbar auch die späteren Einnahmen aus der Veröffentlichung (*Uschtrin/Küspert*, 2010, S. 365–380).

Ehre kostet Die Einnahmen für Dissertationen sind selten geeignet, den gesamten finanziellen Aufwand auszugleichen. Wichtiger ist deshalb für den Verfasser ein gutes Verhältnis mit seinem

---

[1] Eine Finanzierungsquelle ist der Vergütungsanspruch jedes Autors gegenüber der *VG Wort* (s. S. 111 FN 2). Wird eine Veröffentlichung im Erscheinungsjahr gemeldet, erhält der Verfasser eine einmalige Tantieme, die 2012: 800 EUR (bei 100 bis 300 Seiten) betrug. Bei Abschluss eines Verlagsvertrags ist darauf zu achten, dass dieser Tantiemen-Anspruch nicht an den Verlag abgetreten wird.

Verlag, eine fachkundige Unterstützung bei der Herstellung sowie eine zielgruppenspezifische und effektive Werbung. Ein bedeutendes Entscheidungskriterium für die Verlagswahl ist auch die Vereinbarkeit des eigenen Werks mit dem Verlagsprogramm sowie der Ruf und Name des Verlags in der „scientific community". Die gegebenenfalls vom Verlag herausgegebenen Fachzeitschriften ermöglichen die Platzierung (wichtiger!) Buchbesprechungen sowie entsprechender Werbeanzeigen.

9.3 Korrektur

Als Korrekturarbeiten sollen hier sowohl die **Überprüfung** des Ausdrucks auf Abweichungen vom gewünschten Text als auch die Durchsicht des von einer Druckerei erstellten Satzes, der **Druckfahnen**, bezeichnet werden. Beide Aufgaben sind mit größter Sorgfalt und unter Berücksichtigung vereinheitlichter Vorschriften zu erledigen (DIN 16 511:1966-01). Bei allen elektronisch erstellten Texten ist anhand eines Ausdrucks einschließlich aller Fußnoten zunächst eine vollständige Korrektur auf der **Papierversion** vorzunehmen; erst nach deren Abschluss sind alle Verbesserungen, Druckfehlerberichtigungen und Rechtschreibkorrekturen in dem elektronischen Text vorzunehmen.[1]

Expertentipp

Für die Korrektur sollten Sie immer eine **zweite Person** um Unterstützung bitten. Während diese den **Inhalt** des Ausdrucks einschließlich aller Satzzeichen und sonstigen Merkmale und den Absätzen **laut vorliest**, kontrollieren Sie den Vorgabetext. Der Vorlesende sollte mit dem Text und Inhalt der Arbeit wenig vertraut sein: Dies stellt sicher, dass der tatsächlich gedruckte Text, nicht der gewünschte, vorgetragen und verglichen wird.

Die gezielte **Suche** nach Eingabe- bzw. Druckfehlern ist **erfolgreicher**, wenn jede Textzeile von hinten, d. h. **von rechts nach links** gelesen wird: Der, dem Verfasser bekannte Sinn-

Rückwärts lesen

---

[1] In WORD© formatierten Texten werden Rechtschreibfehler rot, Grammatikfehler grün unterstrichen; diese Funktion kann während der Texterstellung ausgeschaltet werden.

zusammenhang des Textes wird so zerstört, die Aufmerksamkeit auf die **fehlerfreie** Wiedergabe der einzelnen **Worte** gelenkt. Fußnoten sowie die entsprechenden Fußnotenziffern im Text sollten in einem gesonderten Durchgang kontrolliert werden: Jede Ziffer ist dabei im Text einzukreisen, die dazugehörige Fußnote ist parallel abzuhaken; ungeachtet der automatisch erstellten und jeweils den Textstellen zugeordneten Fußnotenziffern führen hier insbesondere „copy-and-paste"-Strategien sowie Formate- und Vorlagenwechsel zu Fehlern. Zitate sollten abschließend nochmals auf ihre wörtliche Übereinstimmung sowie die Korrektheit der Seitenangabe überprüft werden.

Korrekturen nach DIN-Norm — Sämtliche Abweichungen bzw. Beanstandungen sowie Ergänzungen sind durch ein **Korrekturzeichen** kenntlich zu machen. Die Korrekturzeichen für das schreibende und druckende Gewerbe sind **genormt**, sie sind im DUDEN: Rechtschreibung abgedruckt (2011) bzw. in der entsprechenden DUDEN-Software nachzulesen. Korrekturen sollten mit **rotem Stift** ausgeführt werden. Die erforderlichen (einheitlichen) Korrekturzeichen – nicht die gewünschte Änderung – werden im Text an der jeweils beanstandeten Stelle angebracht; auf Höhe derselben Zeile wird am Rand das Korrekturzeichen wiederholt, rechts daneben wird die Änderung bzw. der entsprechende **Korrekturhinweis** geschrieben.

Korrekturen kopieren — Wenn man (anschließend) die Korrekturen nicht selber vornimmt, sollte die Originalversion auf CD-ROM bzw. pdf-Datei als auch der mit den Korrekturzeichen versehene Ausdruck dem für die Endfassung Verantwortlichen übergeben werden. Wird der Text dazu außer Haus gegeben (z. B. an einen Schreibladen), sollte, aus Vorsichtsüberlegungen und um Rückfragen beantworten zu können, eine Papierkopie der Korrekturvorlage zurückbehalten werden.

2. Revision durchführen — Im Fall des Buchdrucks wird eine der beiden – identisch korrigierten – **Druckfahnen** an den Verlag zurückgesendet, das zweite Exemplar wird nach Rücksendung zur Kontrolle der durch die Druckerei durchgeführten Korrekturarbeiten verwendet. Bei dieser zweiten Durchsicht dürfen **nicht** nur die beanstandeten **Zeilen** nochmals kontrolliert werden: es muss jeweils der **ganze Absatz** erneut überprüft werden, da eine Zeilenänderung meist zu weiteren Änderungen (und neuen Fehlern) innerhalb eines Absatzes führt. **Eigene Kor-**

9.3 Korrektur

rekturen, die (zwischenzeitlich) in den zurückbehaltenen Druckfahnen nach Abgabe des korrigierten Exemplars noch vorgenommen werden und in der revidierten Druckfassung berücksichtigt werden sollen, sollten zur Unterscheidung von den bereits übermittelten Anmerkungen mit **grünem Stift** ausgeführt werden.

Fehlerfreie Druckfahnen werden mit dem „druckreif"-Vermerk (lat.: „impr.", **imprimatur** = darf gedruckt werden) des Verfassers und dessen Unterschrift oder Handzeichen versehen.

9 Druck und Veröffentlichung

Checkliste: Druck und Veröffentlichung	
Frage	**Hilfe**
Sind Veränderungen der Textgröße im Druck zulässig?	S. 245 f.
Habe ich die Endkontrolle von Seitenzahlen und auf Vollständigkeit durchgeführt?	S. 245
Welche Bindungsart ist für meine Arbeit angemessen: Schnellheftung, Spiral-, Klebe- oder Hardcover-Bindung?	S. 246
Muss ich Veröffentlichungsbestimmungen meiner Fakultät beachten?	S. 246–249
Muss ich eine Druckerlaubnis von der Fakultät oder dem Prüfungsamt einholen?	S. 248, 250
Kenne ich die DUDEN-Korrekturzeichen?	S. 251 f.
Wie vermeide ich sicher Druckfehler und fehlende Worte?	S. 251

10 Präsentation und Beurteilung

„Keinen Gedanken haben und ihn ausdrücken können – das macht den Journalisten" hat der Schriftsteller *Karl Kraus* geäußert (zit. nach *Fischer*, 1955, S. 212). Zutreffend ist, dass die **Präsentation mündlicher und schriftlicher Prüfungsleistungen** eine eigenständig zu lernende – und auch zu bewertende – **Fähigkeit** darstellt.

Prüfungen sind ein zwingender Bestandteil jedes Studiums. Auf sie richtet sich (spätestens) zu jedem Semesterende das Hauptinteresse der Studierenden. In Prüfungszeiten stehen die Termine im Mittelpunkt. Wichtig ist dann die Konzentration auf die **Prüfungszwecke und -ziele**: Sie sollten die Strategie jedes Kandidaten bestimmen. Mit Prüfungen sollen folgende **Leistungen** kontrolliert und bewertet werden:

- Wissen
- Kenntnisse
- Fähigkeiten und Fertigkeiten
- Urteilsvermögen
- Problemlösungsverhalten

Jeder dieser Prüfungszwecke erfordert eine **besondere Vorbereitung**. Für schriftliche wie mündliche Prüfungen sollten **verschiedene Strategien**, um ein möglichst gutes Ergebnis erreichen zu können, verfolgt werden. Referate und Vorträge, die zum Teil als Prüfungsbestandteile, zum Teil als Vorleistungen erbracht werden, haben ebenfalls ihre eigenen Anforderungen (*Stickel-Wolf/Wolf*, 2011, S. 266–277).[1]

Strategie entwickeln

10.1 Schriftliche Prüfungsarbeiten

Fachliches Wissen und die einschlägigen Kenntnisse lassen sich überwiegend nur auf dem Weg des **Selbststudiums** erwerben. Weder die Aufbereitung in Vorlesungen, Übungen oder Seminaren noch die Übungsgruppe, E-Learning oder Online-Studium sind (allein) geeignet, das prüfungsrelevante Wissen zu erlangen. Es ist und bleibt wahr: Für ein erfolgreiches Studium braucht man Hirn und Hintern.

---

[1] Zur Bewertung siehe unten Kapitel 10.4, S. 266 f.

Lehrveranstaltungen dienen zum einen der **Einführung** in einen Lehrstoff, zum anderen zu dessen **Vertiefung**. Beide Zwecke setzen eine gründliche **Vor- und Nachbereitung** zwingend voraus. Dieses Erfordernis wird in den ersten Semestern regelmäßig nicht allzu ernst genommen. Die Vernachlässigung dieser Empfehlung aber ist nicht selten ein Hauptgrund für eine wiederholte Teilnahme. Von Anfang an gilt: Lieber weniger **Veranstaltungen** belegen, diese dafür aber in der so eingesparten Zeit regelmäßig und aufmerksam besuchen oder online studieren und ordentlich vor- und nachbereiten (umfassend dazu *Stickel-Wolf/Wolf*, 2011, S. 70–81).

Arbeitsgruppen sollten zur **Diskussion** von und kritischen Auseinandersetzung mit bereits Gelerntem genutzt werden. In gemeinsamer Runde bringt jeder seine Sicht des angesprochenen Problems ein. Die so praktizierte Erörterung der unterschiedlichen Auffassungen und Interpretationen hilft allen Beteiligten, im Prüfungsfall eine **Frage besser** beleuchten und **beantworten zu können**. Werden Arbeitsgruppen oder -kreise dagegen von einem oder einigen Teilnehmern zur Vermittlung noch nicht erlernten Wissens genutzt, wird (bzw. sollte) sich die Gruppe schnell auflösen. Die in diesem Fall als Lehrer missbrauchten Mitglieder werden sich (zu Recht) zurückziehen bzw. eine echte Diskussionsrunde gründen, weil sie ihre Aufgabe **nicht** in der **Nachhilfe** sehen.

> **Hinweis zur Gruppenarbeit**
> Gruppenarbeit heißt nicht: viel Gruppe, wenig Arbeit!

Gruppendiskussionen und Teamarbeit sind unerlässlich für die Überprüfung der eigenen Ansichten und Lösungsansätze. Auf diesem Wege kann die, für jede – mündliche wie schriftliche – Prüfung erforderliche Fähigkeit zu einer **konzentrierten Darstellung eines begrenzten Stoffgebiets im Dialog** erworben und verbessert werden. Das während eines Studiums gebildete Urteilsvermögen und Problemlösungsverhalten demonstrieren zu können, setzt aber eine entsprechende Übung voraus. Dringend empfohlen werden kann hierzu die – möglicherweise sogar freiwillige – Übernahme von Referaten und Diskussionsbeiträgen sowie die aktive Teilnahme an den Lehrveranstaltungen und Übungen.

10.1 Schriftliche Prüfungsarbeiten

Ziel der Prüfungsvorbereitung muss immer eine themenbezogene, zeitlich möglichst abgeschlossene Stoffbehandlung und -aufbereitung sein. Zunächst sollte in der Vorbereitungsphase jedes Prüfungsgebiet in einem (Zeit-)Block bezüglich der erforderlichen Fakten und Grundlagen erfasst und gelernt werden. In einem zweiten Schritt bzw. Durchgang sind die Schwerpunkte kritisch zu diskutieren und anschließend prüfungsgerecht zu gliedern und aufzubereiten. Für ausgewählte Fragestellungen können kleinere schriftliche Ausarbeitungen vorbereitet werden. Auch Einzelheiten des themenrelevanten Stoffes lassen sich mit Hilfe einer solchen Grobstrukturierung besser in Erinnerung rufen.

Vorbereitungszeit blocken

Die Strukturierung des Lern- und Prüfungsstoffes wird erleichtert, wenn Themeninhalte und -gestaltungen früherer schriftlicher Prüfungstermine ebenso bekannt sind wie der Inhalt und Ablauf mündlicher Prüfungen. Auf der Basis dieser Kenntnisse getroffene Themeneingrenzungen sollten aber erst nach Abschluss der eigenen Lernphase vorgenommen werden. Keinesfalls dürfen Erfahrungen, wie sie z. B. von Kommilitonen berichtet werden, unkritisch als Maßstab oder Abgrenzungskriterium für die eigene Lernstoffauswahl verwendet werden. Die Bedeutung eines „heißen Tipps" oder eines (angeblich) lange nicht geprüften Gebiets kann nur ein Prüfungskandidat abschätzen, der diese Themen im Gesamtzusammenhang des Stoffes beurteilen kann. Veränderungen des Lehrstoffs oder nicht berücksichtigte Aktualisierungen können dazu führen, dass auf der Grundlage eines veralteten Prüfungsstoffs spekuliert wird.

> **Hinweis zum Dialogtraining**
>
> Wer erstmals in einer Prüfung den Dialog über ein Fachthema aufnimmt, hat sich mit seinem Prüfer nicht gerade den idealen Sparring-Partner ausgesucht!

Prüfungen im Studium setzen sich häufig aus mündlichen und schriftlichen Teilen zusammen; gelegentlich kann zwischen beiden Prüfungsformen gewählt werden. In letzterer Situation sollten zum einen die Vorlieben und persönlichen Erfahrungen in Erwägung gezogen werden. Zum anderen gibt es aber auch eine Reihe von technischen Unterschieden, die bei einer solchen Entscheidung bedacht werden sollten.

Prüfungsformen prüfen

10 Präsentation und Beurteilung

Schriftliche Prüfungen haben den **Vorteil**, dass der Geprüfte ungestört und frei von fremden Einflussnahmen die Themenstellung bzw. Fragen bearbeiten und einen eigenen „roten Faden" entwickeln kann. Sie haben den **Nachteil**, dass niemand korrigierend oder unterstützend eingreifen und so Themenverfehlungen, Wiederholungen, gedankliche Knoten oder geistige Rundflüge verhindern kann. Aus diesen Gründen sind die folgenden **Punkte zu beachten**:

- Die zeitliche **Abfolge** der Themenbearbeitung ist nach dem Schwierigkeitsgrad, den jeweils erreichbaren Punkten und der thematischen Vertrautheit festzulegen. Die **Bearbeitungszeit** für jede Frage ist **abzuschätzen**, gleichgewichteten Aufgaben ist annähernd die gleiche Zeit zuzumessen. Die Zeitvorgaben sollten auf den Prüfungsangaben notiert werden. Diese Zeitvorgaben sollten auch eingehalten werden: Denn die für die Bewertung bedeutsamen **Punktgewinne** bei der Beantwortung sind nach Ablauf einer angemessenen Bearbeitungszeit **bei einem neuen Thema** immer größer als bei einer überlangen Beschäftigung mit einer bereits behandelten Frage.
- Zu Beginn einer schriftlichen Prüfung ist die Auswahl der zu bearbeitenden Fragen die erste Herausforderung. Jede der Aufgaben ist zunächst sorgfältig und unvoreingenommen auf die in der Frage enthaltenen **Schwerpunkte** zu prüfen. In der Themenstellung angesprochene Differenzierungen sowie Gliederungs- und Strukturhilfen sind zu beachten. Für alle ausgewählten Fragen sind – nach einer ersten gedanklichen Stoffsammlung – die **wichtigsten Punkte** auf einem Konzeptblatt **niederzuschreiben**. Aus dieser Stoffsammlung kann eine **Gliederung** entwickelt werden, die der Textbearbeitung dann auch vorangestellt werden sollte. Mit einer solchen geordneten Stoffsammlung wird dem Prüfer ein Schlüssel für die Lektüre der Arbeit an die Hand gegeben.

- Sind **mehrere Fragen** in einer Prüfung zu beantworten, sollten diese in einer zu Beginn festzulegenden Reihen- und Zeitfolge bearbeitet werden. Bei der Beantwortung der Themen zu „springen", also wiederholt das Thema zu wechseln, ist nicht empfehlenswert. Ratsam – wenn nicht ohnehin vorgeschrieben – ist es, jede Frage auf einem **gesonderten Blatt** zu beantworten. Für **Ergänzungen**

und nachträgliche Einfügungen sollte immer noch ausreichend Platz gelassen werden. Bei solchen Einschüben ist aber Vorsicht geboten: Werden diese Ergänzungen nicht während der (ersten) Bearbeitung eines Themas, sondern später vorgenommen, enthalten sie nicht selten Gedankensprünge oder sogar Widersprüche. Das oberste Gebot also bleibt auch hier, die **Schlüssigkeit der eigenen Argumentation** immer wieder zu überprüfen und im Zweifel auf die Niederschrift von (zu) spontanen Einfällen zu verzichten.

- Zum Abschluss jeder Prüfungsarbeit sind zu kontrollieren: Die **Wiederholungsfreiheit** der vorgetragenen Punkte und Ansätze, Art und Umfang der Argumentation, die **Vollständigkeit** der in der Gliederung angesprochenen Punkte und schließlich die **Rechtschreibung** und **Zeichensetzung**. Für diese Punkte muss genügend Zeit zur Verfügung stehen. Nicht nur deshalb ist die **gesamte Prüfungszeit voll auszunutzen**. Eine vorzeitige Abgabe schriftlicher Arbeiten ist kein Zeichen von Überlegenheit. Sie irritiert alle Mitprüflinge und erweist sich regelmäßig als verschenkte Zeit, da eine (weitere) kritische Durchsicht keiner Arbeit schadet.

Volle Zeit nutzen

10.2 Mündliche Prüfungen

Zur Vorbereitung auf **mündliche Prüfungen** können **zwei Wege** genutzt werden:

1. Weg: Für Prüfungen kann durch Gespräche und Diskussionsbeiträge in **Veranstaltungen** des (späteren) Prüfers geübt werden. Wer diese Möglichkeit rechtzeitig wahrnimmt, wird in seiner mündlichen Prüfung weniger überrascht über Fragestellungen und Reaktionen des jeweiligen Prüfers sein.

2. Weg: Durch den (rechtzeitigen) **Besuch** von **Prüfungen** des eigenen, späteren Prüfers können **Erfahrungen** gesammelt werden. Voraussetzung dafür ist, dass die Termine öffentlich zugänglich sind. So kann sich jeder Prüfungskandidat ein eigenes Bild über den Prüfer und dessen Prüfungsmethodik machen und ist insoweit nicht auf Spekulationen und Gerüchte angewiesen. Der Schwierigkeitsgrad von Prüfungen sollte dabei vom Zuhörer nicht unterschätzt werden. Denn **Prüfungsstress** und **Zeitdruck** lassen viel von dem in Vergessenheit geraten, was der ausgeruhte und gut vorbereitete Zuhörer glaubt, „aus dem Ärmel" schütteln zu können. Diese Einschränkungen kennt der Prüfer aber und berücksichtigt sie auch. Beobachtet werden sollte ohnehin weniger das Notenniveau oder die Notenverteilung als die Art und Struktur der Fragestellungen, Ausmaß und Umfang von Nachfragen des Prüfers sowie die angesprochene Themenbreite und -tiefe.

Zudem sollten folgende **Hinweise** berücksichtigt werden:

- Die mündliche Prüfung ist ein **Gespräch**, in dessen Rahmen die Fachkenntnisse, aber auch die Ausdrucksfähigkeit, Auffassungsgabe und Reaktion des Kandidaten geprüft werden. Versuchen Sie daher in jeden – auch noch so kurzen – Beitrag eine **Struktur** zu bringen und diese auch **deutlich** zu machen.
- Reagieren Sie auf jede Frage zügig und **denken Sie laut**, denn das schweigende Suchen nach der optimalen Antwort lässt auf beiden Seiten des Prüfungstisches schnell Nervosität aufkommen. Vermeiden Sie, den Prüfer auf von Ihnen vorbereitete, aber nicht konkret angesprochene Themen „zu ziehen" – er merkt dies in aller Regel und reagiert verstimmt auf diese Taktik. Kommt Ihnen aber eine Fragestellung besonders entgegen, dann lassen Sie erkennen, dass Sie hieran ein vertieftes Interesse haben: Vielleicht geht der Prüfer mit Ihnen ein Stück des Weges weiter und Sie können mit Fachkenntnissen brillieren.
- **Nicht abschalten** Beobachten Sie die **Reaktionen** des Prüfers (sowie des Beisitzers) und versuchen Sie, seine Formulierungen und **Hilfestellungen** für ihre Antworten zu **nutzen**. Schalten Sie in Prüfungen mit mehreren Teilnehmern nicht gedanklich ab, sobald der Prüfer Sie nicht mehr direkt anspricht. Vielfach kommen Prüfer wieder auf einen bereits Geprüften zurück und erwarten, dass jeder die gesamte Diskussion aufmerksam und kritisch verfolgt. Vermeiden Sie aber Kritik an den Ausführungen Ihrer Mitprüflinge. Bemühen Sie sich vielmehr immer, die Ihrer Auffassung nach richtige bzw. zutreffende Antwort zu geben, ohne besserwisserisch die Vorredner bloßzustellen.

10.3 Referate und Vorträge

- Versuchen Sie, Ihr **Wissen klar** und deutlich, nicht kompliziert und verschachtelt **vorzutragen**. Alle Beteiligten werden Ihnen dafür dankbar sein. Zudem lassen kurze Sätze auch schneller Reaktionen des Prüfers zu, die Sie wiederum zeitlich und inhaltlich nutzen können, um weitere Ausführungen zielgerichtet vorzubereiten.

  Klar und knapp antworten

- Und zuletzt: Eine mündliche Prüfung ist ein **Dialog**, der auch von spontanen und persönlichen Eindrücken bestimmt wird. Der **Prüfer** ist nicht nur Zuhörer, sondern auch **Zuschauer**. Schaffen Sie dazu atmosphärisch durch Ihr Auftreten, Ihre Mimik und Gestik sowie Ihr Äußeres (Kleidung, Frisur, Hygiene u. a.) einen geeigneten Rahmen. Nervosität, **Prüfungsangst** und kurze Aussetzer sind dagegen **normal**, der Prüfer kennt dies aus eigener Erfahrung und hat dafür Verständnis (vgl. *Metzger,* 2010, S. 48–54; *Knigge-Illner,* 2000; *Metzig/Schuster,* 2009; *Walther,* 2012).

> **Expertentipps**
>
> „Wenn Sie nicht weiter wissen: Fragen Sie nach. Sie können auch ruhig einmal eingestehen, daß [!] Sie eine Frage nicht verstanden haben und um ergänzende Hinweise bitten. Wenn Sie gar nicht weiter wissen, gestehen Sie lieber Ihre Irritation, als völligen Unsinn zu reden" (*Gramm/Wolff,* 2008, S. 150).
>
> „Eine der Befürchtungen, die die Neulinge … verfolgen könnte, entsteht aus der Selbstunterschätzung: ob ihr Verstand für die Wissenschaft genüge. Diese Furcht könnten sie sich leicht ersparen, denn es bedarf keines übertriebenen Gehirnaufwandes, um in der Wissenschaft voranzukommen" (*Medawar,*1984, S. 25 f.).

10.3 Referate und Vorträge

Nach den ersten Semestern besteht regelmäßig die Möglichkeit bzw. Pflicht, schriftlich ausgearbeitete Texte auch mündlich – als Referat oder Thesenpapier – vortragen zu können bzw. zu müssen. Viele Studierende versuchen, derartige Vortragsangebote erfolgreich zu umgehen. Der Mangel an entsprechender Übung, schriftlich Erarbeitetes mündlich vortragen zu können, rächt sich in jeder mündlichen Prüfung. Die Gelegenheit zum **mündlichen Vortrag** und zur Präsentation eigener Leistungen sollte daher als **Chance** verstanden (und ergriffen) werden.

Die bei Studierenden aller Fachrichtungen und jeden Alters zu beobachtende Zurückhaltung, Referate und Vorträge zu übernehmen, hat nach *Corsten/Deppe* (mindestens) drei Gründe (2010, S. 115):

- **Sachliche Gründe**, weil ein wissenschaftliches Thema inhaltlich und fachsprachlich korrekt dargestellt werden soll.
- **Personelle Gründe**, weil nicht nur bekannte und unbekannte Kommilitonen, sondern meist auch ein Prüfer, zumindest aber der Betreuer der Arbeit anwesend sind.
- **Technische Gründe**, weil keine Kenntnisse zur Technik des Referierens und der Präsentation vorhanden sind und eine entsprechende Übung fehlt.

Vortragen üben

Sachliche Gründe sollten dann keine Rolle spielen, wenn das Vortrags- bzw. Referatsthema nach den hier vorgestellten Techniken des wissenschaftlichen Arbeitens vorbereitet wird. Jedes Studium besteht im Kern gerade aus kritischen Fachdiskussionen. Im Gegensatz zu der vergleichbaren Situation im Berufsleben aber wollen alle Beteiligten aus einer solchen Diskussion lernen und durch sie weitere Erfahrungen und neues Wissen sammeln. Die (falsche) Furcht, nur perfekte Statements und Redebeiträge liefern zu dürfen, hemmt daher unnötigerweise die Bereitschaft, derartige Aufgaben (freiwillig) zu übernehmen.

Referat gestalten

Darüber hinaus sind weitere, insbesondere **technische Voraussetzungen** zu berücksichtigen, um auch mit der **Präsentation** einen Treffer verbuchen zu können. Eine mündliche Leistung unterscheidet sich grundsätzlich von schriftlichen Ausarbeitungen. Jedes Referat wird zunächst schriftlich abgefasst und zur Bewertung beim Prüfer eingereicht: dessen ungeachtet muss anschließend der Text für die mündliche Präsentation sowohl **inhaltlich** als auch **sprachlich gesondert vorbereitet** werden; darüber hinaus sind die folgenden Hinweise und **Hilfsmittel** zu berücksichtigen, die die Präsentation und Wissensvermittlung unterstützen können (vgl. *Glückher u. a.*, 1995; *Friedrich*, 1997, S. 92–94; *Rahn*, 2011, S. 68–81; *Koeder*, 2012, S. 210–232).

10.3 Referate und Vorträge

Das Redemanuskript bzw. die **Referatsvorlage** muss inhaltlich wie formal so ausgestaltet werden, dass der Vortragende den Text **so frei wie möglich** sprechen kann. In einer solchen Vorlage sollten nur die **Kernaussagen** niedergeschrieben und Definitionen oder zentrale Thesen ausformuliert und dann aber auch wörtlich vorgetragen werden. Der Text soll höchstens zwei Drittel einer Seite in Anspruch nehmen, gegebenenfalls ist ein größerer Schriftgrad und ein leicht lesbarer, klarer Schrifttyp zu wählen; viele Profis unter den Vortragenden bevorzugen DIN-A-5 Karteikarten, auf denen der Text schneller überblickt werden kann.

Frei sprechen

Ein sprachlich mit großem Aufwand und bis ins letzte Detail ausgearbeiteter Text verleitet dagegen – oder zwingt sogar – zum Vor- bzw. Ablesen. Der Zuhörer ist damit regelmäßig überfordert: Zum einen kann er ausgefeilte (und daher auch meist zu lange) Sätze gedanklich nicht nachvollziehen. Zum anderen lässt ein solcher Vortrag jede **Lebendigkeit** vermissen: das zunächst entgegengebrachte Interesse sinkt schnell auf den Nullpunkt.

> **Schneller Redner – abschaltende Zuhörer**
>
> Sinkt das Zuhörerinteresse bei monotonen Reden, neigen Vortragende dazu, noch schneller abzulesen, um die Sache hinter sich zu bringen und in der Hoffnung, vielleicht so neue Aufmerksamkeit zu gewinnen. Die Zuhörer aber schalten innerlich – und bald auch für den Referenten nachvollziehbar äußerlich – ab, die Vorstellung misslingt.

Die meisten **Risiken** einer weniger gelungenen Präsentation aber können durch einen **Testvortrag** vor dem Spiegel, als Ton- oder Videoaufzeichnung, oder vor ausgewählten, aber kritischen Freunden vermieden oder zumindest reduziert werden. Gleichzeitig kann ein **Gefühl für die Zeit** gewonnen werden, um damit auch die Rahmenbedingungen eines Vortrags besser einschätzen zu können.

Zeit planen

Da neben der Präsentation des Vortrags auch **Hilfsmittel** eine zum Teil erhebliche Rolle spielen (sollten), sind diese bei einer solchen Probe **einzubeziehen**: Wer Overhead-Folien auflegen, Flip-Charts einsetzen und Ton-, Bild-, Power Point- oder Beamer- wie Filmaufzeichnungen präsentieren will, muss die **technische Seite**, aber auch das Zusammenspiel von Text und Material **üben**. Dabei wird sich herausstellen, ob die Projektionen im Vortragsraum lesbar, der Beamer-Einsatz bzw. die elektrischen Tafeln beherrschbar, die Übertragungstechnik hörbar und die Produktionen der Bild- und Videotechnik sichtbar sind.

Jeder **Vortrag** sollte technisch in drei **Phasen** unterteilt werden (vgl. dazu *Glückher u. a.*, 1995, S. 9–24):

- **Einstieg** (Orientierung und Motivierung)
- **Vermittlung** (Aufnahme und Erarbeitung)
- **Ausstieg** (Sicherung und Anwendung).

Schwerpunkte aufzeigen

In der **Einstiegsphase** sollen das Interesse am Thema geweckt, die Zusammenhänge hergestellt und das Vorwissen der Zuhörer dazu aktiviert werden. Darüber hinaus sind ein kurzer inhaltlicher Überblick zu geben sowie die **Ziele zu benennen** und zu rechtfertigen, die mit dem Vortrag verfolgt werden. Der Zuhörer soll am Ende dieser Phase wissen, was inhaltlich und auch zeitlich auf ihn zukommt. Die einzelnen Gliederungspunkte sollten ungefähr jeweils die gleiche Vortragszeit in Anspruch nehmen. **Schwerpunkte** der Ausführungen sind einleitend – ebenso wie während des Vortrags – **hervorzuheben**.

Erklärungen geben

In der **Vermittlungsphase** sollen die **Kernaussagen** dargestellt, definiert, erklärt und kritisch analysiert werden. Die Beschränkung auf das Wesentliche (statt auf alles), die Verdeutlichung anhand von Beispielen (statt nur theoretisch) sowie der Versuch, die passiven Zuhörer durch Rückfragen aktiv einzubinden (statt einen Monolog abzuspulen), charakterisieren diese Phase.

Mitdenken ermöglichen

Ein Engagement der **Zuhörer als Teilnehmer** der Veranstaltung setzt voraus, dass die Gliederung des Vortrags und gegebenenfalls die Kernaussagen oder -thesen als schriftlicher, übersichtlich gestalteter Umdruck („hand-out") vor Beginn verteilt werden. Der Vortragende sollte dann aber auch **alle Gliederungspunkte ansprechen** und seine Thesen in der niedergelegten Reihenfolge präsentieren. Erfahrungsgemäß muss unter Zeitdruck der vorgesehene Text häufig während des Vortrags gekürzt werden. Diese schwer abwendbare Herausforderung sollte bereits bei der Vorbereitung bedacht und in Form von potenziell entfallenden Sätzen und Passagen eingeplant werden.

10.3 Referate und Vorträge

Aktuelle **Kürzungen** während des Vortrags sollten den Zuhörern gegenüber auch offengelegt werden; damit wird sichergestellt, dass diese den (abgeänderten) Fortgang anhand der Gliederung bzw. des schriftlichen Textes verfolgen können.

Die **Ausstiegsphase** sollte rechtzeitig angekündigt, dann aber auch zügig eingeleitet werden. Im Gegensatz zu einer schriftlichen Ausarbeitung[1] sollte ein Referat immer mit einigen zusammenfassenden Gedanken abgeschlossen werden. Darüber hinaus können an dieser Stelle auch Anregungen für die Diskussion oder in der Zukunft erforderliche Forschungsbemühungen gegeben werden.

Schluss ankündigen

Wenn eine anschließende Diskussion vorgesehen ist, hat der Referent die (zusätzliche) Aufgabe, einige Einstiegsfragen oder **Diskussionspunkte** vorzubereiten, um im Interesse eines erfolgreichen Fortgangs der Veranstaltung das (mögliche) Schweigen des Publikums nach seinem Vortrag überbrücken zu können.

Diskussion planen

Gut und intensiv vorbereitet ein Referat vorzutragen, ist eine wichtige Voraussetzung, die Nervosität und Sprechangst reduzieren zu können. Eine andere ist es, sich bewusst zu sein, dass man sich seinem Publikum auch wirklich zuwendet, auf Fragen offen und ehrlich antwortet, Wissenslücken eingesteht und in diesem Fall gemeinsam nach Lösungen sucht. Dazu gehört aber auch etwas Stolz, dass man den Mut aufgebracht und die Chance genutzt hat, sich vor Andere hinzustellen und damit etwas Besonderes zu leisten.

> **Expertentipps?**
>
> Empfehlung Nr. 6 (!) für Studenten gegen Lampenfieber vor Referatsvorträgen: „Sex zur Entspannung" (*Burchert/Sohr*, 2008, S. 131).
>
> „Wenn Sie müde werden, setzen Sie sich von vorn locker auf den Tisch, aber behalten Sie Körperspannung" (*Weber*, 2010, S. 230).

---

[1] Zu Inhalt, Bedeutung und Funktion eines Schlusskapitels bei schriftlichen Arbeiten vgl. Kapitel 7.2.1.3, S. 153 f.

10.4 Bewertung und Benotung

Mit jeder wissenschaftlichen Arbeit wird (mindestens) ein Ziel verfolgt: Die persönliche Anerkennung. Die Form dieser Anerkennung hängt von der Art der Leistung und (auch) von Stellung und Funktion des jeweiligen Verfassers ab. Für alle Studierende im Bachelor-, Master- oder Promotionsstudium konkretisiert sich die Anerkennung regelmäßig in einer Leistungsbewertung in Punkten und/oder Noten. Als zusammenfassendes Ergebnis eines umfangreichen und mindestens subjektiv fordernden Forschungsprozesses können diese Daten aber nur vordergründig befriedigen – vorausgesetzt, die erteilte Benotung hat die eigenen Erwartungen nicht deutlich unterschritten. Aus der Sicht der Prüfenden hat die durch die Benotung quantifizierte Beurteilung individueller Leistungen u. a. folgende Funktionen (vgl. *Disterer*, 2009, S. 164; *Schenk*, 2005):

- Erfassung und Beschreibung, inwieweit die Leistung den inhaltlichen Anforderungen des jeweiligen Studienfaches und -ganges entspricht (objektive inhaltliche Qualität)
- Einschätzung, in welchem Verhältnis die jeweilige Leistung zu den Leistungen der anderen Prüfungsteilnehmer steht (subjektive inhaltliche Qualität)
- Beurteilung der äußeren Form, Präsentation und der Berücksichtigung formaler Kriterien und Vorschriften (formale Qualität)
- Abgleich mit vergleichbaren Leistungen früherer Prüfungen (subjektive intertemporale Qualität).

Ergebnis besprechen Ungeachtet der Bedeutung der Benotung für den gesamten Studienerfolg, sollte bei Besprechungen und Gesprächen mit dem Korrektor über Prüfungsleistungen nicht die Note oder Punktezahl, sondern vor allem die Erklärung und entsprechend das Verständnis für die Anforderungen und Verbesserungsmöglichkeiten im Vordergrund stehen.

Hilfreich für die Vor- und Nachbereitung solcher Diskussionen ist ein Beurteilungs- bzw. Korrekturbogen: Von dem Prüfer ausgefüllt, kann er konkrete und detaillierte Hinweise auf Schwachstellen und Verbesserungsmöglichkeiten z. B. zu den folgenden Punkten und Kriterien geben (vgl. dazu u. a. *Burchardt*, 2006, S. 125–128; *Hunziker*, 2010, S. 136–142; *Berger*, 2010, S. 213 f.):

10.4 Bewertung und Benotung

- Inhalt
- Strukturierung und Gliederung
- Argumentationsaufbau und Logik
- Inhaltliche Klarheit und Prägnanz
- Literaturverarbeitung
- Methodenauswahl
- Vollständigkeit
- Selbstständigkeit der Bearbeitung
- Aktualität
- Richtigkeit der Ausführungen
- Kritische Stellungnahme
- Gliederungsordnung und -tiefe
- Literaturverzeichnis und weitere Verzeichnisse
- Zitate, Zitierweise
- Layout, Schriftgestaltung, Schriftbild
- Tabellen, Graphiken, Übersichten
- Rechtschreibung, Abkürzungen, Interpunktion
- Stil, sprachlicher Ausdruck

Je ausführlicher die inhaltliche Stellungnahme zu einer Prüfungsleistung ist, desto intensiver sollte der Beurteilte sich damit auseinandersetzen. Antworten auf eine Reihe der Fragen in diesem Zusammenhang liefert *mein* Buch. Ein nicht befriedigendes Ergebnis könnte daher (vielleicht) auch die Bestätigung für eine zu flüchtige Lektüre der hier gegebenen Ratschläge und Hinweise sowie Beispiele sein.

Die Menschen – und damit auch alle Prüfer – sind viel zu verschieden, als dass die angeführten Kriterien zur **Beurteilung** einer schriftlichen Leistung uneingeschränkt und mit der gleichen Gewichtung für die Bewertung und Benotung herangezogen werden (vgl. *Lohse*, 2003, S. 275). Nicht nur die Prüfungsarbeiten, sondern auch deren Beurteilung sind letztlich eine **individuelle Leistung** (vgl. dazu *Disterer*, 2009, S. 160–163; *Rahn*, 2006)**:**

- Prüfer haben **unterschiedliche Bewertungskriterien** und -maßstäbe; das wissenschaftliche Arbeiten selbst folgt keinen naturwissenschaftlichen Lehrsätzen, sondern (z. T. vereinheitlichten bzw. genormten) Konventionen der Fachwelt.
- Auswahl und **Gewichtung** der einzelnen **Kriterien** sind teilweise themen- und fachspezifisch, teilweise aber auch persönlich sehr unterschiedlich.

- Einzelne Teilurteile lassen sich **nicht** mit mathematischer **Exaktheit** addieren oder subtrahieren.
- **Noten** haben neben einem absoluten regelmäßig auch einen **relativen Charakter**: Eine unbrauchbare Arbeit steht daher – ebenso wie eine ausgezeichnete Leistung – immer auch im Vergleich zu den Ergebnissen anderer Kandidaten oder anderer Prüfungstermine.
- Auch **Prüfer sind Menschen**, die „Milde-Effekten", „Strenge-Effekten" oder aber auch der „Extremscheu" erliegen können (vgl. *Lohse*, 2003, S. 276).

Die in diesen Grenzen angesiedelte **Individualität der Bewertung** aber darf nicht mit Willkür und Ungerechtigkeit verwechselt werden: Falsche oder willkürliche Prüfungsentscheidungen können mit Erfolg vor Gericht eingeklagt werden (umfassend dazu *Lampe*, 1999). Vor einer Klageerhebung aber sollte bei Zweifeln und Einwendungen zunächst der Prüfer kontaktiert und mit ihm gesprochen werden. Führt ein solches Gespräch nicht zur Klärung der offenen Fragen oder Probleme, kann unter Abwägung der eigenen Argumente beim zuständigen **Prüfungsamt** Widerspruch gegen die Prüfungsbewertung eingelegt werden. Wird dieser zurückgewiesen, kann (muss aber nicht) geklagt werden.

Jede Auseinandersetzung mit den erreichten Leistungen und deren Diskussion ist gleichzeitig wiederum der erste Schritt für einen neuen wissenschaftlichen Arbeitsprozess. Im Vordergrund der Überlegungen sollte daher stehen, inwieweit die bisherigen Leistungen mit dem eigenen **Anspruchsniveau** – und nicht nur den Erwartungen – übereinstimmen.

10.4 Bewertung und Benotung

Checkliste: Präsentationen und Prüfungsarbeiten	
Frage	**Hilfe**
Habe ich in Gruppendiskussionen und Teamarbeit den Dialog über mein Fachthema trainiert?	S. 256 f.
Habe ich eine Bearbeitungsstrategie für schriftliche Prüfungsarbeiten?	S. 258 f.
Weiß ich, dass mündliche Prüfungen anders vorbereitet werden sollten als schriftliche?	S. 258 f., 260 f.
Habe ich Prüfungen meines Prüfers zur Vorbereitung besucht?	S. 259 f.
Habe ich einen Testvortrag vor dem Spiegel oder vor Freunden gehalten?	S. 263
Verwende ich in meinem Vortrag zielführend technische Hilfsmittel?	S. 263–265
Kenne ich die wichtigsten Bewertungskriterien meines Prüfers?	S. 266–268

11 Fälschung, Verfälschung, Plagiat und Betrug

Jeder Erfolg hat seine Neider: Erfolgreiche Forscher und Wissenschaftler werden kopiert, ihre Ergebnisse in unterschiedlichster Form „übernommen", ökonomisch interessante Konzepte in Abwandlung als eigene verkauft. Und wer Erfolg und Ruhm sucht, Arbeit und Mühen aber scheut, der **kauft** oder **plagiiert** entsprechende Ansätze oder ganze **Arbeiten** oder er „lässt arbeiten". Noch billiger ist allerdings eine **Erfindung**, die keine ist: Ergebnisse und wissenschaftliche Erkenntnisse werden einfach erfunden, die scientific community hinters Licht geführt, und die Öffentlichkeit damit betrogen.

Kauf und Plagiat

Die *Deutsche Forschungsgemeinschaft* (DFG) hat bereits 1997 Empfehlungen zur Vermeidung von Fehlverhalten in der Wissenschaft ausgearbeitet, die von der *Hochschulrektorenkonferenz* angenommen wurden.[1]

Als **Kategorien** wissenschaftlichen **Fehlverhaltens** können unterschieden werden (vgl. auch *Wytrzens u. a.*, 2012, S. 58 f.):

- **Falschangaben**: Die Erfindung oder Verfälschung von Inhalten, Daten, Quellen, Bezügen und Nachweisen
- **Text- und Ideendiebstahl**: Vereinzelte Textübernahme („copy & paste"), Anlehnung an Formulierungen und Ideen, Duplizierung von Fakten und Texten ohne bzw. ohne hinreichenden Nachweis.
- **Autorenschaftsanmaßung**: Unberechtigter Ausweis als Autor oder Koautor
- **Täuschung und Plagiat**: Bewusste oder fahrlässige Übernahme von Texten oder Textteilen, die Dritte verfasst haben, ohne Nachweis (vgl. *Berger*, 2010, S. 27 f.; *Waiblinger*, 2012).
- **Betrug**: Erwerb von Dienstleistungen und Kauf von Arbeiten, die als eigene Leistungen ausgegeben werden.

---

[1] Vgl. dazu die *DFG*-Empfehlungen zur „Selbstkontrolle in der Wissenschaft" unter: http://www.dfg.de/download/pdf/dfg_im_profil/reden_stellungnahmen/download/empfehlung_wiss_praxis_0198_web_urfassung.pdf (Version 1997-12-19).

11.1 Grenzen zulässiger Unterstützung

Zur Vermeidung von Missverständnissen sollen die zulässigen Hilfestellungen und Unterstützungen von unzulässigen abgegrenzt werden. Darüber hinaus ist aber auch auf Grenzüberschreitungen einzugehen: Professionelle Anbieter und Berater lassen die Grenzen von Fälschung, Plagiat und Betrug bewusst verschwimmen; die Möglichkeiten der weltweiten Informationsnetze bieten zusätzlich zahlreiche Verlockungen.

Zur Erinnerung: Alle **wissenschaftlichen Arbeiten** – vom Protokoll bis zur Doktorarbeit – müssen **eigenständige Leistungen** sein. Alle indirekt oder direkt übernommenen Gedanken oder Zitate sind zu kennzeichnen, der Kern aller dieser Arbeiten aber muss eine **originäre Leistung** desjenigen sein, der als Autor ausgewiesen wird. Den meisten schriftlichen Prüfungsleistungen ist nach Maßgabe der Prüfungsordnungen eine **eidesstattliche Erklärung** über diesen Sachverhalt anzufügen, mit der die Eigenständigkeit versichert und gegebenenfalls Unterstützungsleistungen und -leister benannt werden.[1]

Für Bachelor-, Master- und Doktorarbeiten aber hat sich längst ein eigener Markt entwickelt: Der der **Wissenschafts-** und **Promotionsberater**: Wer nicht selbst fälschen kann (oder will), oder für den Ideendiebstahl und Textkopie zu faul ist, lässt bei solchen Anbietern arbeiten. Die Kriterien für die (Un-)Zulässigkeit und Grenzen einer derartigen Beratung sind eindeutig.

Den Ausgangspunkt für die rechtliche Analyse zulässiger Unterstützung von Prüfungskandidaten bilden die Bachelor-, Master- bzw. Promotionsordnungen der Fakultäten. In ihnen werden die rechtlichen Voraussetzungen und Erfordernisse, die die Hochschule an den Bewerber und seine Arbeit stellt, ausführlich benannt und auch regelmäßig die **Konsequenzen eines Verstoßes** gegen diese Normen deutlich gemacht.

Soweit dem bei Dritten Rat suchenden Kandidaten vom Prüfer ein Thema vorgegeben wird, besteht diesbezüglich kein Beratungsbedarf. Steht die Themenwahl aber frei, so

---

[1] Vgl. dazu Kapitel 8.6.2, S. 239–241.

11.1 Grenzen zulässiger Unterstützung

kann – in der Regel gegen Honorar – ein Berater zum Einsatz kommen. Allerdings bewegt sich eine solche Unterstützung durch Dritte schon dann im Bereich **unzulässiger Mitwirkung**, wenn die Themenfindung und -formulierung ausdrücklich als Bestandteil der eigenen wissenschaftlichen Anstrengungen deklariert und damit zum Prüfungsbestandteil erklärt wird: Denn für diesen Sachverhalt gilt – wie für alle prüfungsrelevanten Aktivitäten –, dass er von der rechtlich bindenden eidesstattlichen Erklärung des Verfassers über die Eigenständigkeit seiner Leistung erfasst werden. Haftung

Unter Bezug auf diese Versicherung des Kandidaten ist in diesen Fällen eine Themenberatung und -formulierung nur dann zulässig, wenn auf die Unterstützung unter Nennung des Namens und der Anschrift des Beraters ausdrücklich hingewiesen wird; auf eine entsprechende Formulierung ist daher zu achten (a. M. wohl *Weber*, 2010, S. 35).

Im formalen wie technischen Bereich sind grundsätzlich weitere **Unterstützungsleistungen durch Dritte** zulässig:[1]

- Nutzung von gedruckten, mechanischen oder digitalen Literaturdatenbanken, Rechtsprechungssammlungen und Bibliografien aller Art
- Einschaltung von unentgeltlichen oder entgeltlichen Informations-, Daten-, Dokumentations-, Recherche- und Internetdiensten als Nachweisstellen, die als Volltext-, Referenz- oder Fakten-Datenbanken ausgestaltet sein können
- Übertragung der technischen Datenverarbeitung und elektronischen Texterstellung auf Dritte gegen Entgelt (Rechenzentren, PC- oder Schreibbüros u. a.)
- Mechanische Korrekturarbeiten und grammatikalische wie sprachliche Unterstützung durch Freunde und Bekannte

Die vorstehend aufgelisteten Aktivitäten und Dienstleistungen Dritter sind aber dann und nur insoweit zulässig, als sie **keinen Einfluss auf** die inhaltliche Gestaltung der wissenschaftlichen Prüfungsleistung und damit auf den **materiellen Prüfungsinhalt** haben. Die Auswahl, Bewertung

---

[1] Zu zulässigen Hilfestellungen bei der Materialübersicht und Themenabgrenzung vgl. Kapitel 4.7, S. 76–79.

und Wiedergabe sämtlichen benutzten, nicht nur des konkret in einem Text verarbeiteten, Materials muss dagegen ausnahmslos eigenständig erfolgen.

Uneingeschränkt zulässig ist die **fachliche Beratung** durch den betreuenden **Professor** und dessen Mitarbeiter. Deren Aufgabe ist es gerade, den Kandidaten in individuellen Gesprächen und Besprechungen vor geistigen Rundflügen zu bewahren und auf dem Pfad der wissenschaftlichen Erkenntnis zu begleiten und zu fördern.

Mit dem Umfang der (zulässigen) Mitwirkung Dritter werden gleichzeitig die **Grenzen** für eine professionelle Beratung („Coaching") deutlich: Da jede wissenschaftliche Arbeit eine thematisch geschlossene, eigenständige und in ihren wesentlichen Teilen originäre Auseinandersetzung des Bearbeiters mit dem ihm gestellten Thema darstellen muss, sind alle Formen nicht deklarierter, **qualifizierter materieller Unterstützung** sowie die Mitarbeit von oder Zusammenarbeit mit Dritten **unzulässig**.

> **Expertentipp**
>
> „Die Grenze unzulässiger Beratung ist schnell überschritten. Schon mit dem Entwurf einer Gliederung, dem inhaltlichen Redigieren des Textes, dem Erstellen ganzer Textpassagen oder der zusammenfassenden Auswertung von Literatur fehlt es an einer versicherten selbständigen [!] Anfertigung" (*Slapnicar*, 2003, S. 232).

11.2 Unzulässige Übernahme fremder Texte

Die Übernahme fremder Texte, Ideen, Daten, Fakten, Formulierungen und Wortschöpfungen u. a. ohne konkreten, zutreffenden, vollständigen und objektiv nachprüfbaren Beleg (Zitierung) ist unzulässig: Diese (einheitliche) Qualifikation ist also weder von Umfang, Ausmaß, Ursprung und Bedeutung, noch von dem zugrundeliegenden Verständnis, Einsehen oder dem Grad des Bewusstseins abhängig. Wer durchgängig die Zitiervorschriften „ohne wenn und aber" berücksichtigt, braucht keine Angst vor **versehentlichen Plagiaten** haben (*Pospiech*, 2012, S. 157).

11.2 Unzulässige Übernahme fremder Texte

> **Expertentipp**
>
> „Alles, was Sie nicht selbst erdacht haben, sondern der Klugheit anderer Leute verdanken, muss im Text auch diesen anderen Leuten zugeschrieben werden. ... Wer alle fremden Gedanken im eigenen Text belegt, stellt vielleicht am Ende fest, dass gar nicht viele eigene Gedanken drinstehen. Kann passieren" (*Schimmel/Weinert/Basak,* 2011, S. 54, 56).

„Ein bisschen gestohlen", „ein wenig geschlampt", „aus Versehen kopiert", „minimal manipuliert", „etwas gefälscht", „nur marginal entlehnt" sind deshalb keine Kategorien zur Entschuldigung oder gar Entlastung im Fall eines wissenschaftliches Diebstahls (vgl. dazu *Himmelrath,* 2011). Aber auch die eher psychologischen Würdigungen des individuellen Geisteszustands eines konkret Handelnden, der von „unbewusst" über „bewusstlos", „ahnungslos", „fahrlässig" bis „ohne Vorsatz" charakterisiert wird, bieten keinerlei tragfähige Abstufungen oder Kriterien, um zwischen (noch) zulässigem und nicht mehr tragbarem wissenschaftlichen Diebstahl zielführend differenzieren zu können (vgl. *Leffers/Himmelrath,* 2011). Der wissenschaftliche Textdiebstahl ist nichts anderes wie ein Ladendiebstahl: Letzterer kann vor keinem Gericht zum „Einkaufsirrtum" stilisiert werden, dementsprechend liegt bei ersterem auch kein „Zitatfehler" vor (*Ernst,* 2011).

Textdieb = Ladendieb

Das Internet und die ubiquitäre Verfügbarkeit elektronischer Informationen hat zweifelsohne die Möglichkeiten, Chancen und das Ausmaß des Zugriffs und damit Diebstahls dramatisch erhöht; an der Notwendigkeit eines ausnahmslos redlichen wissenschaftlichen Zitierens aber nichts geändert. Diese Sichtweise wird von einigen „Grenzgängern" nicht geteilt, die in diesen Medien eine Fundgrube nicht nachweispflichtiger (anonymer) Informationen oder nicht nachweisbaren Materials sehen.

> **Hinweis zu Material aus dem Internet**
>
> „Dass ein Text seinen Urheber nicht oder nicht sofort erkennen lässt, bedeutet ... nicht, dass es keinen Urheber gibt. ... Texte, die Sie aus dem Internet gefischt haben, dürfen also nicht einfach in Ihre Arbeit hineinkopiert werden" (*Schimmel,* 2011, S. 227).

11.3 Unzulässiger Erwerb von Prüfungsleistungen

Das umfassende Verbot der Mitwirkung bzw. Einschaltung von Dritten darf nicht dadurch umgangen werden, dass eine solche qualifizierte Mitarbeit durch adie Vermittlung und den **Kauf** der von Dritten erstellten **Prüfungsleistungen**, die z. B. an anderen Universitäten bereits als Bachelor-, Master- oder Doktorarbeiten eingereicht worden sind, ersetzt wird. Sowohl die unveränderte Übernahme fremder Texte als auch die Überarbeitung fremder geistiger Leistungen jeder Art für eigene Zwecke wird durch die eidesstattliche Erklärung erfasst („ohne Hilfe Dritter") und daher ist auch diesbezüglich jede Abweichung erklärungspflichtig.

Die **Erklärungspflicht** macht deutlich, dass jede Form und Nutzung der Tätigkeit von **„ghostwriting" unzulässig** sind, da sie definitionsgemäß nicht offengelegt werden können.

> **Expertenausrede**
>
> „Nicht wir täuschen, sondern die Studenten" (Ghostwriter *Kopper* zit. nach *Karschnick*, 2012, S. 1).

Der **Erwerb** von – möglichst erfolgreichen – Prüfungsleistungen aller Art zur eigenen Aus- und Verwertung ist in den letzten Jahren scheinbar zu einer alternativen Form des „wissenschaftlichen Arbeitens" geworden. So genannte Hausarbeits-, Referate-, Bachelor-, Masterarbeits- und Dissertationsbörsen sowie Unterstützungsangebote von Ghostwritern und Vermittlungsofferten von Promotionsberatern überschwemmen den Markt (vgl. *Theisen*, 2012).

In den *USA* werden seit mehr als zehn Jahren digitale Prüfprogramme zur Aufdeckung von Plagiaten unter den Prüfungsleistungen eingesetzt; sie werden nun mehr auch umfassend in den Schulen und Hochschulen in Deutschland angewendet; man könnte insoweit von einem „Guttenberg-Effekt" reden.

Nach diesem Prüfungsansatz werden zur Bewertung nur die Arbeiten angenommen, die mit Hilfe eines solchen Programms systematisch getestet[1] und als eigenständige Leistung erkannt wurden; diese Form von **Wissenschaftsbetrug** auf den Schulen und Hochschulen kann so abgeschafft bzw. zumindest eingeschränkt werden. Durch derartige Programme wird jede eingereichte Arbeit über einen Algorithmus auf Text- oder/und Formel-Ähnlichkeiten mit allen im weltweiten Netz verfügbaren Dokumenten geprüft: Sind dort vergleichbare Arbeiten gespeichert, die auch durch die externen (kommerziellen oder kostenfreien) Datenbank- und Börsenangebote ergänzt werden, besteht eine Chance, den Plagiator und seine trübe Quelle aufzudecken.

Betrugstest im Internet

11.4 Konsequenzen

Da die (zahlreichen) Plagiatsversuche und „erfolgreichen" Plagiate in der Vergangenheit wenig publik geworden sind, sind auch die im Aufdeckungsfall möglichen bzw. erteilten **Sanktionen** in der Öffentlichkeit, aber auch bei einigen Studierenden, bisher kaum bekannt. In Abhängigkeit vom konkreten Plagiatsfall können folgende **Maßnahmen** nach den Prüfungs- und Promotionsordnungen, verschiedenen gesetzlichen Vorschriften sowie Gerichtsentscheidungen ergriffen werden:

Bittere Konsequenzen

- Bewertung mit der schlechtesten Note
- Aktuelle (oder nachträgliche) Annullierung der (Teil-)Prüfungsleistung
- Ausschluss von der Wiederholungsprüfung
- Nichtbestehen der Gesamtprüfung
- Exmatrikulation im Studienfach
- Universitätsweites Studiumsverbot
- Aberkennung des akademischen Titels oder Grades
- Einstufung als Ordnungswidrigkeit (Geldstrafe)[2]

---

[1] Informationen u. a. http://www.picapica.net; http://www.ephorns.de; http://www.plagiarism.org; http://www.plagiarismfinder.de; http://www.textguard.de; http://www.docoloc.de; http://www.ephorus.de/
[2] So §63 Abs. 5 Satz 2, lit. A. des Hochschulgesetzes des Landes *Nordrhein-Westfalen* v. 31.10.2006, GV. NRW 2006, S. 474.

278   11 Fälschung, Verfälschung, Plagiat und Betrug

- Vorwurf eines Straftatbestandes (Urheberrechtsverletzung) nach § 106 UrhG[1]
- Anzeige wegen Täuschung und Betrug nach § 263 Strafgesetzbuch.[2]

Die eidesstattliche Erklärung, soweit deren Abgabe nach den Bestimmungen der Prüfungsordnungen vorgeschrieben ist, ist die **rechtlich bindende Zusicherung**, dass alle für die eigene Arbeit verwendeten Materialien angegeben und entsprechend gekennzeichnet (zitiert) worden sind. Ein Verstoß gegen die Zitiervorschriften[3] bedeutet juristisch den Bruch der eidesstattlichen Erklärung. Die Annahme einer solchen Arbeit muss vom Prüfer nach den Vorschriften der jeweiligen Prüfungsordnung abgelehnt werden.

Titel weg Ein durch Täuschungen bzw. in betrügerischer Absicht erworbener akademischer Abschluss oder Titel wird im Falle eines erst zu einem späteren Zeitpunkt bekannt gewordenen Verstoßes durch die verleihende Universität aberkannt, die Prüfung gilt als nicht bestanden.[4]

Letzte Meldung

Schummel-Vorwurf an Elite-Uni

„Ein Skandal erschüttert die Elite-Uni Harvard: 125 Studenten sollen im vergangenen Jahr bei einer Hausaufgabe verbotenerweise abgeschrieben haben. Jetzt hat die Uni … gut die Hälfte der Betroffenen suspendiert. …

Die amerikanische Harvard Uni, Hort der Exzellenz, hat im größten Schwindel-Skandal der jüngeren Geschichte ihr Urteil gesprochen: Mehr als 60 Studenten müssen vorübergehend die Uni verlassen" (*fln*, 2013).

---

[1] Tatbestände nach dem *Urheberrechtsgesetz* (UrhG) vom 09.09.1965 sind u. a. die unerlaubte Verwertung urheberrechtlich geschützter Werke.

[2] Einschlägige Tatbestände des *Strafgesetzbuches* (StGB) vom 13.11.1998 sind u. a. § 156 (Falsche Versicherung an Eides statt), § 202 a (Ausspähen von Daten), § 204 (Verwertung fremder Geheimnisse), § 267 (Urkundenfälschung), § 268 (Fälschung technischer Aufzeichnungen)

[3] Dazu deutlich VGH Baden-Württemberg, Beschl. v. 13.10.2008, NVwZ-RR 2009, S. 285: „Auf den Umfang der abgeschriebenen Stellen sowie auf die Frage, ob die Arbeit auch ohne das Plagiat noch als selbständige (!) wissenschaftliche Arbeit hätte angesehen werden können, kommt es grundsätzlich nicht an."

[4] Zu den Grenzen der „Unwürdigkeit" eines Promovierten VG Freiburg, Urt. v. 22.09.2010, FuL 2011, S. 138.

11.4 Konsequenzen

Checkliste: Verfälschung, Fälschung, Betrug und Plagiat	
Frage	Hilfe
Kenne ich alle Kategorien des wissenschaftlichen Fehlverhaltens?	S. 271
Kenne ich die für meine Arbeit relevante Prüfungs- oder Promotionsordnung?	S. 272
Habe ich ausdrücklich vermerkt, falls ich bei Themenfindung und -formulierung von einem Dritten beraten wurde?	S. 273 f., 276
Kenne und zitiere ich auch bei allem verwendeten Material den richtigen Urheber?	S. 274 f.
Bin ich mir der Folgen eines Textdruckfehlers bewusst?	S. 277 f.

„Fast jedes Genie verursacht augenblicklich
eine Allianz der Mittelmäßigen."
Jonathan Swift

12 Ratschläge für einen schlechten wissenschaftlichen Arbeiter

Seit Einführung der allgemeinen Schulpflicht kann jeder in Europa schreiben. Also kann er auch wissenschaftlich arbeiten.

Wer einer entsprechenden Aufgabe entgegensieht, stelle sich ihr: Unvoreingenommen, unvorbereitet, spontan. In der Improvisation zeigt sich – bereits bei der Themenauswahl – der Meister. Planung ist etwas für ängstliche Gemüter, sie haben meist nichts Besseres zu tun und nur wenig zur Sache zu sagen. *Amerika* wäre unentdeckt geblieben, hätte *Christoph Kolumbus* für seine Reise erst eine detaillierte Zeit- und Kostenplanung aufgestellt. Nein, gehe auf Entdeckungsreise mit Deiner Arbeit, jeden Tag ein neues Erlebnis, erfrischende Spannung bis zum Abgabetermin ist Dir nur so sicher.

Bibliotheken sind die Brutstätte kleiner Geister, Kataloge und Bibliographien die Gedächtnisstütze wissenschaftlicher Fußgänger, das Internet der Ersatzlolly der Gameboy-Generation. In der Beschränkung liegt das Heil, ein oder zwei Bücher, die dem Titel nach ungefähr passen könnten, oder zwei schlanke Internetdokumente aus dem Volkslexikon der „Geiz-ist-geil"-Generation, sollten genügen.

Den wissenschaftlichen Eifer dieser Vordenker gilt es zu würdigen, deren Literatur- bzw. Quellensammlung sei die Urzelle Deiner eigenen Bemühungen. Der Mensch wäre nie auf den Mond gekommen, müsste jedermann *Nikolaus Otto's* Verbrennungsmotor neu erfinden. So kopiere nur die Literatur, die Du dort zitiert findest – soweit Dir die Beschaffung keine Schwierigkeiten bereitet. Genaues Recherchieren hat etwas mit der Tätigkeit erfahrener Trüffelschweine zu tun, Du solltest Dich auf Quellen aus zweiter oder dritter Hand berufen, denn je öfter eine Aussage schon zitiert wurde, desto wichtiger ist sie: Was Fachleute bereits erkannt (und gedruckt!) haben, sollte nur von notorischen Querulanten in Frage gestellt werden.

12 Ratschläge

Soweit die eigene Lektüre unvermeidbar erscheint, lese mit der nur Dir eigenen Spontaneität und Deinem Engagement. In geliehenen Büchern geize deshalb nicht mit Unterstreichungen, Anmerkungen und Kommentaren; jeder spätere Benützer wird sich ob Deiner Vorarbeit glücklich schätzen: Dessen Scham über die Beschränktheit seines eigenen Geistes flicht Dir noch über Generationen Lorbeerkränze der Verehrung. Zudem kannst Du damit auf das lästige, ohnehin nur zeitraubende Exzerpieren ebenso wie auf die bürokratische, kleingeistige Pflege jedwelcher Arbeitsdatei und PC-Organisation verzichten. Eigenes Material wie Bücher, Aufzeichnungen und Originalbelege bedürfen ebenfalls keiner Ordnung, denn Du weißt schließlich, was Du Dein Eigen nennen darfst. Und sollte die Gefahr sich abzeichnen, den groben Überblick zu verlieren, dann ist das wahre Expertentum nahe, die Grenze zum Genie fast schon überschritten.

Die bei der Materialsuche und Materialbewertung gesparte Zeit nütze für die Formulierung Deiner schriftlichen Ausführungen. Eine wissenschaftliche Arbeit ist schließlich kein Ärzte-Roman, ihr Tiefgang und ihre praxisferne Fundierung muss am Stil, dem Satzbau und der Wortwahl erkennbar sein: Komplizierte Sachverhalte müssen kompliziert, technische Details verwirrend und ermüdend, Allgemeinplätze in epischer Breite dargestellt werden, denn ansonsten besteht die Gefahr, dass der Leser sie nicht als solche erkennt. Nur die schriftliche Ausarbeitung erlaubt es, lange, verschachtelte, über Stunden mühevoller Formulierarbeit – die so manchen Abend auszeichnet – modellierte und dabei immer wieder verfeinerte, das heißt um treffende Einschübe ergänzte, Satzgebilde zu gebären, die mündlich vorzutragen Du – ohne Deine, über die Grenzen bekannten und gefürchteten entsprechenden Fähigkeiten in Abrede stellen zu wollen – niemals in der Lage wärest. So etwa!

Verzichte auf das penible Tarieren einzelner Meinungen auf der geistigen Goldwaage, wie dies gelegentlich noch immer in verstaubten Wissenschaftskollegs die Übung sein soll: Argumentiere kraftvoll, Übertreibung allein macht anschaulich. Dein Publikum soll überredet werden, ihm darf schon deshalb keine Chance zu berechtigten Zweifeln geboten werden.

12 Ratschläge

Auch wenn Du – erwartungsgemäß – die Originalität Deiner Ausführungen alleine für Dich zu reklamieren gedenkst, zitiere gelegentlich den einen oder anderen – geistig wie argumentativ ohnehin unterlegenen – Autor, es ist so üblich. Sparsam angewendet und mit entsprechend einleitenden Bemerkungen („So in der Tat …" oder „Abwegig und immer noch allein …") versehen, sind solche Zitathinweise letztlich besonders geeignet, dem Leser endgültig die Augen vor der Einzigartigkeit und Überzeugungskraft Deiner Argumente in dem Maße zu öffnen, das Du allein verdienst!

Sobald der Text erstmals in den PC eingegeben ist, schließe sofort technisch und geistig mit Deiner Arbeit ab, denn spätere Zweifel verwirren nur den eigenen Kopf und stören erfahrungsgemäß die Naivität der ersten Einfälle. Lasse Dir Deine wohlverdiente Ruhe und Entspannung auch nicht durch Korrekturlesen oder das Überprüfen einzelner Textstellen rauben. Den Mangel solcher Abschlussarbeiten – sollten sich tatsächlich gelegentlich kleinere Schönheitsfehler eingeschlichen haben – zu kritisieren oder sogar in der Bewertung zu berücksichtigen, wirft ein bezeichnendes Licht auf die Krämerseele des Beurteilers, der nicht willens oder nicht in der Lage ist, dem großen Bogen und Gedankenfluss Deiner splendiden Ausführungen zu folgen.

Wird Deine Arbeit – unverständlicherweise – trotz dieser über Jahrzehnte bewährten Ratschläge kein Knüller, zitiert der Korrektor vielmehr den Nobelpreisträger aus dem Westen, *George J. Stigler,* mit den Worten

> „Dieses Referat enthält viel Neues und viel Gutes, aber das Neue ist nicht gut und das Gute ist nicht neu" (1994, S. 47),

dann tröste Dich mit dem nicht minder Berufenen aus dem Osten, *Adolf Nowaczyñski:*

> „Wer nicht für Dummköpfe schreibt, hat nicht nur keine Leser, er kommt schließlich auch selbst als Genießer seines eigenen Werkes nicht in Frage" (zit. nach *Dedecius,* 1990, S. 129).

Literaturverzeichnis

Hier werden alle in der Arbeit verarbeiteten und zitierten Sekundärmaterialien angeführt; Literaturhinweise im Text bleiben unberücksichtigt. Die Aufnahme aller Titel folgt dem im Text verwendeten Harvard Style (Name-Jahr-Seite); bei Verwendung der nur in Kapitel 8 vorgeschlagenen Version des Chicago Style (Name-Stichwort-Jahr-Seite) würde in Klammern vor der Jahreszahl zusätzlich noch ein Stichwort aus dem Titel stehen oder dieses Stichwort wird in der Titelangabe durch Fettdruck hervorgehoben. Die Buchstaben ä, ö und ü sind nach DIN 5007-1: 2005-08 wie a, o und u in das Alphabet eingeordnet.

Alberth, Markus R. (1998): Kurze Gedanken zum wissenschaftlichen Zitieren des Internets, in: ZfB 68 (1998), S. 1367–1374

Balzert, Helmut u. a. (2008): Wissenschaftliches Arbeiten: Wissenschaft, Quellen, Artefakte, Organisation, Präsentation, Herdecke: W3L GmbH, 2008

Behrens, Christian-Uwe (1989): Fußnoten: Nur störendes Beiwerk?, in: WiSt 18 (1989), S. 95–96

Beinke, Christiane u. a. (2008): Die Seminararbeit: Schreiben für den Leser, Konstanz: UVK Verlag, 2008

Berger, Doris (2010): Wissenschaftliches Arbeiten in den Wirtschafts- und Sozialwissenschaften: Hilfreiche Tipps und praktische Beispiele, Wiesbaden: Gabler, 2010

Bergmann, Marcus/Schröder, Christian/Sturm, Michael (2010): Richtiges Zitieren: Ein Leitfaden für Jurastudium und Rechtspraxis, München: Vahlen 2010

Bickelhaupt, Helmut (1988): Veröffentlichungen mit mehreren Verfassern, in: Mitteilungen des Hochschulverbandes, Heft 2, 1988, S. 80–82

Boehncke, Heiner (2000): Vom Referat bis zur Examensarbeit, Niedernhausen: Falken, 2000

Bolker, Joan (1998): Writing Your Dissertation in fifteen Minutes a Day: A Guide To Starting, Revising, and Finishing Your Doctoral Thesis, New York: Holt, 1998

Borchardt, Knut (1973): Vademecum für den Volkswirt: Führer zu volkswirtschaftlicher Literatur, Quellen und Materialien, Stuttgart: Fischer, 1973

Literaturverzeichnis

Brand, Christine (2011): Mit fremder Feder: Ghostwriter sind gefragt, in: NZZ v. 22.02.2011, http://www.nzz.ch/nachrichten/startseite/mit_fremder_feder_ 1.9696949.html (Zugriff 2011-04-24)

Brendel, Matthias u. a. (2010): Richtig recherchieren: wie Profis Informationen suchen und besorgen, 7. Aufl., Frankfurt: FAZ-Verlag, 2010

Brink, Alfred (2007): Anfertigung wissenschaftlicher Arbeiten: Ein prozessorientierter Leitfaden zur Erstellung von Bachelor-, Master- und Diplomarbeiten in acht Lerneinheiten, 3., überarb. Aufl., München: Oldenbourg, 2007

Bröcker, Klaus Tim/Czychowski, Christian/Schäfer, Detmar (2003): Praxishandbuch Geistiges Eigentum im Internet, München: Beck, 2003

Burchardt, Michael (2006): Leichter Studieren: Wegweiser für effektives wissenschaftliches Arbeiten, 4., erg. und akt. Aufl., Berlin: Berliner Wissenschafts-Verlag, 2006

Burchert, Heiko/Sohr, Sven (2008): Praxis des wissenschaftlichen Arbeitens: Eine anwendungsorientierte Einführung, 2., akt. und erg. Aufl., München: Oldenbourg, 2008

Corslen, Hans/Deppe, Joachim (2010): Technik des wissenschaftlichen Arbeitens, 4., vollständig überarb. Aufl., München: Oldenbourg, 2010

Cwertnia, Laura (2012): Ein Grund zur Panik in: ZEITONLINE v. 12.08.2012, http://www.zeit.de/campus/2012/04/missgeschicke-laptop/komplettansicht?print=true (Zugriff 2012-08-18)

Day, Robert A. (2009): How to Write & Publish a Scientific Paper, 7th reprint, Cambridge: University Press, 2009

Dedecius, Karl (1990): Bube, Dame, König: Geschichten und Gedichte aus Polen, Frankfurt: Suhrkamp, 1990

Deininger, Marcus u. a. (2005): Studien-Arbeiten: Ein Leitfaden zur Vorbereitung, Durchführung und Betreuung von Studien-, Diplom- und Doktorarbeiten am Beispiel Informatik, 5., überarb. und erw. Aufl., Zürich: VDF, 2005

Detering, Michael (2008): Lehrstück über die Fallen moderner Kommunikation, in: HB Nr. 176 v. 10.09.2008, S. 17

Diekmann, Andreas (2007): Empirische Sozialforschung: Grundlagen, Methoden, Anwendungen, Hamburg: Rowohlt, 2007

Disterer, Georg (2009): Studienarbeiten schreiben: Seminar-, Bachelor-, Master- und Diplomarbeiten in den Wirtschaftswissenschaften, 5., vollst. überarb. und erw. Aufl., Berlin/Heidelberg/New York: Springer, 2009

Döring, Ulrich/Kußmaul, Heinz (Hrsg.) (2004): Spezialisierung und Internationalisierung: Festschrift für *Günter Wöhe*, München: Vahlen, 2004

Literaturverzeichnis

Dreier, Thomas/Schulze, Gernot (2008): Urheberrechtsgesetz: Kommentar, 3. Aufl., München: Beck, 2008

Dross, Anna (1985): Der Zettel-Student im Finale – Wie aus dünnen Gedanken und breiten Zitaten eine Diplomarbeit entsteht, in: Die Zeit Nr. 47 v. 15.11.1985, S. 87

DUDEN (2009): Die deutsche Rechtschreibung, 25., völlig neu bearb. und erw. Aufl., Mannheim u. a.: Dudenverlag, 2009

Ebel, Hans F./Bliefert, Claus/Greulich, Walter (2006): Schreiben und Publizieren in den Naturwissenschaften, 5. Aufl., Weinheim: Wiley-VCH, 2006

Eberhardt, Joachim (2012): Über Literaturverwaltungsprogramme, Dokumentenmanager und andere elektronische Helfer, http://iasl.uni-muenchen.de/discuss/Lisforen/Eberhardt_Softwaretest.-html (Zugriff 2012-12-02)

Ebers, Mark (2008): Worauf kommt es an, um aus guter Forschung eine Aufsatzveröffentlichung zu machen?, in: DBW 68 (2008), S. 381–386

Eco, Umberto (2010): Wie man eine wissenschaftliche Abschlussarbeit schreibt (Come si fa una tesi di laurea, dt.), übers. von *Walter Schick*, 13., unveränderte Aufl. (Nachdruck 1993), Heidelberg: Müller, 2010

Engel, Stefan (2003): Die Online-Recherche, in: *Stefan Engel/ Klaus W. Slapnicar* (Hrsg.), 2003, S. 66–85

– */Slapnicar, Klaus W.* (Hrsg.) (2003): Die Diplomarbeit, 3., überarb. und akt. Aufl., Stuttgart: Schäffer-Poeschel, 2003

Ernst, Klaus (2011): Dann kann man künftig Ladendiebstahl als Einkaufsfehler bezeichnen, http://www.focus.de/fotos/dann-kann-man-kuenftig-ladendiebstahl-als-einkaufsfehler-bezeichnen_mid_847076.html (Zugriff 2011-05-01)

Esselborn-Krumbiegel, Helga (2004): Von der Idee zum Text: Eine Anleitung zum wissenschaftliche Schreiben, 2., durchges. Aufl., Paderborn: Schöningh, 2004

– (2010): Richtig wissenschaftlich schreiben: Wissenschaftssprache in Regeln und Übungen, Paderborn: Schöningh, 2010

Fiedler, Wilfried/Ress, Georg (Hrsg.) (1989): Verfassungsrecht und Völkerrecht: Gedächtnisschrift für *Wilhelm Karl Geck*, Köln u. a.: Heymanns, 1989

Fischer, Heinrich (Hrsg.) (1955): Werke von Karl Kraus: Beim Wort genommen, Bd. 3, München: Kösel, 1955

fln (2013): Schummel-Vorwurf an Elite-Uni: Harvard suspendiert 60 Studenten, in: Spiegel online v. 02.02.2013, http://www.spiegel.de/unispiegel/studium/nach-schummel-skandal-in-harvard-wurden-60-studenten-suspendiert-a-881103.html (Zugriff 2013-02-03)

Literaturverzeichnis

Fonck, Leopold (1908): Wissenschaftliches Arbeiten: Beiträge zur Methodik des akademischen Studiums, Regensburg u. a.: Pustet, 1908

Fragnière, Jean-Pierre (2003): Wie schreibt man eine Diplomarbeit? (Comment réussir un mémoire, dt.), übers. von *Paula Lotmar*, 6., unv. Aufl., Bern: Haupt, 2003

Franck, Norbert (2011): Lust statt Last: Wissenschaftliche Texte schreiben in: *Norbert Franck/Joachim Stary* (Hrsg.), 2011, S. 117–178

Franck, Norbert/Stary, Joachim (2011): Die Technik wissenschaftlichen Arbeitens, 16., überarb. Aufl., Paderborn: Schöningh, 2011

Friedl, Gerhard/Loebenstein, Herbert (2008): Abkürzungen und Zitierregeln der österreichischen Rechtssprache und europarechtlicher Rechtsquellen (AZR), 6., überarb. Aufl., Wien: Manz, 2008

Friedrich, Christoph (1997): Schriftliche Arbeiten im technisch-naturwissenschaftlichen Studium, Mannheim u. a.: Dudenverlag, 1997

Friedrichs, Jürgen (1990): Methoden empirischer Sozialforschung, 14. Aufl., Reinbek: Rowohlt, 1990

Frisse, Juliane (2011): Von Geisterhand verfasst, in: Spiegel online, http://www.spiegel.de/unispiegel/jobundberuf/0,1518,747 608,00. html (Zugriff 2011-04-24)

Fröhlich-Pier, Marietta/Weinerth, Gisela (2008): Literaturrecherche, in: *Sascha Hoffmann* (Hrsg.), 2008, S. 37–100

Gantert, Klaus/Hacker, Rupert (2008): Bibliothekarisches Grundwissen, 8., vollst. neu bearb. Aufl., München: Saur, 2008

Geck, Wilhelm Karl (1987): Totgeschwiegene Kommentatoren und zeitlose Kommentierungen: Unarten beim Zitieren, in: JZ 42 (1987), S. 870

Genette, Gérard (2001): Paratexte: Das Buch vom Beiwerk des Buches, 3. Aufl. (Nachdruck 2008), Frankfurt: Suhrkamp, 2001

Gerhards, Gerhard (1995): Seminar-, Diplom- und Doktorarbeit, 8., durchges. Aufl., Bern: Haupt, 1995

Gibaldi, Joseph (2003): MLA Handbook for Writers of Research Papers, 6th ed., 2. printing, New York: Modern Language Association, 2003 (Aktualisierung unter http://www.mla.org/)

Glückher, Heiko u. a. (1995): Das Referat: Ein Leitfaden für Studierende, Freiburg: Selbstverlag, 1995

Gockel, Tilo (2010): Form der wissenschaftliche Ausarbeitung: Studienarbeit, Diplomarbeit, Dissertation, Konferenzbeitrag, 2. Aufl., Heidelberg: Springer 2010

Göttert, Karl-Heinz (2002): Kleine Schreibschule für Studierende, 2. Aufl., München: Fink, 2002

– (2000): Der digitale Imperativ: Formatieren geht über studieren, in: SZ Nr. 257 v. 08.11.2000, S. 19

Literaturverzeichnis 289

Graham jr., C. D. (1994): Geläufige Wendungen in Forschungsberichten, in: *Orestes V. Trebeis* (Hrsg.), 1994, S. 50–52

Gramm, Christof/Wolff, Heinrich A. (2008): Jura – erfolgreich studieren: für Schüler und Studenten, 5. Aufl., München: Beck/dtv, 2008

Grieb, Wolfgang/Slemeyer, Andreas (2008): Schreibtipps für Studium, Promotion und Beruf in Ingenieur- und Naturwissenschaften, 6., akt. und erw. Aufl., Berlin/Offenbach: vde-verlag, 2008

Grunwald, Klaus/Spitta, Johannes (2008): Wissenschaftliches Arbeiten: Grundlagen zu Herangehensweisen, Darstellungsformen und Regeln, 7. Aufl., Eschborn: Klotz, 2008

Haas, Erika/Gunzenhäuser, Randi (2006): Promovieren mit Plan: Ihr individueller Weg von der Themensuche zum Doktortitel, 2., überarb. und akt. Aufl., München/Wien: Ueberreuther, 2006

Häberle, Peter (1989): Wissenschaftliche Zeitschriften als Aufgabenfeld juristischen Rezensionswesens, in: *Wilfried Fiedler/Georg Ress* (Hrsg.), 1989, S. 277–299

Harnack, Adolf (1911): Über Anmerkungen in Büchern, in: *Adolf Harnack*, 1911, S. 148–162

Harnack, Adolf (Hrsg.) (1911): Aus Wissenschaft und Leben, Bd. 1, Gießen: Töpelmann, 1911

Heinicke, Wolfgang (Bearb.) (2012): § 10 EStG, in: *Ludwig Schmidt*, 2012

Heister, Werner/Weßler-Poßberg, Dagmar (2007): Studieren mit Erfolg: Wissenschaftliches Arbeiten für Wirtschaftswissenschaftler, Stuttgart: Schäffer-Poeschel, 2007

Heyde, Johannes Erich (1970): Technik des wissenschaftlichen Arbeitens mit einem ergänzenden Beitrag von *Heinz Siegel*, 10., durchges. Aufl., Berlin: Kiepert, 1970

Himmelrath, Armin (2011): Schlampen, schummeln, spicken, in: Spiegel online v. 22.02.2011, http://www.spiegel.de/unispiegel/studium/0,1518 druck-746756,00.html (Zugriff 2011-04-24)

Hirte, Heribert (1991): Der Zugang zu Rechtsquellen und Rechtsliteratur, Köln u. a.: Heymanns, 1991

Hoffmann, Sascha (Hrsg.) (2008): So gelingen Seminar-, Bachelor- und Masterarbeiten, Heidenau: PD-Verlag, 2008

Holzbaur, Ulrich D./Holzbaur, Martina M. (1998): Die wissenschaftliche Arbeit: Leitfaden für Ingenieure, Naturwissenschaftler, Informatiker und Betriebswirte, München/Wien: Hanser, 1998

Huber, Nathalie/Schelling, Anna/Hornbostel, Stefan (Hrsg.) (2012): Der Doktortitel zwischen Status und Qualifikation, iFQ-Working Paper No. 12, Berlin: Institut für Forschungsinformation und Qualitätssicherung, 2012

Hülshoff, Friedhelm/Kaldewey, Rüdiger (1993): Mit Erfolg studieren: Studienorganisation und Arbeitstechniken, 3., neu bearb. Aufl., München: Beck, 1993

Literaturverzeichnis

Hug, Theo/Poscheschnik, Gerald (2010): Empirisch Forschen: Die Planung und Umsetzung von Projekten im Studium, Konstanz: UVK Verlagsgesellschaft, 2010

Hunziker, Alexander W. (2010): Spass am wissenschaftlichen Arbeiten – So schreiben sie eine gute Semester-, Bachelor- oder Masterarbeit, 4. Aufl., Zürich: SKV, 2010

Jele, Harald (2003): Wissenschaftliches Arbeiten in Bibliotheken: Einführung für Studierende, 2., vollst. überarb. und erw. Aufl., München: Oldenbourg, 2003

Jung-Hüttl, Angelika (1999): Raubkopierern droht Gefängnis, SZ Nr. 101 v. 04.05.1999, S. V 2/19

Karmansin, Matthias/Ribing, Rainer (2010): Die Gestaltung wissenschaftlicher Arbeiten, 5., akt. Aufl., Wien: WUV-Universitätsverlag, 2010

Karschnick, Ruben (2012): „Wir lassen uns das Ghostwriting nicht verbieten", in: ZEITONLINE v. 09.08.2012, http://www.zeit.de/ studium/uni-leben/2012-08/ghostwriting-agentur-kritik/ Komplettansicht (Zugriff: 2012-08-16)

Kerschner, Ferdinand (2006): Wissenschaftliche Arbeitstechnik und -methodik für Juristen: Leitfaden für juristische Seminar- und Diplomarbeiten, Dissertationen und wissenschaftliche Artikel, 5., völlig neu bearb. Aufl., Wien: WUV-Universitätsverlag, 2006

Kirchner, Hildebert (2008): Abkürzungen für Juristen, 6., völlig neu bearb. Aufl., Berlin/New York: De Gruyter, 2008

Kliemann, Horst (1973): Anleitungen zum wissenschaftlichen Arbeiten: Eine Einführung in die Praxis, 8. Aufl., Freiburg: Rombach, 1973

Klinkhammer, Volker/Thönnes, Marco (2009): Steuerliche Berücksichtigung von Aufwendungen für ein Studium, in: SteuerStud 30 (2009), S. 409–417

Knigge-Illner, Helga (2000): Realismus dämpft die Panik, in: UNImagazin 24 (2000), Heft 2, S. 118–121

Knorr, Dagmar/Jakobs, Eva-Maria (Hrsg.) (1997): Textproduktion in elektronischen Umgebungen, Frankfurt u. a.: Lang, 1997

Koeder, Kurt W. (2012): Studienmethodik: Selbstmanagement für Studienanfänger, 5., überarb. und erw. Aufl., München: Vahlen, 2012

Kohler-Gehrig, Eleonora (2008): Die Diplom- und Seminararbeit in den Rechtswissenschaften – Technik und Struktur wissenschaftlichen Arbeitens, 2. Aufl., Stuttgart: Kohlhammer, 2008

Kollmann, Tobias/Kuckertz, Andreas/Voege, Stefanie (2012): Das 1x1 des Wissenschaftlichen Arbeitens: Von der Idee bis zur Abgabe, Wiesbaden: Gabler, 2012

Literaturverzeichnis

Kommission „Selbstkontrolle in der Wissenschaft" der Universität Bayreuth (2011): Bericht an die Hochschulleitung der Universität Bayreuth aus Anlass der Untersuchung des Verdachts wissenschaftlichen Fehlverhaltens von Herrn Karl-Theodor Freiherr zu Guttenberg, 2011, http://www.uni-bayreuth.de/presse/info/2011/Bericht_der_Kommission_m_Anlagen_10_5_2011_.pdf (Zugriff 2011-05-21)

König, René (1973): Handbuch der empirischen Sozialforschung, 15 Bände, 3. Aufl., Stuttgart: Enke, 1973–1979

Kornmeier, Martin (2010): Wissenschaftlich schreiben leicht gemacht für Bachelor, Master und Dissertation, 3., akt. und erw. Aufl., Bern: Haupt, 2010

Krämer, Walter (2009): Wie schreibe ich eine Seminar- oder Examensarbeit?, 3., überarb. und akt. Aufl., Frankfurt/New York: Campus, 2009

Krippendorff, Ekkehart (2000): Schreiben mit Papier und Kugelschreiber, in: *Wolf-Dieter Narr/Joachim Stary* (Hrsg.), 2000, S. 27–35

Kühtz, Stefan (2011): Wissenschaftlich formulieren: Tipps und Textbausteine für Studium und Schule, Paderborn: Schöningh, 2011

Lampe, Mareike (1999): Gerechtere Prüfungsentscheidungen: Möglichkeiten und Grenzen der Herbeiführung materieller Gerechtigkeit durch gerichtliche Kontrolle und Gestaltung des Verwaltungsverfahrens, Berlin: Duncker & Humblot, 1999 (zugl. Diss. iur. Univ. Bochum, 1998)

Leffers, Jochen/Himmelrath, Armin (2011): Googles Werk und Guttis Beitrag, in: Spiegel online v. 27.02.2011, http://www.spiegel.de/unispiegel/studium/0,1518 druck-747 956,00 html (Zugriff 2011-04-24)

Lenger, Friedrich (1986): Zwischen Kleinbürgertum und Proletariat: Studien zur Sozialgeschichte der Düsseldorfer Handwerker 1816–1878, Diss. phil. Univ. Göttingen, 1986

Limburg, Anika/Otte, Sebastian (2011): Schreiben in den Wirtschaftswissenschaften, Paderborn: Schöningh, 2011

Lohse, Heinz (2003): Bewertung von Diplomarbeiten, in: *Stefan Engel/Klaus W. Slapnicar* (Hrsg.), 2003, S. 274–286

McCloskey, Deirdre N. (2000): Economical Writing, 2nd ed., Long Grove: Waveland, 2000

Medawar, Peter B. (1984): Ratschläge für einen jungen Wirtschaftswissenschaftler (Advice to a Young Scientist, 1979, dt.), übers. von *Max Werner Vogel*, München/Zürich: Piper, 1984

Metzger, Christoph (2010): Wie lerne ich? WLI-Hochschule: Lern- und Arbeitsstrategien: Fachbuch für Studierende mit beigelegtem Fragebogen, 11. Aufl., Aarau: Sauerländer Verlag, 2010

Literaturverzeichnis

Metzig, Werner/Schuster, Martin (2009): Prüfungsangst und Lampenfieber – Bewertungssituationen vorbereiten und meistern, 4. akt., Aufl., Berlin u. a.: Springer, 2009

Möllers, Thomas M. J. (2010): Juristische Arbeitstechnik und wissenschaftliches Arbeiten, 5., neu bearb. Aufl., München: Vahlen, 2010

Müller, Hans Christian (2011): Morgen ist auch noch ein Tag, in: HB Nr. 84 v. 02.05.2011, S. 17

Müller-Franken, Sebastian (2007): Bildungsaufwand in der Einkommensteuer nach neuem Recht, in: DStZ 95 (2007), S. 59–68

Münch, Ingo (2006): Promotion, 3. Aufl., Tübingen: Mohr Siebeck, 2006

Nagel, Sibylle (2004): Nachträgliche Geltendmachung von Studienkosten, in: EStB 6 (2004), S. 122–126

Narr, Wolf-Dieter/Stary, Joachim (Hrsg.) (2000): Lust und Last des wissenschaftlichen Schreibens, 3. Aufl., Frankfurt: Suhrkamp, 2000

Neville, Colin (2010): The complete guide to referencing and avoiding plagiarism, 2nd ed., Maidenhead: Open University Press, 2010

Nicol, Natascha/Albrecht, Ralf (2010): Wissenschaftliche Arbeiten schreiben mit Word 2010: formvollendete und normgerechte Examens-, Diplom- und Doktorarbeiten, 7., akt. Aufl., München: Addison-Wesley, 2010

Niederhauser, Jürg (Arbeit, 2011): Die schriftliche Arbeit, Mannheim u. a.: Dudenverlag, 2011

Niedermair, Klaus (2010): Recherchieren und Dokumentieren: Der richtige Umgang mit Literatur im Studium, Konstanz: UVK Verlagsgesellschaft, 2010

Nowaczyński, Adolf (1990): Eulenspiegeleien, in: *Karl Dedecius* (Hrsg.), 1990, S. 129

o. V. (2012): Krimi-Autor rezensiert sich selbst, in: SZ Nr. 204 v. 04.09.2012, S. 14

Paetzel, Ulrich (2001): Wissenschaftliches Arbeiten – Ein Überblick über Arbeitstechnik und Studienmethodik, Berlin: Cornelsen, 2001

Paus, Bernhard (2011): Nichtanwendungsgesetz zu Ausbildungs- und Studienkosten, in: StBW o. Jg. (2011), S. 1034–1037

Peterßen, Wilhelm H. (1999): Wissenschaftliche(s) Arbeiten: Eine Einführung für Schüler und Studenten, 6., überarb. und erw. Aufl., Ehrenwirth: München, 1999

Plamper, Jan (2008): Danke, danke, danke, in: Die Zeit Nr. 31 v. 24.07.2008, S. 34

Literaturverzeichnis

Poenicke, Klaus (1988): Wie verfaßt man wissenschaftliche Arbeiten? – Ein Leitfaden vom ersten Semester bis zur Promotion, 2., neu bearb. Aufl., Mannheim/Wien/Zürich: Bibliographisches Institut, 1988

Poscheschnik, Gerald u. a. (2010): Datenerhebung und Datenaufbereitung, in: *Theo Hug/Gerald Poscheschnik*, 2010, S. 99–148

Posener, Paul (1904): Der junge Jurist: Eine Anleitung zu wissenschaftlichem Arbeiten, Breslau: Kern, 1904

Pospiech, Ulrike (2012): Wie schreibt man wissenschaftliche Arbeiten?, Mannheim/Zürich: Dudenverlag, 2012

Preißer, Karl-Heinz (1993): Die Gliederung – verkürztes Spiegelbild der wissenschaftlichen Arbeit, in: WiSt 22 (1993), S. 593–595

Preißner, Andreas (2012): Wissenschaftliches Arbeiten; Internet nutzen – Text erstellen – Überblick behalten, 3., grundlegend überarb. Aufl., München: Oldenbourg 2012

Preuss, Roland (2013): Dr. Fehler, in: SZ Nr. 20 v. 24.01.2013, S. 4

Putzke, Holm (2010): Juristische Arbeiten erfolgreich schreiben: Klausuren, Hausarbeiten, Seminare, Bachelor- und Masterarbeiten, 3. Aufl., München: Beck 2010

Raab-Steiner, Elisabeth/Beenesch, Michael (2012): Der Fragebogen, Wien: WUV-Universitätsverlag, 2012

Rahn, Horst-J. (2006): Betreuung, Bewertung und Begutachtung von Seminar-, Bachelor-, Master- und Diplomarbeiten, in: WiSt 35 (2006), S. 289–295

– (2011): Techniken geistiger Arbeit, Hamburg: Windmühle, 2011

Raßbach, Hendrike (2003): Formalien einer ingenieurwissenschaftlichen Diplomarbeit, in: *Stefan Engel/ Klaus W. Slapnicar* (Hrsg.), 2003, S. 191–199

Reiners, Ludwig (2004): Stilkunst: Ein Lehrbuch deutscher Prosa, 2., neu bearb. Aufl., München: Beck, 2004

Riedenauer, Markus/Tschirf, Andrea (2012): Zeitmanagement und Selbstorganisation in der Wissenschaft: Ein selbstbestimmtes Leben in Balance, Wien: WUV-Universitätsverlag, 2012

Riedwyl, Hans (1987): Graphische Gestaltung von Zahlenmaterial, 3. Aufl., Bern: Haupt, 1987

Rossig, Wolfram E./Prätsch, Joachim (2010): Wissenschaftliche Arbeiten: Leitfaden für Haus-, Seminararbeiten, Bachelor- und Masterthesis, Diplom- und Magisterarbeiten, Dissertationen, 8. Aufl., Achim: BerlinDruck, 2010

Rost, Friedrich (1997): Lern- und Arbeitstechniken für pädagogische Studiengänge, Opladen: Leske + Budrich, 1997

Rückert, Hans-Werner (2011): Schluss mit dem ewigen Aufschieben. Wie Sie umsetzen, was Sie sich vornehmen, 7., überarb. Aufl., Frankfurt/New York: Campus, 2011

Literaturverzeichnis

Rückriem, Georg (2000): „Es läuft": Über die Brauchbarkeit von Analogien und Metaphern, in: *Wolf-Dieter Narr/Joachim Stary* (Hrsg.), 2000, S. 105–127

Sachsen, Sophie von (Hrsg.) (1887): Goethes Werke, 55 Bände, Weimar: Böhlau, 1887 ff.

Sanders, Willy (2002): Gutes Deutsch – Stil nach allen Regeln der Kunst, München: Beck, 2002

Saunders, Mark/Lewis, Philip/Thomhill, Adrian (2009): Research Methods for Business Students, 5th ed., Harlow: Pearson, 2009

Schenk, Hans-Otto (2005): Die Examensarbeit – Ein Leitfaden für Wirtschafts- und Sozialwissenschaftler, Göttingen: Vandenhoeck & Ruprecht, 2005

Schenkel, Roland (2011): Ein Gespenst geht um an den Universitäten, in: NZZ v. 21.01.2011, http://www.nzz.ch/nachrichten/panorama/ein_gespenst_geht_um_an_den_universitaeten_1.9167 396.html (Zugriff 2011-04-24)

Scheuermann, Ulrike (2012): Schreibdenken: Schreiben als denk- und Lernwerkzeug nutzen und vermitteln, Opladen/Toronto: Budrich, 2012

Schimmel, Roland (2011): Juristische Klausuren und Hausarbeiten richtig formulieren, 9., überarb. Aufl., München: Vahlen, 2011

– */Weinert, Mirko/Basak, Denis* (2011): Juristische Themenarbeiten: Anleitung für Klausur und Hausarbeit im Schwerpunktbereich, Seminararbeit, Bachelor- und Master-Thesis, 2., neu bearb. und erw. Aufl., Heidelberg: C. F. Müller, 2011

Schmidt, Ludwig (Hrsg.) (2012): Einkommensteuergesetz, 31. Aufl., München: Beck, 2012

Schnur, Harald (2005): Zusammenschreiben: Eine Anleitung für die Naturwissenschaften, die Psychologie und die Medizin, Berlin: Lohmann Verlag, 2005

Scholz, Dieter (2006): Diplomarbeiten normgerecht verfassen -Schreibtipps zur Gestaltung von Studien-, Diplom- und Doktorarbeiten, 2. Aufl., Würzburg: Vogel, 2006

Schreiber, Hendrick (2010): Der Internet-Guide, Beilage, in: *Matthias Brendel u. a.*, 2010

Schricker, Gerhard/Loewenheim, Ulrich (Hrsg.) (2010): Urheberrecht: Kommentar, 4., neu bearb. Aufl., München: Beck, 2010

Schröder, Thorsten (2012): Krieg der Sterne, in: FTD v. 17.09.2012, S. 28

Seiffert, Helmut (1976): Einführung in das wissenschaftliche Arbeiten: Bibliographie/Dokumentation/Manuskript: Mit einem Abschnitt Datenverarbeitung von *Benno Bachmair*, 2., durchges. Aufl., Braunschweig: Vieweg, 1976

Seiwert, Lothar J. (2006): Noch mehr Zeit für das Wesentliche, München: Ariston/Hugendubel, 2006

Sesink, Werner (2012): Einführung in das wissenschaftliche Arbeiten inklusive E-Learning, Web-Recherche, digitale Präsentation u. a., 9., akt. Aufl., München: Oldenbourg, 2012

Siepmann, Dirk (2011): Writing in English: A Guide for Advanced Learners, 2., überarb. und erw. Aufl., Tübingen/Basel: Francke, 2011

Slapnicar, Klaus W. (2003): Rechtliche Aspekte der Diplomarbeit, in: *Stefan Engel/Klaus W. Slapnicar* (Hrsg.), 2003, S. 225–273

Spandl, Oskar Peter (1977): Methodik und Praxis der geistigen Arbeit: Beispiel und Anleitungen für schriftliche Arbeiten und Vorgänge, 4. Aufl., München: Ehrenwirth, 1977

Standop, Ewald/Meyer, Matthias L. G. (2008): Die Form der wissenschaftlichen Arbeit: Grundlagen, Technik und Praxis für Schule, Studium und Beruf, 18., bearb. und erw. Aufl., Heidelberg: Quelle & Meyer, 2008

Steck, Dieter (2010): Abzugsfähigkeit der Kosten eines Erststudiums nach den BFH-Urteilen vom 16.06.2009 – eine kritische Würdigung der Entscheidungen, in: DStZ 98 (2010), S. 194–199

Steinhauer, Anja (2005): Wörterbuch der Abkürzungen, 5., neu bearb. und erw. Aufl., Mannheim/Wien/Zürich: Dudenverlag, 2005

Stickel-Wolf, Christine/Wolf, Joachim (2011): Wissenschaftliches Arbeiten und Lerntechniken: Erfolgreich studieren – gewusst wie!, 6., akt. und erw. Aufl., Wiesbaden: Gabler, 2011

Stigler, George J. (1994): Konferenz-Glossar, in: *Orestes V. Trebeis* (Hrsg.), 1994, S. 46–49

Stock, Steffen u. a. (2009): Erfolgreich promovieren, 2., überarb. und erw. Aufl., Berlin u. a.: Springer, 2009

Strohhecker, Jürgen (2010): Wissenschaftlich Arbeiten: Techniken und Konventionen, 3., überarb. Aufl., Frankfurt: Frankfurt School, 2010

Tettinger, Peter J./Mann, Thomas (2009): Einführung in die juristische Arbeitstechnik, 4., überarb. Aufl., München: Beck, 2009

Theisen, Manuel R. (2004): Das Vorwort in der „Allgemeine Betriebswirtschaftslehre" – Evolution im Beiwerk, in: *Ulrich Döring/Heinz Kußmaul* (Hrsg.), 2004, S. 511–522

– (2012): Das Trio Infernale als Promotionstechnik, in: *Nathalie Huber/Anna Schelling/Stefan Hornbostel* (Hrsg.), 2012, S. 43–46

– */Zeller, Florian* (2003): Neues zur steuerlichen Behandlung von Promotionskosten, in: DB 56 (2003), S. 1753–1759

Trebeis, Orestes V. (Hrsg.) (1994): Nationalökonomologie, 7., hochgradig rev. Aufl., Tübingen: Mohr, 1994

Trenkamp, Oliver (2013): Jeder fünfte Student putscht sich auf, in: Spiegel online v. 31.01.2013, http://www.spiegel.de/unispiegel/studium/hirndoping-jeder-fuenfte-student-nimmt-mittel-zu-leistungssteigerung-a-880810.html (Zugriff 2013-02-02)

Literaturverzeichnis

Turabian, Kate L. (2007): A Manual for Writers of Research Papers, Theses and Dissertations, 7th ed., Chicago/London: University Press, 2007

Uschtrin, Sandra/Küspert, Michael J. (Hrsg.) (2010): Handbuch für Autorinnen und Autoren: Informationen und Adressen aus dem deutschen Literatur- und Medienbetrieb, 7., völlig überarb. und erw. Aufl., München: Uschtrin, 2010

Voss, Rödiger (2011): Wissenschaftliches Arbeiten … leicht verständlich, 2., überarb. und korr. Aufl., Konstanz/München: UVK/Lucius, 2011

Waiblinger, Julian (2012): „Plagiat" in der Wissenschaft: Zum Schutz wissenschaftlicher Schriftwerke im Urheber- und Wissenschaftsrecht, Baden-Baden: Nomos, 2012

Walther, Holger (2012): Ohne Prüfungsangst studieren, Konstanz/München: UVK/Lucius, 2012

Weber, Daniela (2010): Die erfolgreiche Abschlussarbeit für Dummies, Weinheim: Wiley-VCH, 2010

Werder, Lutz von (2005): Kreatives Schreiben von wissenschaftlichen Hausarbeiten und Referaten, 3. Aufl., Berlin: Schibri, 2005

Witte, Eberhard (Hrsg.) (1981): Der praktische Nutzen empirischer Forschung, Tübingen: Mohr, 1981

Wittmann, Waldemar (1982): Betriebswirtschaftslehre, Bd. I: Grundlagen – Elemente/Instrumente: Mit einem Anhang zur Technik des wissenschaftlichen Arbeitens, Tübingen: Mohr, 1982

Wittstock, Uwe (2012): Lob als Ware, in: FOCUS Nr. 38/2012, S. 133

Wytrzens, Hans Karl u. a. (2012): Wissenschaftliches Arbeiten: Eine Einführung, 3., akt. Aufl., Wien: WUV-Universitätsverlag, 2012

Zuck, Holger (1990): Das Anfertigen von Übungsarbeiten – Praktische Hinweise für Anfänger-, Fortgeschrittene- und Examensarbeiten, in: JuS 30 (1990), S. 905–912

Rechtsprechungsverzeichnis

Gericht	Datum	Aktenzeichen	Fundstelle	Text-stelle
BFH	Urt. v. 29.04.2003	VI R 86/99	BStBl II 2003, S. 749 f.	S. 35
BFH	Urt. v. 19.02.2004	VI R 135/01	BFH/NV 20 (2004), S. 872	S. 35
BFH	Beschl. v. 08.06.2004	VI B 158/03	BFH/NV 20 (2004), S. 1406 f.	S. 35
VGH Baden-Württemberg	Beschl. v. 13.10.2008	9 S 494/08	NVwZ-RR 2009, S. 285–287	S. 278
VG Freiburg	Urt. v. 22.09.2010	1 K 2248/09	FuL 2011, S. 138	S. 278

Quellenverzeichnis

DIN 16511: Korrekturzeichen, Ausgabe 1966-01

DIN 1422-1: Veröffentlichungen aus Wissenschaft, Technik, Wirtschaft und Verwaltung: Gestaltung von Forschungsberichten, Ausgabe 1986-08

DIN 1304-1: Formelzeichen: Allgemeine Formelzeichen, Ausgabe 1994-03

DIN 1338/Bbl 2: Formelschreibweise und Formelsatz: Ausschluß in Formel, Ausgabe 1996-04

DIN 5007-2: Ordnen von Schriftzeichenfolgen, Teil 2: Ansetzungsregeln für die alphabetische Ordnung von Namen, Ausgabe 1996-05

DIN 1338: Formelschreibweise und Formelsatz, Ausgabe 1996-08

DIN 5007-1: Ordnen von Schriftzeichenfolgen, Teil 1: Allgemeine Regeln für die Aufbereitung (ABC-Regeln), Ausgabe 2005-08

Einkommensteuergesetz (EStG) idF vom 08.10.2009 (BGBl I, 3366, ber. BGBl 3862) zuletzt geändert durch Art. 1 des Gesetzes vom 01.11.2011 (BGBl I, 2131)

Gesetz über die Haftung für fehlerhafte Produkte – Produkthaftungsgesetz (ProdHaftG) vom 15.12.1989 (BGBl I, 2198) zuletzt geändert durch Gesetz vom 19.04.2006 (BGBl I, 866)

Gesetz über Urheberrecht und verwandte Schutzrechte – Urheberrechtsgesetz (UrhG) vom 09.09.1965 (BGBl I, 1273) zuletzt geändert durch Gesetz vom 22.12.2011 (BGBl. I S. 3044)

Strafgesetzbuch (StGB) idF vom 13.11.1998 (BGBl I, 3322) zuletzt geändert zuletzt geändert durch Gesetz vom 25.06.2012 (BGBl. I S. 1374)

Schlagwortverzeichnis

Dieses Verzeichnis enthält sowohl Stichworte als auch Schlagworte, die thematische Zusammenhänge kennzeichnen. Synonyme Begriffe führen über Querverweise zu den im Text verwendeten Ausdrücken. In **Fettdruck** werden Seiten angegeben, die ein konkretes Beispiel oder einen Anwendungsfall im Text oder in der Fußnote aufweisen.

a. a. O. 162–163
Abbildungsverzeichnis 212
Abdruckerlaubnis 217
Abkürzung 95, **129**, 155,
    162–163, 183, 189, 209,
    212–214, 235
Abkürzungsverzeichnis **15–17**,
    95, 213, 235
Ablage 136–142
    eigenes Material 139–142
    fremdes Material 136–139
Absatz 121, 152
Abstract 101, 137
Abstufungsprinzip 119–121,
    205
Adelsprädikat 127
Adressat 93, 97
Adressendatei 135
Adressenwechsel 86, 113
Akademischer Grad 127, 217
Akademischer Titel 217, 241
Akronyme 212
Aktenordner 50, 140
Alphabetischer Katalog:
    s. Formalkatalog
Alpha-nummerische Ord-
    nung 119–121
Amtsblatt 71
Anführungszeichen 169, 174,
    175, 179
Angstwörter 155
Anhang 150, 188
Anlage 188, 196
Anlesen 90–98

Anmerkung 95, 185–187, **186,
    187**
Anonyma 63, 131
Aphorismen 215
Arbeitsfortschritt 37
Arbeitsgliederung 117–118, 132
Arbeitsmittel 33, 35, 49–51
Arbeitsorganisation 37, 55–56
Arbeitsplanung 36–39, **40–44,**
    48
Arbeitsplatz 45–49, 141
Archiv: s. Informationsdienst
    elektronisches 139
Argumentationsebene 152
Auflage 93, 126–128, 128
Aufsatz 226–228, **227**
Aufsatzsammlung 123
Ausbildungskosten 34
Ausdruck
    dokumentenechter 248
Auslassung 123, **170**
Ausleihe 109–110
Ausstiegsphase 265
Autor 97–101, 127, 160
Autorengemeinschaft 158:
    s. Verfasserangabe

Bachelorarbeit **30–31**, 40–43,
    46, 59, 122, 143, 166, 194, 239,
    246, 276
Bachelor-Studiengang 30
Back-up 51, 54, 200–201
Beamer 263
Bearbeiterwechsel 239
Befragung 28: s. Interview

Schlagwortverzeichnis

Begriffe
  synonyme 237
Benotung 31, 266–269
Berufsausbildung 34
Beschlussprotokoll 27
Besprechung 42, 142–144, 266, 274
Betreuer 59, 266
Betriebsausgaben 35–36
Betrug 277, 278
Bewertung 31, 89, 154, 262, 266–269, 277
Bibliografie 66–70, 195, 281
  allgemeine 68
  amtliches Schrifttum 69
  Buchhandel 69–70
  der Bibliografien 68
  Fachbibliografien 70
  Hochschulschriften 69
  Meta-Bibliografie 70
  spezielle 69
  Zeitschriften 69, 74
Bibliografie-Tools 123
Bibliothek 46
  Ausleihe 109
  Sperrzeiten 42, 46
  virtuelle 80
Bibliothekskatalog 62–66
Bibliothekssperre 42, 46
Bibliotheksverband 62, 66
Bibliotheksverzeichnisse 110
BibTex 53
Blogs 81
Blurbing 95
Book on Demand 131, 247
Boolsche Operator 85
Buch 220–224
  Prüfschema 90–96
Buchbesprechung 98–101, 125, 227–228, 251
  Fachzeitschrift 98
Buchdruck 250–251
Buchzeichen 137, 138
Bullet Point 121

Bundesanzeiger
  elektronischer 108
Bundesgerichte 71

CD-ROM 54, 68, 77, 81, 232, 248, 249, 252–253
Chat 47, 81, 155
Chicago-Style 166, 168, 199, 225, 228, 231
Citavi 124, 135
Closed-circle-system 101–103
Coaching 274
Computer: s. PC
Computerdruck 248–251
Computerspiele 37
Copy and paste 54, 112, 137, 252
Curriculum vitae:
  s. Lebenslauf

Danksagung 216
Darstellung 187–193, 188, 189, 190, 191, 246
  Verkleinerung 189, 203, 245–247
Darstellungslegende 213
Darstellungsverzeichnis 13, 189, 212
Datei 121–136
  elektronische 133
  Sachdatei 135
  Schlagwortdatei 132–134, 133
  Systeme 121, 121–136
  Verfasserdatei 122–132, 125, 220, 222–224
Datenbanken 76–78, 77
  Suchstrategien 82
Datenbankpersonal 64
Datendienst:
  s. Informationsdienst
Datenverarbeitung 273
Datumsangabe 38, 49, 148, 231
Deckblatt 95, 208–209, 246:
  s. a. Titelblatt

Schlagwortverzeichnis

Dekadische Ordnung:
s. numerische Ordnung
Desideratenbuch 46
Deskriptor 77
Diagramm 189–191, **191**
Diktiergerät 56, 157
DIN 236
Diskografie 235
Disputation 32
Dissertation 32–36, 33, 209, 211,
214–216, 223, 239–241
Druck 247–248
Literaturverzeichnis 222–
224
DOI-Nummer 128, 231
Doktorarbeit 32, 276:
s. a. Dissertation
Doktorvater 32, 96, 102, 216
Dokument
elektronisches 80
Dokumentationsdienst 76–78,
84, **112**:
s. Informationsdienst
Mängel 77
Dokumentationszentrum 111
Domain 229, 230
Double blind review 97
Download 112, 114, 139
Druck 246–251
Buchdruck 250–251
Computerdruck 248–249
Dissertationsdruck 247–248
Drucker 50, 111, 248–249
Druckerlaubnis 217, 248
Druckfahne 250–254
Druckfehler 251
Druckfläche 203
Druckkostenzuschuss 250
Durchschuss 219:
s. Zeilenabstand
DVD 61, 68, 196, 232

ECTS 30
Eidesstattliche Erklärung 31,
239–241, **240, 241**, 272, 273,
278–279

Eigene Darstellung:
s. Darstellung
Eingabefehler 135
Einleitung 94, 151–152
Einstiegsphase 264
Einzug 121, 194, 205–207
E-Learning 255
Elektronische Post 233–234
Ellipse 170
E-Mail 89, 143, 144, 208,
233–234
E-Mail-Adresse 47, 51
E-Mail-Kontrolle 38
Emoticons 144
EndNote 124
Endredaktion 203, 212
Ergebnisprotokoll 27
Erhebung
eigene 104
fremde 105
Erscheinungsjahr 93, 131, 184
Erststudium 34
Exkurs **142–144**, 193–194, 206
Exmatrikulation 277
Exzerpt 137–138

Facebook 37
Fachausdruck 155, 161, 195
Fachbibliothek 46, 48
Fachzeitschrift 72, 73–74,
97–99, 106, 251:
s. Zeitschriften
Faksimile-Druck 131
Fakten-Datenbank 273
Fälschung 271
Falttafel **188,** 188–189
Fehlzitat 148, 170
Fernleihe: s. Ausleihe
Fernsehsendung:
s. TV-Sendungen
Festschrift **5,** 63, 72, 123, 129,
224, 224–225
Fettdruck 228, 238
ff. 202, 238
Flexionen 172
Flip-Chart 263

Schlagwortverzeichnis

Formalkatalog 63–64
Formatierung: s. Layout,
Typoskript
Formeln 161, **204**
Formelverzeichnis 214
Formvorschrift 31, 199
Forschungsberichte 72, 109,
217
Fotosatz 248
Fragebogen 195
Fremdsprache 53, 155
Fremdwort 61, 155, 196
Fristenzettel 110
Fußnote 194
  Anmerkungen 185–187
  direktes Zitat 169–174
  indirektes Zitat 174–177
  Nummerierung 202
  Querverweise 186
  Seitenangabe 202
  Ziffer 201
Fußnotennachweis 162
Fußnotenziffer im Text 175

Gebrauchtzitat 234:
  s. Sekundärzitat
Gefälligkeitsrezension 99, 100
Geleitwort 94, 216
Gerichtsurteil: s. Urteile
Gesetzestext 181–185, **183**, 225,
235–237, **299**
Gesetzgebung **70–71**
Gesprächsprotokoll 144, 236
Gestik 261
Ghostwriting 241, 276–277
Gliederung 95, 117–121, 143,
149–154, 194, 256–257
  Abstufungsprinzip 119–121,
211
  alpha-nummerische 119–121,
120
  Arbeitsgliederung 117–118,
132
  Aufbau 150
  Einleitung 151–152
  Hauptteil 152–153

Gliederung
  Linienprinzip 119, 211
  nummerische 118–119, **119**
  Schluss 153–154
  unausgewogene 211
Gliederungsentwurf 143
Gliederungsprozess 118
Gliederungspunkt 118, 149
Glossar 195–196
Grammatik 156
Graphik **189**, 193:
  s. Darstellung
Graue Literatur 131, 233
Gruppenarbeit 240, **256**
Gutachter 85

Habilitation 223–224, 247
Haftnotizen: s. post-it
Handapparat 74–75
Hand-out 264
Handy **40**, 45
Hängehefter 141
Hardware 50, 52
Harvard-Style 166, **168**, 199,
225, 231
Harvard-Zitatnachweis **177**
Harvard-Zitierweise 166, 167
Hauptteil 152–153
Hausarbeit 276
Herausgeber 91–92, 222–223
Herausgeberwerk 226
Herrschende Meinung 103
Hervorhebungen **171**, 206–207
Hochschulschriften 223, **224**
Höchststudiendauer 25
Hotline 51, 52
Hurenkind 206
Hypermedia 229
Hypertext: s. a. Internet
  Literaturverzeichnis **227**,
227–228

ibid 162
Ich-Form: s. Perspektive
Ideendiebstahl 271
Imprimatur 253

Schlagwortverzeichnis

Index: s. Sachverzeichnis
Informationsdienst
  Datenbanken: s. dort
Informationsrecherche 80
Inhaltsübersicht 5, 95, 149, 211
Inhaltsverzeichnis 7–11,
  210–211
Internet 40, 79–88, 195,
  228–234, 275
  Informationsgewinnung 80
  Informationsrecherche 80,
  82
  Informationsstrategien 81
  Literaturverzeichnis 227
Internetdokument 229, 232
Internetnutzung 36
Internetquelle 97–98
Internetzitat 230–234, 232
Interpolation 170, 171, 227
Interpunktion 156, 172, 259
Interview 105, 160, 230, 233,
  236
ISBN 66, 111, 128, 247, 250
ISSN 128

Jahrbuch 72
Jahrgang 226
Jargon 155
Jubelkritik 100:
  s. Blurbing

Kapitälchen 206
Kapiteleinteilung 211
Kartei 121, 125, 135
Katalog 62–66
Katalogsysteme 62, 63
Klappentext 95
Klausur 29–30, 257–259
Koautor: s. Verfasserangabe,
  mehrere
Kolumnen
  lebende 207
Kommentar 181–185, 184, 185,
  235
Konjunktiv 174
Konzeptblatt 258

Kopie 33, 35, 48, 110–112, 245
Korrektor 135
Korrektur 156, 199, 251–254
Korrekturarbeit 273
Korrekturbogen 266–267
Korrekturzeichen 252
Kostenplanung 33–34, 40
Kreuzkatalog 66
Kumulative Habilitation:
  s. Habilitation
Kursivschrift 206, 238
Kurzbeleg 163–165, 164, 172,
  175, 176, 177, 219, 228

Laptop 50, 122
Laserdrucker 248
LaTex 53
Lawineneffekt 75, 101
Layout 51–53, 199–200,
  249: s. a. Typoskript
Layout-Programm 51, 247
Learning by doing 26
Lebenslauf 242
Leerseite 207, 245:
  s. Vakat
Lehrveranstaltung 256
Leihfrist 109
Leitsatz 106
Lesen
  lautes 157, 251
Lexikon 60–62, 161
Linienprinzip 119–121, 211
Literaturhinweis 61, 218
Literaturliste 74–76, 78, 122
Literaturrecherche 60, 76
  Datenbank: s. dort
  Informationsdienst: s. dort
  Materialauswahl: s. dort
  Materialbeschaffung: s. dort
  Materialbewertung: s. dort
  über Internet 80
Literaturübersicht 74–75, 218
Literaturverwaltungspro-
  gramme 124, 135, 136, 219

Schlagwortverzeichnis

Literaturverzeichnis 24, 96,
122, 123, 161–165, **164,** 178,
213–214, **218,** 218–228, **227,**
285–296
Aufsatz 226–228
Bücher **220, 221–224**
Dissertation 223
elektronische Informatio-
nen 228–234, **233**
Habilitation 223
Loseblatt-Sammlung 225
Rechtsprechung 234–235,
235, 297
Sammelwerk 224–225
Übersetzung 223–224
Loseblatt-Sammlung **225,**
225–226

Magazine 74–76
Magisterarbeit 51, 122, 209,
217, 239
Man-Form:
s. Perspektive
Manuskript 147–197
Anhang 194–197
Anlage 196
Anmerkung: s. dort
Arten 27
Bestandteile **149,** 149–196
Darstellung 187–193, **188**
Form 148–149
Gliederung: s. dort
Glossar 195–196
Perspektive 157–159
Stil 154–157
Text 149–159
Masterarbeit 31, 36, 46, 59, 143,
166, 194, 219, 239, 246, 276
Masterthese: s. Masterarbeit
Matching 69
Materialablage 136–142
eigenes Material 139
fremdes Material 136–139
Materialauswahl 89–115
Beschaffung 103–115
Bewertung 89–103

Materialauswertung 117–145
Materialbeschaffung 103–115
amtliche Veröffentlichun-
gen 106–107
Datenbank: s. dort
Erhebungen 104–105
Informationsdienst: s. dort
Quellen 104
Sekundärmaterial 109–114
Materialbewertung 89–103,
282
Anlesen 90–98
Aufsätze 97
Buchbesprechung 98–101
Bücher 91–96, 101
closed-circle-system 101–103
Materialsuche 282
Mehrfachkopie 245
Meta-Bibliografie 68, 70
Metasuchmaschine 83, **84**
Mikrofiche 62
Mimik 261
Mindestplanung 26
Mind-Mapping 147
Ministerialblätter 71
Mitschrift 27: s. a. Protokoll
Modewörter 155
Monografie 214, **220**
Motivation 43, 45
Motto **19,** 94, 124, 215
Muddling through 26, 136

Nachdruck: s. Faksimile
Nachhilfe 256
Nachlieferung 225
Nachschlagewerk 60–62
Nachtext 238
Eidesstattliche Erklä-
rung: s. dort
Lebenslauf 242–243
Nachwort 94, 238
Namensdatei 135
Namensverzeichnis 237–238
Nationalbibliografie 68, 128,
129, 247, 250
Norm 236

Schlagwortverzeichnis

Nummerierung
fortlaufende 202
kapitelweise 202
Nummerische Ordnung
118–119

Online-Buchhandelsbiblio-
grafie 69
Online-Informationsdienst 74
Online-Rezension 100
OPAC 66
op. cit. 162
Operator 84
Ordner:
s. Aktenordner
Organisationssoftware 43
Ortsverzeichnis 237–238
o. V. 131
Overhead-Projektor 263

Paginierung: s. Seitenzählung
Papier 35, **49**–50, 200, 239, 245
Paragraphennachweis 181, 183
Paragraphenzeichen 181–185
Parallelfundstelle 106
Paraphrase 174
passim 162
Patent 236
Pattern-Methode 82
PC 50–55, 134–138
Computerdruck 248–249
Korrekturprogramm 156
Layout 200–210
Register 237–238
Textverarbeitungspro-
gramm 52, 238
Periodika 60, 72–74
Perspektive 157–159
Pflichtexemplar 68
Plagiat 96, **114, 159,** 159–161,
271, 274, 277–279
Planung 25–44, 26, **40–41, 44**
Kostenplanung 33–34, **40**
Mindestplanung 26
Projektplanung 27–32, **40**
Steuerplanung 34–36

Planung
Studienplanung 25–26
Zeitplanung 36–39, **40**
Post-it 110
Prädikatsexamen 32
Präsentation 255–269
Präsenzbibliothek 46, 109
Preprint: s. Graue Literatur
Printmedien 218–228
Programm-Version 52
Projektplanung 27–32, **40**
Promotion: s. Dissertation
Promotionsberater 35, 241, 272,
276
Protokoll 27–28, 144
Protokollant 27
Prüfprogramme 276
Prüfung
Bewertung 266–269
mündliche 259–261
Referat: s. dort
schriftliche 255–259
Technik 258–259, 260–261
unzulässiger Erwerb 276–
277
Ziele 255
Prüfungsamt 239, 245–246, 268
Prüfungsangst 261
Prüfungsleistung 31
Prüfungsordnung 25, 42, 239,
278
Prüfungszeit 259
Publikumszeitschrift 160

Quellen 235–237, **236–237**
amtliche Veröffentlichun-
gen 70, 106–107
Arten 103, **104**
Erhebungen 104–105
Quellenbeleg 159
Quellenverzeichnis 184, 219,
233, **299**
elektronische Informatio-
nen 230, 233
Querverweis 120, 186–187, 237

Schlagwortverzeichnis

Radiosendung 108, 236
Recherche 59
  Datenbank: s. dort
  Informationsdienst: s. dort
  Literatur 74–76
  Materialauswahl: s. dort
  Materialbeschaffung: s. dort
  Materialbewertung: s. dort
  über Internet 80, 82
  über Register 237
Rechtschreibfehler 251
Rechtschreibreform 172
Rechtschreibung 252, 259
Rechtsprechung 70, 234–235, 297
  Urteile 106–107, 297
Rechtsprechungsdatei 135
Rechtsprechungsverzeichnis 234, 235, 297
Referat 29, 175, 256, 261–265, 283
  Ausstiegsphase 265
  Einstiegsphase 264
  Vermittlungsphase 264
Referiertes Journal 97
Register: s. Sachverzeichnis
Reihe: s. Schriftenreihe
Rezension:
  s. Buchbeprechung
Rigorosum 32
Roter Faden 117, 156, 258

Sachdatei 135–136
Sachkatalog 64
Sachverzeichnis 237–238
  Namen 237–238
  Orte 237–238
  Schlagwort 237–238, 301–311
Sammelwerk 69, 129, 224, 224–225
Satzbau 282
Scanner 50, 111
Schlagwort 64, 205
Schlagwortdatei 132, 133, 134
Schlagwortkatalog 64

Schlagwortverzeichnis 237–238, 301–311
Schluss 153–154
Schlussredaktion:
  s. Endredaktion
Schneeballeffekt 75, 101
Schreibhemmung 147
Schriftbild 200–204
Schriftenreihe 92–93, 222
Schriftform 148
Schriftgröße 200, 205
Schrifttumsverzeichnis 218
Schrifttyp 200, 203, 263
Schusterjunge 206
Screenshot 80, 87
Seite, freie: s. Leerseite, Vakat
Seitenangabe 129, 161, 202, 210, 238
Seitenverweis 134
Seitenzahl 120
Seitenzählung 194, 207, 245
Sekundärmaterial 104
  Ausleihe 109–110
  Beschaffung 109–115
  Erwerb 114
  Kopie 110–112
Sekundärzitat 177–178, 178, 235
Selbstständigkeitserklärung 239:
  s. Eidesstattliche Erklärung
Selbststudium 255
Selektive Methode 82
Semantische Methode 82
Seminararbeit 28–29, 143, 163, 167, 208, 246
Seminarraum 47
Seminarzulassung 25
Serie: s. Schriftenreihe
Serifenschrift 200
Service-Provider 87
Sicherungkopie 54:
  s. Back-up
Signatur 64, 111
  digitale 64
Silbentrennung 53

Schlagwortverzeichnis

Smartphone 50, 135
SMS 43
Software 50–53, 124, 135
Soll-Zeitplanung 55
Sortierung
  automatische 127
Speicherkapazität 112
Speicherung
  digitale 112
Sperrung 170–171, 206
Sperrvermerk 217
Sprachen 173, 202
  fremde 202
  geschlechtergerechte 157
Sprichwort 215, **245, 281**
Standardsetter 107
Standortangabe 67
Standortkatalog 65
Standortsignatur 65
Statistiken 190, 191
Steuerplanung 34–36
Stichwortkatalog 64–65
Stil 154–157
Stipendium 33
Strukturierungsprinzip 150–151
Studienplanung 25–26
Suchmaschine 60, 83–86
  denkende 85
Suchstrategie 82–88
  Pattern-Methode 82
  selektive Methode 83
  semantische Methode 82
Superlative 155
Surfen 79, 87
Symboldatei 214
Symbole 119, 155, 189, 214
Symbolverzeichnis 111, 189, 214
Systematischer Katalog 65

Tabelle 187–189, 191–193, **192**, 211, 246
Tabellenverzeichnis 212
Team-Arbeit 29, 256

Telefongespräch 236:
  s. Interview
Termindatei 135
Terminplanung:
  s. Zeitplanung
Testimonial 95
Testvortrag 263
Text 149–150, 251–253
Text-CD 49
Textdiebstahl 271, 275
Textergänzungen:
  s. Interpolationen
Textpaginierung 207
Textverarbeitungsprogramme 52, 213, 238
Themenabgrenzung 59–60
Themenauswahl 42, 59, 281
Themeneingrenzung 151, 257
Themenfindung 273
Themenstellung 60, 74, 152, 258
Themenwahl 59–60, 272
Thesaurus 77
Thesenpapier 28, 29, 261
Tintenstrahldrucker 249
Titel 64, 89–90
  akademische 217, 277
Titelblatt 208–209, 246
Titelei 208, 250
TV-Sendungen 236
Typoskript 149
  Einzug 121, 205–207, 237
  Formeln 204
  Fußnote: s. dort
  Korrektur 251–254
  Nachtext: s. dort
  Schriftbild 200–204
  Schriftgröße 200
  Schrifttyp 200, 203
  Seitenangabe 202, 211
  Seitenzählung: s. dort
  Titelblatt: s. dort
  Überschriften 175, 205–207
  Verzeichnis: s. dort
  Vortext: s. dort
  Zahl 204

Schlagwortverzeichnis

Typoskript
  Zeichenanzahl 203
  Zeilenabstand: s. dort

Überschriften 175, 205–207
Übersetzung 50, 173–174, 186, 223–224, **224**
Übungsarbeit 28
Umfang 95, 148, 194–195, 203
Umgangssprache 155
Uniform Resource Locator 86, 128, 229, 230, 233
Untergliederung 118
Unterschlagwort 238
Unterstreichung 170, 206
Untersuchung
  empirische 104–105, 141
Untertitel 91
Urheberrecht 110, 113, 176
Urheberrechtsverletzung 278
Urheberschaft 176
URL 86, 128, 229, 230, 233
Urteile 106–107, **107**, 234, **235**
Urteilsverzeichnis: s. Rechtsprechungsverzeichnis
USB-Stick 45, 49, 50, 54, 249

Vakat 207, 245:
  s. Leerseite
Verfasser 91–92, 221
Verfasserangabe 130, 222
  mehrere 220, 222, 227
  ohne 130–131
Verfasserdatei 122–132, **130**, 221, 224
Verkaufspreis 250
Verkleinerung 189, 200, 203, **245**, 247
Verlag 93, 128, 220, 248
Vermerk 239
Vermittlungsphase 264
Veröffentlichung 245–254
  amtliche 70, 106–107
  anonyme 63, 130
Versicherung:
  s. eidesstattliche Erklärung

Vervielfältigung 245–246
Verzeichnisse 207, 209–210, **210**, 218–220
  Abkürzungen 212
  Arten 210
  Darstellung 189, 212
  Formel 214
  Inhalt 149, 209
  Literatur: s. dort
  Namen 237–238
  Ort 237–238
  Pflichtbestandteile 209
  Quellen: s. dort
  Sachverzeichnis: s. dort
  Schlagwort: s. dort
  Symbol 111, 214
  Werk 218, 237
Videografie 235
Vollbeleg **161–163**, 236
Vollbeleg-Methode 227
Vorarbeiten 45–57
Vorbemerkung: s. Vorwort
Vortexte **215**, 215–217
  Arten 215
  Geleitwort 94, 216–217
  Motto 94
  Vorwort **19–21**, 217
Vortrag: s. Referat
Vortrag 236:
  s. Referat
Vorwort **19–21**, 217

Waschzettel 99
Websites 49, 108
Werbeintensität im Internet 86
Werbungskosten 35
Werkverzeichnis 218, 237
Widmung 216
Wikipedia 61
Wir-Form:
  s. Perspektive
Wissenschaftsberater:
  s. Promotionsberater
Wissenschaftsbetrug:
  s. Betrug
WLAN 50

Schlagwortverzeichnis

Wohnung 47–49
World wide web 233:
  s. Internet

Zeichenanzahl 203
Zeichensetzung 156, 172, 259
Zeichnung: s. Darstellung
Zeilenabstand 174, 200, 202,
  206, 219, 237, 238
Zeitfresser 37
Zeitinventur 26, 55
Zeitplandatei 135
Zeitplanung 33, 36–39, **40**
Zeitschriften 73
  Aufsatz: s. dort
  Buchbesprechung **98**, 98–101
Zeitungen 74
Zirkelschluss 102
Zitat 95, 133, 159–185
  Anführungszeichen 169
  direktes **169**, 169–174, 215
  elektronisches Material 80
  Ergänzungen:
  s. Interpolationen
  Flexionen 172
  Formen 168–185
  fremdsprachliches **173**,
  173–174
  Gesetzestexte 181–183
  Grammatik 156, 172
  indirektes 174–177, **175**

Zitat
  Kommentar 181–185, **185**
  Kurzbeleg: s. dort
  Rechtschreibung 156, 259,
  266
  Sekundärzitat 177, 178
  Technik 161–165, 199
  Urteile 234
  Vollbeleg: s. dort
  wörtliches: s. Zitat, direktes
  Zitat im Zitat **179**, 179–181
  Zitierfähigkeit 160–161
Zitatesammlung 215
Zitatform **169**
Zitatnachweis 167
Zitatverkürzung 163, 165
Zitatvermerk 169
Zitierkartell 102
Zitierstrich 194, 202
Zitiertechnik 125, 167
Zitiervorschlag 168
Zitiervorschrift 241
Zitierweise **168**
  juristische 181, **182**
Zueignung: s. Widmung
Zugriffsdatum 231
Zusammenfassung: s. Exzerpt,
  Schluss
Zweigeschlechtlichkeit 159
Zwiebelfisch 206